W0072670

BASTEI
LÜBBE

David Elkind

Wenn Eltern zuviel fordern

Die Risiken einer leistungsorientierten Früherziehung

Aus dem Amerikanischen von
Ruth Cremerius

BASTEI-LÜBBE-TASCHENBUCH
Band 66203

Meinen Brüdern Jules, Ben und Lee
und meiner Schwester Kay
in Liebe und Dankbarkeit

Inhalt

Danksagung   9
Einleitung   11

Fehlerziehung

Erziehung und Fehlerziehung   18
   Der Boom in der frühkindlichen Erziehung   20
   Die Debatten über die frühe Kindheit   22
   Art und Ausmaß der Fehlerziehung   26
   Argumente für den formalen Unterricht
   von Kleinkindern   34
   Die Welt des kleinen Kindes   46

Das soziale Umfeld der Fehlerziehung

Superkids: Übererziehung durch die Eltern   47
   Gourmet-Eltern   50
   Abitur-Eltern   53
   Goldmedaillen-Eltern   57
   Do-it-yourself-Eltern   61
   Überlebenstraining-Eltern   63

Wunderkind-Eltern   67
Selbsterfahrungsgruppen-Eltern   70
Milch-und-Kekse-Eltern   73
Das kompetente Kind: Fehlerziehung in den Schulen   76
Das kompetente Kind der sechziger Jahre   83
Das Konzept der kindlichen Kompetenz heute   99
Status, Wettbewerb und Computer: Fehlerziehung
als Folge sozialen Drucks   103
Der Druck durch den sozialen Status   103
Elterlicher Konkurrenzdruck   114
Computer-Druck   119

Die Risiken der überfordernden Erziehung

Vertrauen und Autonomie gegen Mißtrauen, Scham
und Zweifel   130
Vertrauen gegen Mißtrauen   131
Autonomie gegen Scham und Zweifel   143
Initiative und Zugehörigkeit gegen Schuldgefühl
und Ausgegrenztsein   156
Initiative gegen Schuldgefühl   157
Zugehörigkeit gegen Ausgegrenztsein   169
Leistung und Kompetenz gegen Minderwertig-
keitsgefühl und Hilflosigkeit   183
Leistung gegen Minderwertigkeitsgefühl   185
Kompetenz gegen Hilflosigkeit   198
Das kindliche Spiel   207

Gesunde Erziehung

Wie man gesunde erzieherische Entscheidungen
  trifft   212
  Anmelden oder nicht anmelden?   212
  *Woran man gesunde frühkindliche
  Lernprogramme erkennt*   214
  Vorschuleintritt und der Alterseffekt   226
  Die Schulen und der Alterseffekt   228
  *Möglichkeiten der Eltern, dem Alterseffekt zu
  begegnen*   234
  Schlußfolgerung   240
Die Fragen der Eltern   242

Anmerkungen   270
Ausgewählte Literatur   282

Danksagung

Ich arbeite seit mehr als 25 Jahren mit Kindern im Vorschulalter, mit ihren Lehrern und Eltern. Viel von dem, was ich in diesen Jahren gelernt habe, ist in diesem Buch zusammengefaßt, vor allem in den letzten fünf Kapiteln. Da ich nicht alle einzeln nennen kann, will ich ihnen gemeinschaftlich danken. Besonders verpflichtet bin ich Marjorie Ford, der Direktorin der Kinderschule am Wheaton College, wo ich meine erste wissenschaftliche Stelle innehatte und mit meinen Untersuchungen über das kleinkindliche Denken begann. Mit sehr viel Geduld, nachsichtiger Freundlichkeit und Fachkompetenz lehrte sie mich, mit kleinen Kindern umzugehen, sie in ein Gespräch hineinzuziehen und ihre einzigartige Weltsicht zu begreifen. Von Piaget lernte ich, wie kleine Kinder denken, von Marjorie Ford aber, was kleine Kinder fühlen und was sie sich vorstellen.

Autoren leben sehr viel in ihrem Kopf, was für die, die sie lieben, oft aufreibend ist. Ich möchte auch meinen drei Söhnen Paul, Robert und Eric danken, nicht nur für ihre Geduld mit meinen geistigen und physischen Entgleisungen, sondern auch dafür, daß sie mir erlaubten, Ereignisse aus ihrer Kindheit auszuwerten, und daß sie mich bei meiner Arbeit unterstützten und ermutigten. Vor allem aber bin ich meiner geliebten Frau Nina zu

Dank verpflichtet, nicht nur wegen ihrer gleichbleibenden Geduld und ihrer Großmut, sondern auch für die wohlwollende Duldsamkeit, mit der sie ihren Ehemann mit einem Textcomputer teilte.

Danken möchte ich auch Elizabeth Hall, meiner Assistentin in Tufts, für ihr unermüdliches Bemühen, im großen wie im kleinen, mein Leben in geregelten Bahnen zu halten und mir Zeit zu sparen. Schließlich und endlich möchte ich Katherine Hourigan danken, der Lektorin des Knopf-Verlages, die mit mir das Buch während der verschiedenen Metamorphosen, die es erlebte, bearbeitet hat. Ihre freundlichen Änderungsvorschläge und ihre Geduld mit meinem Widerstand dagegen halfen, dem Buch seine endgültige Form und Substanz zu geben.

David Elkind
South Yarmouth, MA
Winter 1987

Einleitung

Vor über einem Jahrzehnt veröffentlichte ich einen Aufsatz mit dem Titel ›Frühkindliche Erziehung: Drill oder Bereicherung‹. Damals war ich über Bestrebungen beunruhigt, kleine Kinder in solch akademischen Fertigkeiten wie Lesen und Mathematik zu unterrichten. An heutigen Maßstäben gemessen, war die Zahl der betroffenen Kinder recht gering, und der Großteil von frühkindlichen Erziehungsprogrammen beruhte auf kindgerechten und altersgemäßen Curricula. Nach einigen Jahren begann ich mich mit anderen Problemen zu befassen, vor allem mit dem elterlichen und sozialen Druck auf Kinder und Jugendliche, zu früh und zu rasch erwachsen zu werden. Ich veröffentlichte meine Beobachtungen und Forschungsergebnisse in zwei Büchern: ›Das gehetzte Kind: Zu schnelles und zu frühes Heranwachsen‹ und ›Heranwachsende ohne Halt: Teenager in der Krise‹.

In den letzten Jahren indes erregte die Entwicklung in der frühkindlichen Erziehung erneut meine Aufmerksamkeit. Nicht nur Vorschulkinder werden heutzutage in die Wissenschaften eingeführt, im öffentlichen Schulsystem geschieht dasselbe. Und nicht allein in den Wissenschaften werden kleine Kinder unterrichtet, sie lernen auch turnen, schwimmen, Ballett, Ski laufen und Karate.

Frühkindliche Erziehungsprogramme, die in den siebziger Jahren noch zu den leichteren Beschwerden zählten, sind in den achtziger Jahren eine Epidemie geworden.

Zunächst war ich der Ansicht, es handle sich lediglich um eine Vorverlegung des ›Übereilens‹ (*hurry*), das ich in meinen Büchern beschrieben hatte, in ein früheres Alter. Während ich den Eltern zuhörte, die mich in meiner kleinen Privatpraxis aufsuchen, und den Eltern, Erziehern und Gesundheitsfachleuten, denen ich auf meinen Vortragsreisen im Lande begegne, entstand jedoch ein anderes Bild. Die Eltern, die ihre ersten Kinder zu Anfang der achtziger Jahre bekamen, unterscheiden sich völlig von jenen, deren erste Kinder zu Anfang der siebziger Jahre geboren wurden. In der Vergangenheit ist das psychologische Verhalten der Eltern oft jahrzehntelang gleichgeblieben; jetzt scheint es sich viel rascher zu ändern, innerhalb eines Jahrzehnts und schneller.

Die Eltern, die ihre ersten Kinder am Anfang der siebziger Jahre bekamen, tragen die psychischen Wunden der außergewöhnlichen sozialen Revolution der sechziger Jahre, die unsere Einstellung zu Sexualität, Heirat, Scheidung und Kindererziehung verändert hat. Dieser Umsturz von grundlegenden Werten und Überzeugungen verlangte von den Eltern jener Zeit ein gewaltiges und weitreichendes Umdenken und erschöpfte beinah die elterlichen Kräfte, mit dem Streß im allgemeinen und dem Streß des Kinderaufziehens im besonderen fertig zu werden.

In mehrfacher Hinsicht war das ›Übereilen‹ eine direkte Folge der Tatsache, daß vielen Eltern, nachdem sie sich den enormen sozialen Veränderungen angepaßt hatten, kaum Reserven geblieben waren, um den riesengroßen Bedürfnissen ihrer Kinder gewachsen zu sein. Die Erwartung, ja Forderung, daß Kinder rasch heranwachsen, zu kleinen ›Erwachsenen‹ werden, eröffnete einen Weg, den großen Aufwand an Kraft, der mit Elternschaft einhergeht, zu vermeiden. Die Medien reflektierten und förderten dieses ›Übereilen‹ mit ihren zahllosen Bildern von ›erwachsen gemachten‹ Kindern. Und die Schulen halfen mit, indem sie die Lehrpläne und den von Prüfungen beherrschten Unterricht auf jüngere Altersgruppen ausdehnten.

Kinder beim Heranwachsen zu hetzen, von ihnen zu erwarten, daß sie fühlen, denken und sich benehmen, als seien sie viel älter, als sie wirklich sind, setzt Kinder unter Streß. Es übt ungeheuren Druck auf sie aus, sich anzupassen. Die Folgen dieses Gehetztwerdens sind die üblichen Streßsymptome: Kopfschmerzen und Bauchweh bei Kindern im Vorschulalter; Lernschwierigkeiten und Depressionen bei Grundschülern; die ganze Skala von Drogenmißbrauch, verfrühter Schwangerschaft, Eßkrankheiten und Selbstmord bei Jugendlichen. Welche Probleme auch immer aus der individuellen Lebensgeschichte resultieren, der zum Erwachsenwerden gedrängte junge Mensch reagiert — deutlich sichtbar — stark auf äußeren Druck wie auf innere Konflikte.

Die Beweggründe der Eltern, die ihre Säuglinge und kleinen Kinder mit Lernprogrammen überfordern, scheinen jedoch andere zu sein als die, die zum übereilten Heranwachsen führen. Viele der Eltern, die zur ›Über-Erziehung‹ ihrer Kinder neigen, sind mit den neuen Werten (aus den sechziger Jahren) aufgewachsen und haben nicht die gleichen Anpassungskonflikte und -schwierigkeiten erfahren wie ihre Eltern. Heute nehmen junge

Männer und Frauen zum Beispiel den gegenwärtigen sexuellen Sittenkodex und den neuen Status der Frau als gegeben hin, weil sie niemals etwas anderes gekannt haben. Auch wenn sie Belastungen ausgesetzt sind, sogar reichlich vielen, so erleben Eltern, die ihre ersten Kinder in den achtziger Jahren bekamen, im allgemeinen doch nicht die Gewissenskonflikte, die Eltern in den siebziger Jahren durchlitten.

Während sich die Eltern damals überfordert fühlten und darauf angewiesen waren, ihre Kinder rasch heranwachsen zu lassen, um den Druck zu mildern, der auf ihnen selbst lastete, fühlen sich die Eltern heute in weit höherem Maße für ihr eigenes Leben und das Großziehen ihrer Kinder verantwortlich. Es ist dieses Gefühl, die Lage zu beherrschen, Verantwortung zu tragen und die Dinge im Griff zu haben, das an den Eltern dieses Jahrzehnts im Vergleich zu denen des letzten so auffällt. Eltern heute glauben, daß sie das Leben ihrer Kinder entscheidend beeinflussen können, daß sie ihnen einen Vorteil verschaffen können, der sie intelligenter und wettbewerbsfähiger macht als andere. Eltern, die in den siebziger Jahren mit dem Aufziehen begannen, drängten ihre Kinder, rasch erwachsen zu werden; Eltern der achtziger Jahre überfordern ihre mit zuviel Erziehung. Die Eltern von damals brauchten reife Kinder, die von heute wollen ›Superkinder‹.

Auch die Auswirkungen überfordernder Erziehung unterscheiden sich von denen des ›Übereilens‹. Beide Erziehungsziele belasten die Kinder, doch auf verschiedene Weise. Ein Schlüsselkind zum Beispiel wird bei seiner Entwicklung gehetzt, weil von ihm erwartet wird, daß es mit einer schwierigen Situation fertig wird —

stundenlang allein zu Hause zu sein. Ein Kind, das zu einem Babysitter und dann in eine Kindertagesstätte und dann wieder zu einem Babysitter muß, wird gehetzt, weil es sich in zu kurzer Zeit an zu viele Menschen und Situationen anpassen muß. In vielen solcher Fälle bleibt den Eltern kaum eine oder gar keine andere Wahl, da sie arbeiten müssen und angemessenere Einrichtungen für die Kinder einfach nicht verfügbar sind. Und ebenso gibt es Alleinerziehende, die ihr Kind als Vertrauten benutzen — meist aus dem tiefsitzenden Bedürfnis heraus, mit jemandem zu teilen.

Vergleichen Sie diese Beispiele mit der Situation eines Kleinkindes, dessen Vater oder Mutter versucht, ihm Lesen, Schwimmen oder Turnen beizubringen. In dieser Situation hat der Erziehende durchaus die Wahl und entscheidet sich für ein Vorgehen, das eher das elterliche Ego als elterliche Sorge- und Erziehungspflicht widerspiegelt. Auch wenn Eltern, die ihre Kinder mit Lernen überfordern, dies damit rechtfertigen, daß es nur ›zum Besten‹ des Kindes sei, geht es doch in Wirklichkeit um ›das Beste‹ für die Eltern. Und in diesem Punkt unterscheiden sich die Auswirkungen von überfordernder und ›hetzender‹ Erziehung.

Säuglinge und kleine Kinder akzeptieren überfordernde Erziehung und machen mit, weil sie denen gefällt, an denen sie hängen, nämlich ihren Eltern, und nicht, weil sie es interessant oder vergnüglich finden. Derartige Fehlerziehung kann daher innere Konflikte hervorrufen und das Fundament für die klassischeren psychologischen Probleme, wie Neurosen und neurotische Charakterbildung, legen. In mancher Hinsicht ist die überfordernde Erziehung schädlicher als die übereilende, da sie tiefersitzende und schwerer zu behandelnde Probleme nach sich ziehen kann als jene. Manche jungen Leute etwa, die in ihrer schulischen Entwicklung gehetzt wurden, setzen nach ihrem College-Abschluß ein oder zwei Jahre aus, bevor sie ihre Ausbildung wieder aufnehmen. Frühzeitig überfordernde Erziehung aber kann beim Kind lebenslange emotionale Störungen bewirken.

Ich muß gestehen, daß es mir einige Schwierigkeiten bereitet, hat, dieses Buch zu schreiben. Als Vater und als Familienoberhaupt, der weiß, wie schwer und undankbar und ebenso wie erfüllend Elternschaft sein kann, bringe ich Eltern generell Verständnis entgegen. Ich konnte mich auch in Eltern hineinversetzen, die ihre Kinder beim Heranwachsen hetzen, weil ich ihre Belastungen aus erster Hand kannte. Aber es fiel mir schwer, die Eltern zu begreifen, die ihre Kinder übererziehen — weil es so unnötig und so töricht ist.

Schließlich machte ich mir klar, daß sich heutige Eltern im wesentlichen nicht von Eltern in der Vergangenheit unterscheiden und daß es beträchtliche Überschneidungen bei der übereilenden und der überfordernden Erziehung gibt. Elterliche Erziehungsstile sind niemals völlig neu, sie kehren nur im Wandel der Zeiten wieder, und das heutzutage rascher als jemals zuvor. In vieler Hinsicht sind Eltern, die ihre Kinder überfordernd erziehen, eine Neuausgabe der Eltern, die vor den übereilt erziehenden kamen und ihre Kinder ›verdarben‹. Heutige Eltern wollen wie ihre Vorgänger das tun, was das Beste für ihre Kinder ist, und sind aufrichtig überzeugt, daß ein frühzeitiger formaler Unterricht ihren Kindern zugute kommen wird. Und Eltern von heute sind auch Opfer des sozialen Drucks, der Werbeflut in den Medien und der Sprunghaftigkeit, die ein Kennzeichen der Erziehungspraxis dieses Landes ist.

Als ich schließlich meine emotionale Sperre überwunden hatte, war ich endlich fähig, Verständnis für die Eltern, die von ihren Kindern zuviel fordern, aufzubringen und dieses Buch zu schreiben. Mein Ziel ist, den Eltern von kleinen Kindern zu helfen, die Beweggründe solcher Fehlerziehung zu verstehen, ihre kurz- und langfristigen Risiken zu begreifen, und ihnen Wege zu zeigen, wie sie gesunde Erziehung in Schulen erkennen und zu Hause praktizieren können. Obwohl ich in erster Linie für Eltern schreibe, hoffe ich, daß das Buch auch für Lehrer, Beamte aus Schulbehörden und Erziehungsfachleute, die mit kleinen Kindern und ihren Familien arbeiten, hilfreich sein wird.

Fehlerziehung

Erziehung und Fehlerziehung

Es ist schon erstaunlich, was heute in den Vereinigten Staaten geschieht. In einer Gesellschaft, die sich rühmt, Fakten den Informationen ›vom Hörensagen‹ vorzuziehen, wissenschaftlicher Forschung gegenüber aufgeschlossen zu sein und die Meinung von ›Experten‹ zu respektieren, ignorieren Eltern, Erzieher, Verwaltungsbeamte und Gesetzgeber die Fakten, die Forschung und die Expertenmeinungen, wenn es um das Thema geht: Wie lernen kleine Kinder, und wie unterrichtet man sie am besten?

Im ganzen Land werden Lernprogramme, die für Kinder im Schulalter vorgesehen sind, bei der Erziehung von Kleinkindern angewendet. In manchen Bundesstaaten (zum Beispiel in New York, Connecticut und Illinois) befürworten Verwaltungsbeamte aus dem Erziehungswesen die Einschulung von Vierjährigen. Aus vielen Vorschulprogrammen haben sich Ganztags-Vorschulen entwickelt, und Kindergartenprogramme* sind zu Eingangsstufen für Vorschulen geworden. Zudem haben

* Zur Erläuterung der Begrifflichkeit siehe S. 213

viele dieser Vorschulen Curricula eingeführt**, einschließlich Arbeitspapieren, die einst den Erstkläßlern vorbehalten waren. Und in Elternratgebern ermutigen etliche Autoren dazu, Kleinkinder in Lesen, Mathematik und Naturwissenschaften zu unterrichten.

Wenn wir Kinder zu früh in akademischen Fächern oder in Schwimmen, Turnen oder Ballett unterrichten, erziehen wir sie falsch; wir setzen sie vollkommen sinnlos den Risiken kurzfristiger Belastungen und langfristiger Schäden ihrer Persönlichkeit aus. Es gibt keinerlei Beweis dafür, daß solch frühzeitiger Unterricht dauernde Vorteile bringt, hingegen beachtliche Beweise dafür, daß er bleibende Schäden bewirken kann.

Warum engagieren wir uns aber auf so breiter Basis in solch ungesunden Praktiken? Die gegenwärtige Übererziehung zahlreicher Säuglinge und Kleinkinder rührt, wie alle sozialen Phänomene, vom Zusammentreffen vielfältiger und komplexer gesellschaftlicher Kräfte her, die solche Methoden sowohl hervorbringen als auch rechtfertigen. Eines steht fest: Überfordernde Erziehung wächst nicht aus dem Boden, den anerkanntes Fachwis-

** Ähnliche Bestrebungen gab und gibt es auch in der Bundesrepublik. Vgl. den Bericht der Bund-Länder-Kommission für Bildungsplanung (Hrsg.), *Fünfjährige in Kindergärten, Vorklassen und Eingangsstufen* (Stuttgart 1976), in dem verschiedene Modellversuche ausgewertet werden. Ein Zitat aus dem Kapitel ›Zielvorstellungen der Modellversuche‹ (S. 21f.): »... im Hinblick auf die Anforderungen der Schule (sollen) spezielle Fertigkeiten im Vorfeld der Kulturtechniken des Lesens, Schreibens und Rechnens entwickelt werden ...
Alle kontinuitätserschwerenden Faktoren sollen nach Möglichkeit verringert oder beseitigt werden mit dem Ziel, einen gleitenden Übergang in die Formen schulischen Lernens herzustellen. Hingegen sind die kontinuitätsfördernden Faktoren zu stärken.«
[Anm. d. L.]

sen als gute Pädagogik für Säuglinge und Kleinkinder bezeichnet. Die Gründe sind vielmehr im Wandel der Werte, der Größe, Struktur und des Lebensstils amerikanischer Familien zu suchen, im Erbe der Bestrebungen aus den sechziger Jahren, allen Gruppen Chancengleichheit in der Erziehung zu sichern, sowie in den neuen Zwängen, denen Eltern und Erzieher durch Status- und Wettbewerbsdenken und die Computerisierung ausgesetzt sind.

Überforderung durch zuviel Erziehung hat es immer gegeben – denn es gab immer übertrieben ehrgeizige Eltern –, doch heute ist sie eine gesellschaftliche Norm geworden. Wenn wir uns die latente Gefahr dieser schädlichen Praktiken nicht klarmachen, schaden wir einem großen Teil der nächsten Generation.

Der Boom in der frühkindlichen Erziehung

Bis in die sechziger Jahre galt die Erziehung von Kleinkindern nicht als bedeutsames Unterfangen, und nur wenige Kleinkinder besuchten unter diesem Aspekt Kindergärten. Das Ziel der frühkindlichen Erziehung bestand in einer Bereicherung der sozialen und spielerischen Erfahrungen, die die Familie allein nicht unbedingt gewährleisten konnte. Man nahm an, daß diese Art der Sozialisation und der spielerischen Anregung auch die geistige Entwicklung fördere, betrachtete das aber als einen Nebeneffekt der Kindergartenaktivitäten. Kindergärten sollten eher der sozialen Entfaltung denn intellektueller Stimulation dienen.

Überdies waren außerfamiliäre Ganztagseinrichtungen für Kleinkinder (wie sie von Kindertagesstätten geboten wurden) mit einem Stigma behaftet. Sie galten als Orte, wo man sich um Kinder aus gestörten Familienverhältnissen kümmerte (die Kinder lediger Mütter und unreifer Eltern oder solcher, die ihre Kinder mißbrauchten). Und berufstätige Frauen, die ihre Kinder in die eine oder andere Form von außerfamiliären Programmen geben mußten, wurden entweder schief angesehen, weil ihnen die mütterlichen Instinkte fehlten, oder bemitleidet, weil ihre Ehemänner nicht genügend verdienten, um die Familie allein zu ernähren. In weiten Kreisen herrschte die Absicht, es schade einem kleinen Kind, regelmäßig und über einen längeren Zeitraum hinweg in eine außerfamiliäre Einrichtung gegeben zu werden.

Wie wir sehen werden, brachte die soziale Revolution der sechziger Jahre indes einen grundlegenden Wandel unserer Einstellung zu außerfamiliären Erziehungsprogrammen und zu der Fähigkeit von Kindern, mit solchen Programmen zurechtzukommen und von ihnen zu profitieren. Die Statistiken sprechen Bände: 1966 gingen nur 60 Prozent der Fünfjährigen in Vorschulen, während 1985 82 Prozent der Fünfjährigen öffentliche, private oder kirchlich getragene Vorschulprogramme besuchten.[1] Nur 25 Bundesstaaten unterstützten 1965 öffentliche Vorschulen; im Jahre 1985 gaben alle fünfzig Bundesstaaten hierfür Mittel aus und, zunehmend, auch für Eingangsstufen zu Vorschulprogrammen.

Die starke Zunahme von Programmen zur frühkindlichen Erziehung beschränkt sich nicht auf die Fünfjährigen. Seit 1965 ist die Zahl von Kindergärten um das Tausendfache gestiegen, und die Zahl zugelassener Kindertagesstätten nahm zwischen 1978 und 1985 um 234 Prozent zu. 1985 besuchten etwa 2,5 Millionen Kinder (39 Prozent) Eingangsstufen zu Vorschulprogrammen; 1965 waren es nur 700000 (11 Prozent).[2] Niemals zuvor in unserer Geschichte wurden so viele Säuglinge und Kleinkinder zu längerfristigen, regelmäßigen außerfamiliären Programmen angemeldet.

Die Debatten über die frühe Kindheit

Während die Zahl der Säuglinge und Kleinkinder, die zu außerfamiliären Programmen angemeldet wurden, derart gestiegen ist, daß mehr als die Hälfte dieser Altersgruppe davon betroffen ist, werden die Debatten über den Nutzen oder Schaden solcher Programme immer hitziger. Auf der einen Seite stehen Psychologen wie Burton White und Raymond und Dorothy Moore, die den Standpunkt vertreten, daß außerfamiliäre Programme Kleinkindern schaden und daß zumindest ein Elternteil zu Hause bleiben sollte, um das Kind aufzuziehen und zu erziehen. White erklärt, dies gelte für die ersten drei Lebensjahre; die Moores behaupten, daß Kinder mindestens bis zum Alter von acht Jahren zu Hause behalten werden sollten. Völlig entgegengesetzt ist die Auffassung von David Weikart und Alison Clarke-Stewart; sie meinen, daß außerfamiliäre Programme keineswegs schaden müssen und sogar vorteilhaft sein können. White und die Moores ziehen vor allem Untersuchungen an Kindern der Mittelschicht zur Unterstützung ihrer Argumentation heran, während sich Weikart und Clarke-Stewart meist auf die Arbeit mit Kindern aus einkommensschwachen Familien beziehen.

Selbst unter denen, die darin übereinstimmen, daß außerfamiliäre Erziehungsprogramme nicht schädlich sein müssen, herrschen beträchtliche Meinungsverschiedenheiten darüber, welche Art von Programmen kleinen Kindern angemessen sind. Eine Gruppe behauptet, daß Kleinkinder außerhalb der Familie formalen Unterricht erhalten sollten. In New York City gelang es dem früheren Erziehungsbeauftragten Gordon Ambach, öffentliche Vorschul-Einrichtungen allen Vierjährigen zugänglich zu machen, deren Eltern dies benötigen oder wünschen. 24 weitere Bundesstaaten denken gegenwärtig über Vorschulen für Vierjährige nach.

Andere Autoren, darunter der Psychologe Edward Zigler aus Yale und Irving Sigel, ein ranghoher Wissenschaftler des *Educational Testing Service*, befürworten ein vorschulisches Curriculum, das den Lernfähigkeiten von Kleinkindern entspricht, einen Lehrplan nämlich, der keinen formalen Unterricht in Lesen, Mathematik und Naturwissenschaften enthält. Auch hier stützen sich die Verfechter des frühzeitigen Unterrichts auf Untersuchungen mit benachteiligten Kindern, um ihre Argumente zu untermauern, während ihre Gegner sich auf Untersuchungen mit Kindern aus allen Einkommensgruppen beziehen.

Meinungsverschiedenheiten gibt es auch unter denen, die der Auffassung sind, daß Kleinkinder zu Hause erzogen werden sollten. Autoren wie Glenn Doman vertreten den Standpunkt, daß Kleinkinder lesen und rechnen lernen sollten. Dagegen behaupten Autoren wie Burton White, daß die soziale Interaktion zwischen Eltern und Kindern für das frühe Lernen viel wichtiger sei als das Erwerben besonderer Fähigkeiten, wie es von Doman und anderen befürwortet wird.

Da verwundert es nicht, daß vielen Eltern diese widersprüchlichen Expertenmeinungen eher wie der Turm zu Babel denn eine Quelle für Ratsuchende erscheinen. Das ist die Problematik des raschen sozialen Wandels: Er kann neue soziale Phänomene hervorbringen, deren Folgen überaus schwer abzusehen sind. Was sollen Eltern tun? Auf wen sollen sie hören? Was ist für ihre Kinder und für sie selbst das beste? Es gibt zwar keine einfache Antwort auf diese Frage, doch ich meine, daß Eltern am besten beraten sind, wenn sie den anerkannten Autoritäten auf diesem Gebiet folgen und nicht solchen, deren Referenzen fragwürdig sind und die finanziell von den Produkten oder Programmen profitieren, die sie gutheißen. Die Fachleute wenden sich einstimmig gegen die Übererziehung:

Die Philosophie der amerikanischen Kindergarten-Bewegung, die Kinder bis zur Vorschule fördert, umfaßte niemals die drei R [*Rea*ding, (W)*r*iting, (A)*r*ithmetic: Lesen, Schreiben, Rechnen]. Mit dieser Philosophie stimme ich vollkommen überein. Sie betont zu Recht, daß die physischen, emotionalen, intellektuellen und sozialen Aspekte der Entwicklung, die vor dem Schulunterricht stattfindet, ihr einziges Anliegen ist. Es gibt verschiedene Stadien der Entwicklung, in denen jede Fertigkeit ganz mühelos erworben wird, und der Versuch, sie beschleunigt zu durchlaufen, könnte leicht fehlschlagen. Tatsächlich belegen Experimente, die vor Jahren durchgeführt wurden, daß Kinder, die mit sieben Jahren zu lesen begannen, weniger Schwierigkeiten hatten als sechsjährige Leseanfänger.

> Benjamin Spock
> Pädiater und Autor
> von *Säuglings- und Kinderpflege*[3]

Das ganze Spektrum eines normalen Kinderpflege-Verhaltens – Girren, Wiegen, Füttern und Spielen – wird Ihr Baby auf ganz natürliche Weise stimulieren.

> Michael Rothenberg, Pädiater und
> Kinderpsychologe, University of Washington School of Medicine[4]

Meist ist das, was Sie instinktiv tun, genau das, was Ihr Baby braucht — ob Sie nun mit ihm schmusen, es ansehen oder suchen, ein winziges Lächeln hervorzulocken.

Dr. med. Stanley Greenspan, Leiter
des Clinical Infant and Child De-
velopment Research Center, National
Institute of Mental Health und Co-
Autor von First Feelings[5]

Das menschliche Kleinkind ist ganz erstaunlich willfährig. Man kann es dazu bringen, im Alter von neun Monaten zu laufen, mit zwei Jahren Zahlen aufzusagen, mit drei zu lesen, und es kann sogar lernen, mit dem Druck, der hinter diesen Erwartungen liegt, fertig zu werden. Kinder in unserem Kulturkreis brauchen aber jemanden, der aufschreit: »Um welchen Preis?«

T. Berry Brazelton, Pädiater und
Autor von Toddlers and Parents[6]

Diese Hochleistungsschulen mit akademischen Vorschulprogrammen erweisen Kindern einen schlechten Dienst.

Irving Sigel, Wissenschaftler, Educa-
tional Testing Service[7]

Keine Autorität auf dem Gebiet der Kinderpsychologie, Pädiatrie oder Kinderpsychiatrie befürwortet formalen Unterricht für Säuglinge und Kleinkinder, in welchem Bereich auch immer. Die Fachleute äußern sich einmütig dagegen; sie treten dafür ein, Kleinkindern eine reiche und anregende Umwelt zu bieten, die gleichzeitig warm und liebevoll ist und die Prioritäten und das Tempo des kindlichen Lernens unterstützt. In dieser fördernden, zwanglosen Umwelt erwerben Kinder ein dauerhaftes Gefühl von Sicherheit, positiver Selbstachtung und eine anhaltende Begeisterung fürs Lernen.

Art und Ausmaß der Fehlerziehung

Am größten ist die Gefahr der Über- oder Fehlerziehung in den staatlichen Institutionen, in denen die meisten Kinder davon betroffen sind. Und die staatliche Erziehung macht sich zunehmend schuldig, Kinder durch formalen Unterricht, dem sie noch nicht gewachsen sind, sinnlos zu gefährden:

»Vorschulklassen füllen sich wieder. Eltern verfolgen das erste Schuljahr mit Argusaugen und fordern, größeren Nachdruck auf das Erlernen der Grundlagen zu legen. Immer mehr schicken ihre Kinder zu Vorschulprogrammen, die Vierjährige mit dem Alphabet bewaffnet ›vom Stapel laufen lassen‹. Die Schulen reagieren darauf, indem sie das spielorientierte Vorschul-Curriculum mit gewichtigen Inhalten wie Rechnen und Lesen anreichern. Eltern wollen jetzt, daß ihre Kinder einen Stapel Papiere mit nach Hause bringen«, sagt Marilyn Arwood, Direktorin der Waynewood Elementary School im Fairfax County, Virginia. »Sie wollen sprechende Beweise dafür, daß ihr Kind etwas gelernt hat.«[8]

Andere Entwicklungen in der staatlichen Früherziehung sehen wie folgt aus:

Das Alter, in dem Kinder mit formalem Unterricht beginnen, sinkt. Jetzt, da Vorschulen für Fünfjährige in den staatlichen Schulen praktisch gang und gäbe sind, wird die Forderung erhoben, allen Vierjährigen formalen Unterricht zugänglich zu machen. Eingangsstufen zu Vorschulprogrammen mit einschneidenden Erziehungskomponenten für Drei- und Vierjährige sind auf dem Vormarsch, vor allem für benachteiligte Kinder.[9]

Der Boom in der frühkindlichen Erziehung entwickelt sich, so hat es den Anschein, zu einem Boom in Fehlerziehung. Das Ausmaß von Überforderung bei Kleinkindern hat kürzlich eine Gruppe nationaler Organisationen, die mit Grundschul- und frühkindlicher Erziehung befaßt sind, zu einer besorgten Stellungnahme veranlaßt.[10] (Zu den Unterzeichnern gehören die ›Vereinigung für Internationale Kindererziehung‹, ›Aufsichts- und Entwicklungskommission für Curricula‹, die ›Internationale Vereinigung zur Förderung des Lesens‹, die ›Nationale Vereinigung für Vorschulerziehung‹, die ›Vereinigung der Grundschul-Direktoren‹ und der ›Nationale Rat der Englisch-Lehrer‹.) Einige der Befürchtungen, die in der gemeinsamen Stellungnahme angeführt wurden, lauteten:

1. Viele Kinder im Vorschulalter werden rigiden formalen Vorstufen von Leseprogrammen ausgesetzt, die für ihr Entwicklungsstadium unangemessene Erwartungen und Erfahrungen beinhalten.
2. Die individuelle Entwicklung und der individuelle Lernstil eines Kindes werden kaum berücksichtig.
3. Der Leistungsdruck beschleunigter Programme verhindert, daß Kinder beim Experimentieren mit Sprache und Internalisieren von Konzepten, wie Sprache funktioniert, Wagnisse eingehen.
4. Zuviel Aufmerksamkeit richtet sich auf die Entwicklung isolierter Fertigkeiten oder abstrakter Teile des Lesevorgangs; darüber wird die Einbindung des Sprechens, Schreibens und Hörens in das Lesen vernachlässigt.
5. Auf das Lesen um des Vergnügens willen wird zu wenig Wert gelegt; daher verbinden Kinder Lesen nicht mit Spaß.

Jeder dieser Punkte stellt einen Aspekt der überfordernden Erziehung dar, zeigt einen der vielen Wege, wie wir Kinder durch sinnlose Aufgabenstellungen gefährden können. Die potentiellen Gefahren der überfordernden Erziehungspraktiken, die oben beschrieben wurden, übersteigen den potentiellen Nutzen ganz erheblich.

Nicht nur die Schulen führen formalen Unterricht für Kleinkinder ein; Eltern tun dies genauso. Eltern werden von kommerziellen Programmen und Büchern überflutet, die ihnen versprechen, daß sie nur einem bestimmten Verfahren folgen müssen, um nicht allein kleinen Kindern Lesen und Mathematik beizubringen, sondern auch die Intelligenz ihrer Sprößlinge zu fördern und ihren IQ zu steigern — mit einem Wort, sie zu *Superkids* zu machen.

Die bekanntesten und auflagenstärksten dieser ›Superkids-Gebrauchsanweisungen‹ stammen von Glenn Doman, dessen Bücher *Wie kleine Kinder lesen lernen*, *Wie kleine Kinder rechnen lernen*, *Vervielfachen Sie die Intelligenz Ihres Babys und Steigern Sie das Gedächtnis Ihres Babys* hunderttausendfach verkauft wurden. Mehr als dreitausend Eltern aus den USA und aus der ganzen Welt haben (bis 1987) eine Woche im *Doman's Better Baby Institute* verbracht (zum Preis von 490 Dollar), um sich die Unterrichtspraktiken anzueignen, von denen er behauptet, sie machten aus jedem Kind ein *Superkid*. Zusätzlich zum Kurs können Eltern noch Videofilme und Lehrmaterialien erwerben.

In seinem Buch über das Lesenlernen von Babies beschreibt Doman den ersten Schritt des Unterrichts, der aus dem Kind ein Superkind machen soll:

Nun zeigen Sie ihm das Wort *Mama*, aber so, daß es gerade noch außer seiner Reichweite ist, und sagen mit deutlicher Stimme: »Das heißt ›Mama‹.«

Geben Sie dem Kind keine weiteren umständlichen Erklärungen. Es soll das Wort nicht länger als zehn Sekunden ansehen.
Spielen Sie darauf ein bißchen mit ihm, geben Sie sich ein paar Minuten liebevoll mit ihm ab. Zeigen Sie ihm dann das Wort zum zweiten Mal, wieder nur zehn Sekunden lang. Sagen Sie dazu nur einmal sehr deutlich: »Das heißt ›Mama‹.«
Spielen Sie erneut ein paar Minuten mit ihm.
Jetzt zeigen Sie ihm das Wort ein drittes Mal für zehn Sekunden. Wiederholen Sie dabei: »Das heißt ›Mama‹.«
Fragen Sie nicht, was das Wort bedeutet.
Nun ist die erste Lektion vorüber, und Sie haben etwa fünf Minuten dazu gebraucht.[11]

Mit einem Versprechen, daß seine Form des frühen Unterrichts Kinder intelligenter machen könne, steht Doman keineswegs allein da. Siegfried und Therese Engelmann behaupten in ihrem Buch *Kinder-Schule von null bis fünf Jahren*, daß Kinder im Vorschulalter lesen, addieren, subtrahieren, multiplizieren, zählen, buchstabieren und die Uhrzeit lernen könnten. Im Unterschied zu Doman, der feststellt, daß Kleinkinder rascher als ältere Kinder und Erwachsene lernen, sind die Engelmanns der Ansicht, daß Kleinkinder langsamer als in späteren Jahren lernen.

Auch ihr Unterrichtsverfahren unterscheidet sich von dem Domans. Während Doman sehr zeitorientiert ist, geht es den Engelmanns vor allem um die Reihenfolge der dem Kind vorgelegten Materialien. Hier ein Beispiel für die Verfahren, die ihnen zufolge einem Kind das Lesen beibringen und seinen IQ steigern:

Als Sie Ihr Kind während der ersten achtzehn Monate mit bestimmten Objekten vertraut gemacht haben, werden Sie dabei wie folgt vorgegangen sein:
Sie werden den Gegenstand gesondert aufgestellt haben.
Sie werden seinen Namen genannt haben.

Sie werden Ihr Kind aufgefordert haben, auf ihn zu zeigen.
Wenn Ihr Kind dann sprachlich gewandter ist, sollten Sie diese Übung erweitern:
Sie stellen den Gegenstand gesondert auf.
Sie nennen seinen Namen.
Sie lassen das Kind den Namen wiederholen.
Sie fordern das Kind auf, auf den Gegenstand zu zeigen.
Sie veranlassen das Kind, den Namen des Gegenstands zu nennen, während Sie selbst auf ihn deuten.[12]

In seinem Buch ›Wie man intelligente Kinder heranzieht‹ bietet Sidney Ledson eine weitere Methode zur Produktion von Superkindern an. Anders als Doman und die Engelmanns, die bei der Erziehung zu Lesen und Intelligenz offenbar die Ganz-Wort-Methode anwenden, rät Ledson den Eltern, ihre Kinder phonetisch (nach der Lautstruktur) zu unterrichten:

Traditionellerweise wird den Kindern das A als erster Buchstabe beigebracht. Das A bietet hierfür indes keinerlei Anlaß. Unseren Zwekken ist hier besser gedient, wenn der Buchstabe C als erstes gelernt wird. Zeigen Sie Ihrem Kind den Buchstaben C auf S. 69 und erklären Sie ihm, daß die Gestalt ihm sagt, den Räusper-Laut zu machen (aber benutzen Sie dabei nicht unbedingt die Wörter Gestalt oder Laut), ein Laut, ähnlich wie Kuh klingt, wobei das -uh verschluckt wird. Sagen Sie nur: »Dies läßt uns Kuh ['kju:] sagen, Edwina.« Ermutigen Sie das Kind, diesen Laut zu bilden, und zeichnen Sie dabei einige Male mit seinem Finger den Umriß des Buchstabens nach.[13]

Ein letztes Beispiel: Dr. Susan Ludington-Hoe rät in ihrem Buch ›Wie man zu einem clevereren Baby kommt‹ den Eltern sechs Monate alter Kinder, diese an ›abstrakten Spielen zur Förderung des abstrakten Denkens‹ zu beteiligen:

Abstrakte Denkspiele sind in diesem Lebensmonat ideal. Beginnen Sie damit, vertraute Gegenstände in Ihrem Heim zu benennen.

Babys Decke. Sein schwarzer und weißer Bär. Sein Hochstuhl. Wenn Sie in Ihrem gewohnheitsmäßigen Tagesablauf auf einen der Gegenstände stoßen, können Sie sie mit einem freundlichen »Hallo, Deckchen« anreden. Schließlich wird Ihr Baby nach den Gegenständen greifen, die Sie nennen, falls sie in Sichtweite sind. Später werden Sie folgendes erleben: Ihr Kind kann mitten auf dem Fußboden mit irgendeinem Spielzeug beschäftigt sein. Wenn Sie jetzt »Hund!« sagen, wird es nach dem Hund Ausschau halten, den Sie erwähnt haben. Dann werden Sie wissen, daß es ein regelrechtes Verständnis für die Dauerhaftigkeit von Gegenständen gewonnen und gelernt hat, daß Wörter Gegenstände repräsentieren.[14]

Nichts Neues wird in diesem und ähnlichen Büchern geboten. Die Autoren übertragen einfach wohlbekannte Lernprinzipien auf Säuglinge und Kleinkinder oder formalisieren Verhaltensweisen, die Eltern ganz spontan beim Umgang mit ihren Sprößlingen zeigen. Es gibt absolut keinen Beweis dafür, daß derartiger Unterricht den Kindern irgendeinen bleibenden Lesevorsprung verschafft oder daß er irgendeine positive Auswirkung auf die Intelligenz des Kindes hat. Hingegen gibt es durchaus Beweise für den Schaden, den zu früher formaler Unterricht anrichten kann.

Die Übererziehung von Säuglingen und Kleinkindern ist nicht auf untaugliche Versuche beschränkt, sie in wissenschaftlichen Fächern zu unterrichten; sie hat vielmehr alle Aspekte der kleinkindlichen Entwicklung erfaßt. Die Vorstellung, kleine Kinder könnten von formalen Unterrichtsprogrammen profitieren, hat sich auf alle Bereiche ausgedehnt: Sport und Turnen, Musik und Gymnastik, Ballett, Schönheitswettbewerbe und Karate. Wenn sie mit dem richtigen Gespür für die physischen und intellektuellen Grenzen der Kinder und für ihre seelische Verletzlichkeit durchgeführt werden, müssen sie nicht unbedingt schaden. Trotzdem setzen sie die Kinder immer physischen und/oder psychischen Risiken aus, da sie sie in Lernsituationen bringen, die Säuglingen und Kleinkindern nicht angemessen sind – und dies trotz der Tatsache, daß derartige Programme keinen beweisbaren langfristigen Vorteil bringen.

Die Ausbreitung von kommerziellen, formalen Übungsprogrammen für Säuglinge und Kleinkinder bezeugt unseren neuen Eifer, formalen Unterricht auf diese Altersgruppe auszuweiten. Im ganzen Land werden zwei- oder dreimonatige Babies zu Fitnesskursen angemeldet. Babyturnen mit Namen wie *Gymboree, Playorama, Exercise Plus* und *Great Shapes* floriert. Den Eltern wird erzählt, daß sich solche Programme psychisch und physisch vorteilhaft auswirken. So sagt Suzy Prudden, Autorin des *Suzy Prudden's Exercise Program for Young Children*:

> Turnen im frühen Alter dehnt sanft die Brustmuskeln, weitet die Brust und schafft der Lunge mehr Raum zum Ein- und Ausatmen. Der Kreislauf wird angeregt, mehr Sauerstoff gelangt ins Gehirn, und die Muskelkraft wird verbessert.[15]

Diese Erklärung ist zwar richtig, doch ebenso richtig ist, daß die meisten Säuglinge solche Turnübungen ganz von selbst machen, indem sie über den Boden kriechen, nach Gegenständen greifen, sich in ihrem Bettchen hochziehen usw. Als soziale Aktivitäten mögen Turngruppen für Eltern und Säuglinge einen gewissen Wert besitzen; wenn die Übungen aber zu anstrengend sind (und diese Möglichkeit ist immer gegeben, wenn Erwachsene den Kleinen Ziele setzen), besteht tatsächlich die Gefahr, daß die Kinder körperliche Schäden davontragen. Und falls die Eltern Erfolge und Mißerfolge zu angespannt verfolgen, drohen auch seelische Schäden.

Schwimmgruppen für Säuglinge und Kleinkinder sind inzwischen weit verbreitet; sie werden sogar vom YM/YWCA [Christlicher Verein junger Männer und Frauen] unterstützt. Noch einmal: Solche Gruppen mögen als gemeinsame Unternehmen von Eltern und Kindern einen gewissen Wert besitzen, doch sie bergen auch Risiken. Säuglinge in Schwimmgruppen sind durch Mittelohrentzündungen, die zu bleibendem Hörverlust führen können, gefährdet; durch Ersticken beim Wasserschlucken und durch Diarrhöe, die von kleinen, noch nicht an Sauberkeit gewöhnten Kindern im Wasser besonders leicht übertragen wird. Und trotzdem appellieren manche Befürworter des Schwimmtrainings für Babies an die elterlichen Ängste. Danuta Rylko schreibt in ihrem Buch »Machen Sie ihr Kind in einer Woche ›wasserfest‹«:

> Jeden Tag berichten die Zeitungen über kleine Kinder, die im Swimmingpool hinter dem Haus ihrer Eltern ums Leben kamen. Und jedesmal, wenn ich einen solchen Bericht lese, tut es mir in der Seele weh, denn die Tragödie und der Todeskampf hätten vermieden werden können. Es gibt keinen Grund dafür, daß ein Kind bei vollem Bewußtsein ertrinken muß. Einem Kind beizubringen sein Leben in jeder Form von Wasser zu retten, ist relativ einfach ... Sie können ein Kind im Alter von vier Monaten lehren, den Atem anzuhalten, nach einem Sturz in ein Wasserbecken aufzutauchen, sich auf den Rücken zu wälzen, zu atmen, sich zu entspannen und treiben zu lassen ... und das für unbegrenzte Zeit ... ja für Stunden, wenn nötig — bis Hilfe naht.[16]

Solch ein Appell mag in Gebieten, in denen viele Leute einen Swimmingpool haben, eine gewisse Berechtigung haben. Die Mutter eines neun Monate alten Kindes, die in Boston lebt (wo Swimmingpools hinter dem Haus ungewöhnlich sind), erzählte mir indes, daß viele ihrer Bekannten ihre Babies in Schwimmgruppen brächten und ihr zuredeten, dasselbe zu tun. Sie lehnte ab, weil sie sich der Risiken bewußt war, die ich oben genannt habe. Eine ihrer Freundinnen regte sich über ihre Weigerung dermaßen auf, daß sie fragte: »Willst du, daß dein Baby ertrinkt?« Das beunruhigendste an einer solchen Bemerkung ist die Vorstellung, elterliche Verantwortung bestehe darin, einen Säugling schwimmen zu lehren statt zu gewährleisten, daß er niemals in die Gefahr zu ertrinken gerät. Einem Baby kann man doch nicht die Verantwortung dafür übertragen, daß es nicht ertrinkt! *Wir* Erwachsenen sind verantwortlich, *wir* haben die Aufgabe, ein Baby nicht ertrinken zu lassen.

Argumente für den formalen Unterricht von Kleinkindern

Im dritten Kapitel (S. 76ff.) werden wir einige Argumente von Fachleuten für den formalen Unterricht von Kleinkindern in den Schulen anschauen und zeigen, daß diese eher die sozialaktivistische Stimmung der sechziger Jahre als den aktuellen Forschungsstand der damaligen oder der heutigen Zeit widerspiegeln. Populäre Argumente für die Effizienz frühkindlichen Unterrichts in der Familie hat es allerdings immer gegeben. Sie klangen häufig recht überzeugend, einer genaueren Überprüfung hielten sie aber nicht stand.

Bei diesem Thema ist es üblich, auf hoch angesehene Männer und Frauen zu verweisen, die frühzeitigen Unterricht genossen haben: der Philosoph John Stuart Mill; der Kybernetiker Norbert Wiener; der Jurist und Philosoph Jeremy Bentham; der englische Historiker,

Dichter und Staatsmann Thomas Babington Macaulay; der deutsche Philosoph und Mathematiker Gottfried Wilhelm von Leibniz. Diese Beispiele sind aber in mehrfacher Hinsicht problematisch. Erstens gibt es viele bedeutende Menschen, die von ihren Eltern nicht in frühem Alter unterrichtet wurden: Einstein, Darwin, Marx, Freud, Piaget, Edison, Georgia O'Keeffe und Eleanor Roosevelt, um nur einige wenige zu nennen. Falls frühkindlicher Unterricht für späteren Ruhm so entscheidend wäre, wie hätten diese Männer und Frauen berühmt werden können?

Zweitens *fordern* viele intelligente oder begabte Kinder schon in jungen Jahren von ihren Eltern Anregungen; sie verschlingen Informationen und sind in ihrer Wißbegier oder in ihrem Eifer, ihre künstlerische, musikalische oder sprachliche Begabung zu erproben, geradezu unersättlich. Falls der frühzeitige Unterricht die Entwicklung von Männern wie John Stuart Mill und Norbert Wiener beeinflußt hat, so liegt das wohl an ihren Anlagen, in ganz jungem Alter damit zu beginnen. Wären sie weniger aufnahmefähig gewesen, hätten ihre Eltern vermutlich aufgegeben. Bezeichnenderweise lassen die Befürworter des frühkindlichen Lernens die vielen Eltern unerwähnt, die bei dem Versuch, ihre Kinder durch frühzeitigen Unterricht ›intelligenter zu machen‹, scheiterten.

Drittens und letztens ist daran zu erinnern, daß die Eltern berühmter Kinder, die diese schon früh zu unterrichten begannen, dies auf unterschiedliche Weise, mit unterschiedlichen Methoden und in unterschiedlichem Ausmaß taten. Blaise Pascal wurde von seinem Vater unterrichtet, Goethe hingegen besuchte nach unserem heutigen Verständnis einen Kindergarten. John Stuart Mill wurde von seinem Vater in Griechisch und Latein unterwiesen, während Leibniz' Vater versuchte, in seinem kleinen Sohn die Liebe zur Geschichte zu wecken. Mozart unternahm als Wunderkind Konzertreisen durch Europa, was eine wieder andere Form von Anregung und Unterricht darstellte. Falls frühzeitiger Unterricht tatsächlich Superkinder hervorzubringen vermag, so muß man fragen: Wie sollte er angelegt sein, wann sollte er beginnen, und wer sollte ihn geben? Wie wir gesehen haben, weichen selbst die heutigen Verfechter wie Doman und die Engelmanns in den von ihnen vorgeschlagenen Methoden sehr voneinander ab.

Berichte über die frühe Ausbildung bedeutender Menschen sind zudem mit großer Vorsicht zu genießen, da sie meist anekdotischen Charakter haben. Eine kürzlich von Benjamin Bloom und seinen Kollegen durchgeführte systematische Untersuchung des Werdegangs begabter und talentierter Menschen stützt keineswegs die Ansicht, daß bedeutende Leistungen auf irgendeinem Gebiet vor allem davon abhängen, ob das Kind frühen Unterricht erhalten hat oder nicht. Die Forschungsgruppe untersuchte den familiären und sozialen Hintergrund von 120 talentierten und erfolgreichen Menschen, um herauszufinden, was für die Ausbildung ihrer herausragenden Fertigkeiten bestimmend gewesen sein könnte.

Betrachten wir die biographischen Daten der zwanzig Mathematiker, deren Werdegang in die Untersuchung einbezogen wurde. Alle waren unter vierzig, Stipendiaten der Sloan-Stiftung und genossen unter ihren Kollegen einen hervorragenden Ruf. Die Eltern dieser Mathematiker waren sämtlich überdurchschnittlich intelligent, wie ihr Ausbildungsniveau belegt:

Die Eltern der zwanzig in dieser Untersuchung berücksichtigten Mathematiker hatten eine gute Ausbildung vorzuweisen. Vierzehn (70 Prozent) der Väter hatten höhere akademische Grade erworben: [darunter] fünf den eines Doktors, drei den eines Magisters, und zwei hatten juristische Examina abgelegt. Drei von den verbleibenden sechs hatten das College besucht, während die übrigen drei nicht über die High School hinausgingen. Elf (55 Prozent) der Mütter besaßen zumindest einen College-Abschluß, vier weitere hatten das College besucht, und alle bis auf eine der übrigen fünf hatten einen High-School-Abschluß. Dieses hohe Ausbildungsniveau ist besonders bemerkenswert, weil die meisten Eltern während der Weltwirtschaftskrise College und Universität besuchten. Das heißt, daß viele von ihnen zur Abendschule gingen oder ihre Ausbildung über mehrere Jahre ausdehnten, weil sie Geld verdienen mußten. Selbst unter diesen Umständen gelang es etlichen von ihnen, sich auszuzeichnen. Ein Vater war Rhodes-Stipendiat, und etliche der Eltern schlossen mit Auszeichnung ab.[17]

Diese Eltern waren intelligent, und die Chancen, daß sie intelligente oder außergewöhnlich intelligente Kinder bekommen würden, waren überdurchschnittlich groß. Noch bedeutsamer für die gegenwärtige Diskussion ist die Einstellung der Eltern gegenüber frühzeitigen pädagogischen Eingriffen:

Die Eltern der Mathematiker waren der Ansicht, es sei falsch, die Interessen der Kinder in bestimmte Bahnen zu lenken. Sie versuchten, so berichten sie, die Kinder ›ganz normal‹ zu behandeln.
»Ich finde alle Versuche überflüssig, aus einem Kind etwas zu machen, das man selber will, statt es mit den Dingen zu versehen, für die es sich interessiert, und es das werden zu lassen, was es will.« (Mutter von M4)
»Ich bin entschieden dagegen, Kinder unter Druck zu setzen und sie den elterlichen Erwartungen entsprechend zuzuschneiden.« (Mutter von M21)
»Wir haben versucht, ihn zu behüten und einen normalen Menschen aus ihm zu machen ... Meine Vorstellung war, ein intelligentes Kind zu haben, das sich gut einfügt, mit Leuten zurechtkommt, Freunde hat und eine Menge Interessen — ein Kind, das nicht stur auf ein einziges Ziel ausgerichtet ist.« (Mutter von M17)[18]

Keine der 120 untersuchten Personen hatte übertrieben ehrgeizige Eltern gehabt. Das Lehren und Lernen in der frühen Kindheit gestaltete sich vorwiegend spielerisch:

> Das verfügbare Klavier stellte für alle bis auf einen der Pianisten ein Spielzeug dar. Manche Eltern hatten den Klavierstuhl für ihre kleinen Kinder passend eingestellt und ihnen erlaubt oder sie ermutigt, auf der Tastatur herumzuklimpern. Andere watschelten als Dreikäsehochs zum Klavier: »Ich patschte mit Fingern und Handflächen auf die Tasten, rannte dann zu meiner Mutter und sagte: ›War das ein schönes Lied?‹, ging zurück und machte weiter.« Andere ›spielten auf der Klaviatur herum und erzeugten donnernde und blitzende Klangeffekte‹.[19]

Diese Untersuchung der Ausgangsbedingungen von begabten und talentierten Menschen, die erfolgreiche Erwachsene wurden, enthält keinerlei Bestätigung für die Annahme, daß frühzeitiger formaler Unterricht intellektuelle Begabung oder schöpferisches Talent hervorbringt. Im Gegenteil: Die autobiographischen Angaben zeigen übereinstimmend, daß die Eltern bedeutender Persönlichkeiten darauf achteten, ihren Kindern nicht das aufzuzwingen, was sie selbst für vorrangig hielten, sondern sich nach den Entwicklungsschritten jedes einzelnen Kindes richteten. In dieser Hinsicht und in ihrem Bestreben, aus ihren Kindern vollständige Persönlichkeiten zu machen, ist das Verhalten dieser Eltern beispielhaft für gesunde, kindgerechte Früherziehung. Eine kürzlich unter den MacArthur-Stipendiaten durchgeführte Befragung untermauert die Ergebnisse der Bloomschen Untersuchung.

Die John D. und Catherine T. MacArthur-Stiftung in Chicago hat über hundert Personen ausfindig gemacht, deren schöpferisches Leben jene Fruchtbarkeit zeigt, die wir gemeinhin auf die frühzeitige Förderung von Kindern, besonders der begabten und talentierten, zurückführen.[20] Die Bandbreite ihrer Fähigkeiten ist enorm. Sie sind Künstler – Schriftsteller, Musiker, Filmemacher. Sie befassen sich mit dem menschlichen Verhalten – als Anthropologen, Historiker, Psychologen. Sie verfolgen abstrakte Theorien – in der Chemie, Biologie, Mathematik, Astrophysik. Ihre Arbeitsgebiete reichen von den vertrauten – Pädagogik, Philosophie, Rechtswissenschaft – bis zu den ausgefallenen – Maya-Hieroglyphen, Buchgraphik.

Die MacArthur-Stipendiaten sind handverlesen. Etwa hundert anonyme Vorschlagsberechtigte oder ›Talentsucher‹ spüren außergewöhnlich vielversprechende Personen auf. Einmal im Monat tritt ein fünfzehnköpfiges Komitee zusammen, um die Nominierungen zu prüfen. Dann setzt die Stiftung die ausgewählten Künstler und Wissenschaftler telefonisch davon in Kenntnis, daß ihnen für einen Zeitraum von fünf Jahren ein Stipendium zuerkannt worden ist, das sich zwischen 24000 und 60000 Dollar jährlich beläuft. Die Stipendiaten reichen keine Bewerbung ein, sie legen auch keine Forschungspläne oder Projekte vor. Von ihnen wird weder erwartet, daß sie Arbeitsberichte liefern, noch daß sie etwas publizieren. Ihre ungewöhnlichen Begabungen, die sie in dem breiten Spektrum schöpferischen Arbeitens unter Beweis gestellt haben, sind es, die sie für das Stipendium qualifizieren.

Die Forschungsgruppe hatte allen MacArthur-Stipendiaten einen Fragebogen mit neun Punkten gesandt, auf den etwa die Hälfte von ihnen (fünfzig) reagierte. Eine der Fragen lautete, ob sie von ihren Eltern in ungewöhnlichem Maße gefördert worden seien. Bei der Auswertung kamen die Forscher zu dem Schluß: »Wenn es einen gemeinsamen Nenner für diese Antworten gibt, dann ist das die entscheidende Bedeutung des Familienlebens und der elterlichen Anleitung für die Entwicklung dieser ungewöhnlich schöpferischen Menschen.«[21]

Einige typische Antworten:

Sylvia Law: »Auch wenn meine Eltern nicht besonders gebildet waren, so glaube ich doch, daß die Gespräche am Abendbrottisch die eigentlich bedeutsame Rolle dabei spielten, mir soziale Werte und das Interesse an Wissen und Fakten zu vermitteln.«[22]

Francesca Rochberg Halton: »Ich stand meinen Eltern, die mich ungemein gefördert haben, sehr nahe. Ich las viel zu Hause, da ich sie die ganze Zeit lesen sah, und ich nehme an, daß mir das in der Schule genützt hat.«[23]

Die Forscher folgerten auch, »daß die Eltern der MacArthur-Stipendiaten ihre Kinder zwar förderten, dabei aber offenbar keinen besonderen Druck ausgeübt haben.«[24]

Noch ein paar typische Antworten:

Stephen Barry erklärte, daß seine Eltern ihn niemals angetrieben hätten, »aber sie erlaubten mir, und das vielleicht in ungewöhnlichem Maße, meinen eigenen Neigungen nachzugehen«.[25]

William Clark: »Ich wuchs in einem Haus auf, das voll von Büchern und Zeitschriften und Zeitungen war und voll von Diskussionen über die in ihnen angesprochenen Dinge, die als wichtig vorausgesetzt wurden. All das lief sehr gelassen ab, und soweit ich sagen kann, war ich selbst der einzige, der mich unter Druck setzte.«[26]

Robert Root Bernstein: »Den größten erzieherischen Einfluß auf mich hatten zweifellos meine Eltern. Ihre Philosophie bestand darin, all die ›Lernmittel‹, die man sich wünschte (worunter ›Lernmittel‹ im weitesten Sinne zu verstehen sind), bereitzustellen, sobald man sie sich wünschte. Mein Bruder und ich erhielten zum Beispiel Musikunterricht, aber erst, als wir darum baten.«[27]

Aus den Untersuchungsergebnissen dieser beiden Erhebungen können wir mehrere Schlüsse ziehen. Eltern spielen bei der Entwicklung von intellektuell oder schöpferisch begabten Menschen mit Sicherheit eine bedeutende Rolle. Diese Rolle besteht aber nicht darin, praktischen Unterricht zu geben und den Kindern Fertigkeiten beizubringen, wie es Doman, die Engelmanns und Ledson befürworten. Die entscheidenden Faktoren sind vielmehr, so hat es den Anschein, die Unterstützung und das anspornende Beispiel der Eltern sowie die intellektuelle Atmosphäre, die sie zu Hause schaffen.

Ein weiterer Befund ist hier bedeutsam, der für die Biographie von Menschen typisch ist, die trotz ungünstiger Ausgangsbedingungen einen erfolgreichen Weg gegangen sind. Der erste Mentor dieser herausragenden Persönlichkeiten war nicht jemand, der sie in die Geheimnisse ihres späteren Fachgebietes oder ihrer Kunst einführte, sondern immer einer, der für sein Wissensgebiet ungeheure Begeisterung empfand, auch wenn er davon nicht genial viel verstand. Dieser erste Mentor vermittelte den Hochbegabten sehr viel Begeisterung, immense Einsatzfreude und ein enormes Interesse an dem, was ihr Lebenswerk werden sollte. Menschen, die ihnen die für ihr Gebiet erforderlichen Fähigkeiten beibrachten, trafen sie erst auf ihrem späteren Werdegang.

Diese Ergebnisse verdeutlichen, welch ein Trugschluß es ist, anzunehmen, daß früher Unterricht ein Weg sei, aus Kindern bedeutende Menschen zu machen. Übererziehung stößt vielmehr die natürliche Entwicklungsfolge um. Für begabte Kinder — wie für Kinder im allgemeinen — ist das Wichtigste, ihnen zu vermitteln, wie begeisternd und reizvoll Lernen ist. Fertigkeiten und Fakten sind rasch erworben, wenn die Motivation vorhanden ist. Übererziehung, die sich zu Lasten der Motivation auf den Erwerb von Fertigkeiten konzentriert, fordert einen enormen Preis dafür, daß sie Säuglingen und Kleinkindern nichts weiter als ein paar Kunststücke beibringt. Eine Unze Anregung wiegt jederzeit ein Pfund Fertigkeiten auf.

Ein weiteres Argument für das frühkindliche Lernen lautet, daß Kinder heute in einem früheren Entwicklungsstadium aufnahmefähiger seien, weil sie von moderner Technik umgeben sind. Durch das Fernsehen haben sogar Kleinkinder Zugang zu Informationen jeder Art, seien es fremde Länder und Völker, sei es die Erforschung des Weltalls oder der Tiefsee. Und die Computer daheim und in den Vorschulen sorgen dafür, daß Kinder mit diesem modernen Wunderding aufwachsen und von daher aufgeklärter mit ihm umgehen werden als frühere Generationen. Wenn schon Eltern keine Superkinder hervorbringen, dann gelingt das eben der modernen Technologie.

Das sind, genau betrachtet, zwei Argumente. Das eine bezieht sich auf den direkten Einfluß der Technologie und das andere auf die indirekte Wirkung durch die Informationen, die die Technologie vermittelt.

Dem ersten Argument ist damit zu begegnen, daß es

keinen Beweis dafür gibt, daß die frühe Begegnung mit der Technik die geistige Entwicklung fördert. Die umfassende direkte Einwirkung von Technologien auf die menschliche Natur kann unsere biologisch festgelegten geistigen Fähigkeiten wohl erweitern und verstärken, nicht aber grundlegend ändern. Maschinen erweitern und verstärken unsere Muskelkraft, das Telefon unser Gehör, Teleskope und Mikroskope unsere Sehkraft – und Computer unser Gedächtnis.

Doch zu betonen ist, daß solche Erweiterung und Verstärkung nicht unsere biologische Leistungsfähigkeit neu gestalten. Brillen verbessern ebensowenig unser optisches Zellsystem wie Hörgeräte unser akustisches. Ein Computer steigert unser Erinnerungsvermögen ebensowenig, wie uns ein Hebelwerkzeug zu stärkeren Muskeln verhilft. Und – glücklicherweise hat die Wirkungskraft der modernen Waffensysteme nicht unsere Aggressivität gesteigert.

Und nun zum zweiten Argument: Wenn die Technologie auch nicht auf direktem Wege unsere sensorische oder motorische Leistungsfähigkeit verbessert, tut sie dies nicht indirekt durch die Informationen, die sie uns liefert? Steigern diese Informationen nicht die Leistung unseres Gehirns, und machen sie uns nicht welterfahrener und gebildeter, als wir ohne sie wären?

Das ist gewiß ein richtiger Gesichtspunkt. Kinder haben heute tatsächlich zu mehr Informationen Zugang als die Kinder früherer Generationen. Und doch schrieb John Dewey vor vielen Jahren, daß Lernen ›die Darstellung von Erlebtem‹ ist, womit er sagen will, daß Erlebtes, die rohe Information, nicht automatisch etwas von sich aus vermittelt. Nur wenn wir über das Erlebnis oder die

Information sprechen und nachdenken, können wir daraus lernen. Es stimmt zwar, daß Kinder heute Zugang zu mehr Informationen haben als jemals zuvor, aber dieser Zugang allein garantiert nicht, daß Kinder aus den Informationen lernen, wenn diese nicht besprochen und geprüft werden.

Wenn Kinder wirklich von der Informationsflut profitieren sollen, der sie ausgesetzt sind, muß man ihnen Zeit und Gelegenheit geben, über diese Erlebnisse nachzudenken. Und doch verwenden Eltern heute weniger Zeit darauf, mit ihren Kindern zu reden, als früher. Eine kürzlich vom *Institute for Social Research* an der University of Michigan durchgeführte Untersuchung[28] belegt dies. Die Forscher bestimmen Wert-Zeit-Tätigkeiten (*quality time*), etwa: den Kindern [nach dem Heimkommen von der Arbeit für einen begrenzten Zeitraum] etwas vorzulesen, sich mit ihnen zu unterhalten oder mit ihnen zu spielen.

Die Untersuchungsergebnisse waren bemerkenswert: Berufstätige Mütter verbrachten pro Werktag im Durchschnitt nur elf Minuten mit solchen Tätigkeiten und am Wochenende dreißig Minuten pro Tag. Hausfrauen wandten mehr Zeit auf; sie widmeten sich ihren Kindern dreißig Minuten pro Werktag und 36 Minuten am Wochenende. Väter, die in der Regel nicht zu Hause arbeiten, verbringen sogar noch weniger Zeit mit solchen Aktivitäten als berufstätige Mütter, nämlich knapp acht Minuten pro Arbeitstag und nur 14 Minuten am Wochenende. (Und die Weise, wie Väter ihre Zeit verbringen, hängt nicht davon ab, ob ihre Frauen berufstätig sind oder nicht.)

Wenn Kinder keine Gelegenheit erhalten, über ihre

Erlebnisse zu sprechen und nachzudenken, werden sie kaum daraus lernen. Sie erhalten zwar mehr Informationen und machen vielfältigere Erfahrungen als Kinder in der Vergangenheit, aber das bedeutet nicht, daß sie automatisch besser in der Realität zurechtkommen. Wir wissen immer viel mehr, als wir verstehen, und mit dem Schwall von Informationen, dem junge Leute ausgesetzt sind, wird die Kluft zwischen Wissen und Verstehen, zwischen Erfahrung und Lernen immer breiter.

Kurzum, keins der geläufigen Argumente, die von denen vorgebracht werden, die frühzeitigen Unterricht als Weg zur Hervorbringung von intelligenten und begabten Kindern befürworten, hält einer genauen Überprüfung stand. Die anekdotischen Fallgeschichten von Männern wie John Stuart Mill werden durch systematische Untersuchungen über die frühe Kindheit von herausragenden Persönlichkeiten nicht bestätigt. Diese belegen vielmehr klar und deutlich, daß diese Personen in ihrer frühen Jugend nicht einem Zuviel an Erziehung ausgesetzt wurden. Ebensowenig beschleunigt die Tatsache, daß Kinder heute mit einem Mehr an fortschrittlicher Technologie aufwachsen als frühere Generationen, ihre geistige Entwicklung; noch macht sie die Informationslawine praktisch gebildeter. Grundsätzlich unterscheiden sich Kinder heute in ihrer intellektuellen Entwicklung und Aufgeklärtheit nicht von ihren Altersgenossen vor fünfzig oder hundert Jahren.

Die Welt des kleinen Kindes

Wir Erwachsenen vergessen allzu leicht, wie unerfahrene Säuglinge und kleine Kinder wirklich sind und wieviel sie über die Welt noch lernen müssen, die wir bereits im Begriffe gefaßt haben und jetzt als gegeben hinnehmen. Sobald wir uns bewußt machen, wieviel Zeit und Kraft Säuglinge und kleine Kinder darauf verwenden müssen, eine Welt aus Gegenständen, Eindrücken, Lauten, Farben, Formen, der Beziehung zwischen Auf und Ab, Hinter und Drüber, Pflanzen, Tieren, Bäumen und viel, viel mehr zusammenzusetzen, wird der Trugschluß der Übererziehung offensichtlich.

Babies und Kleinkinder sitzen nicht einfach da, drehen Däumchen und warten darauf, daß ihre Eltern ihnen Lesen und Rechnen beibringen. Sie wenden ungeheuer viel Zeit und Anstrengung dafür auf, die Welt um sich herum zu entdecken und zu verstehen. Gesunde Erziehung unterstützt und fördert dieses spontane Lernen. Früher Unterricht ist die Fehlerziehung, nicht weil er lehren will, sondern weil er die falschen Dinge zur falschen Zeit lehren will. Wenn wir ignorieren, was das Kind lernen muß, und ihm statt dessen das aufzwingen, was wir lehren wollen, dann setzen wir Säuglinge und Kleinkinder einem Risiko aus, das ohne jeden Sinn ist.

Das soziale Umfeld
der Fehlerziehung

Superkids:
Übererziehung durch die Eltern

Heute sind Eltern stärker daran interessiert, daß ihre Kinder ›etwas Besonderes‹ als daß sie ›durchschnittlich‹ oder ›normal‹ sind. Früher nahmen Eltern gewöhnlich mit Erleichterung zur Kenntnis, daß ihre Kinder sich altersgemäß entwickeln. Diese Zeiten sind vorbei! Die Eltern von heute wollen, daß ihre Kinder sich hervortun, die Besten sind. Natürlich ist nichts gegen den Wunsch einzuwenden, daß unsere Kinder ihre Sache gut machen; Eltern, die keine erfolgreichen Kinder wollten, würden sich zweifellos etwas seltsam verhalten. Früher aber wurde dieser Wunsch, besondere Kinder zu haben, dadurch ausgeglichen, daß die seelische Gesundheit der Kinder den Eltern ein gleich großes Anliegen war. Ebenso sorgte man sich, daß es zu Neurosen führen könnte, wenn man Kinder in zartem Alter zu Ausnahmeleistungen treiben würde. »Frühe Reife, frühe Fäulnis« – so pflegte man zu sagen.

Auch die heutigen Eltern sind um die geistige Gesundheit ihrer Kinder besorgt, doch glauben sie im Gegensatz zu den Eltern der geburtenstarken Jahrgänge, außergewöhnlich frühe Erfolge würden Selbstachtung und

Selbstvertrauen der Kinder erhöhen und ihnen im Konkurrenzkampf ›Hilfestellung‹ leisten. Die Befürworter frühkindlichen Unterrichts in Wissenschaften, Sport und Künsten werden nicht müde zu behaupten, daß all das nicht nur Ausnahmekinder hervorbringe, sondern auch für die Entwicklung der kindlichen Persönlichkeit überhaupt ungemein segensreich sei.

Das gegenwärtige Bedürfnis, aus der Masse herauszuragen (weil man Superkinder vorzeigen kann), erwächst aus einer Vielzahl von Faktoren und Ursachen. Zunächst einmal sind unsere Familien heute kleiner; daher spüren Eltern einen beträchtlichen Druck, aus ihrem Kind oder ihren Kindern ›etwas zu machen‹, weil ihnen − z. B. bei nur einem Kind − so wenig Spielraum für Fehler bleibt. Dann ist es heute sehr teuer, ein Kind zu haben (1986 wurden die Kosten für das Aufziehen eines Kindes in den USA auf mehr als 143 000 Dollar geschätzt), und darum wollen Eltern, daß sich ihre Investition auch wirklich ›amortisiert‹. Und der jetzige intellektuelle Wettlauf, der sowohl innerhalb einzelner Länder als auch zwischen ihnen stattfindet, bedeutet einen weiteren Antrieb für Eltern, ihr Kind so intelligent wie möglich zu machen.

Einen weiteren Faktor stellt die Idee des ›kompetenten Kindes‹ dar, die in den sechziger Jahren von Fachleuten verbreitet wurde. Unglücklicherweise sind Eltern etwa ein Jahrzehnt hinter den Fachleuten zurück: Viele Verfechter des frühen Lernens, wie etwa Benjamin Bloom und Jerome Bruner, haben ihren Standpunkt inzwischen ganz beträchtlich modifiziert. Dieser Meinungswandel unter den Sachverständigen hat indes nirgendwo auch nur annähernd die Beachtung in den Medien gefunden, wie sie dem Konzept von der ›Kompetenz des Kindes‹ zuteil geworden war. So haben viele meiner College-Studenten Mühe zu verstehen, warum es nicht möglich ist, Säuglinge und Kleinkinder in wissenschaftlichen Fächern zu unterrichten, weil sie mit der Konzeption des kompetenten Kindes aufgewachsen sind.

Eine Rolle spielt auch der soziale Druck, der Eltern im Hinblick auf ihre Kinder ehrgeiziger als je zuvor macht. Das traurige Endergebnis dieses Konkurrenzdrangs ist die Verfestigung des Glaubens ›je früher, desto besser‹. Früher zu beginnen, so glauben Eltern heute, sei der beste Weg, um ihren Kindern einen Vorsprung im Wettbewerb des Lebens zu verschaffen.

Diese Kombination von Faktoren hat zu dem — teils bewußten, teils unbewußten — elterlichen Streben geführt, Superkids heranzuziehen. Kinder können aber nicht in allen Bereichen Außergewöhnliches leisten, die Eltern müssen eine Wahl treffen. Das je spezifische Gebiet, auf dem sie von ihrem Kind Höchstleistungen fordern, spiegelt verschiedene Triebkräfte in der elterlichen Persönlichkeit wider, die in einem speziellen familiären und elterlichen Erziehungsstil Ausdruck finden. Auch wenn ich diese einzelnen Stile im folgenden getrennt voneinander beschreibe — in der Realität findet sich ein wenig von jedem Stil in jedem von uns. Und kein Stil ist notwendigerweise besser oder schlechter als die anderen. Schädlich ist nur, wenn man solche Verhaltensformen kleinen Kindern aufzwingt, wenn man sie überfordernd erzieht. Es ist diese Superkid-Psychologie, die für einen Großteil der heute praktizierten Fehlerziehung verantwortlich ist.

Gourmet-Eltern

Manche jungen Paare haben den beruflichen und finanziellen Aufstieg geschafft. Sie können sich ein schönes Heim, teure Autos und häufige Reisen in exotische Länder leisten: Sie haben das erreicht, was heute in der westlichen Gesellschaft als beneidenswerter Lebensstil gilt. Solche Eltern verfolgen ihre Karriere mit großer Energie und bewundernswerter Selbstdisziplin: Sie arbeiten überdurchschnittlich lange, treiben aber auch regelmäßig Sport und halten Diät. Während der Arbeit wie in der Freizeit sind sie bemüht, in Kleidung, Sprache und Benehmen die Regeln des guten Tons zu beachten. Der Erfolg ist ihnen, wie man zu sagen pflegt, nicht in den Schoß gefallen: Sie haben ihn sich erarbeitet.

Wenn Gourmet-Paare Eltern werden, wenden sie bei der Kindererziehung häufig die gleichen Methoden an, mit denen ihnen der berufliche Aufstieg gelang. Damals bereiteten sie sich auf eine erfolgreiche Karriere vor, jetzt bereiten sie sich auf eine erfolgreiche Elternschaft vor. Sie lesen die neuesten Bücher über Kinderziehung und besuchen Vorträge und Kurse über die kindliche Entwicklung. Gourmet-Eltern sind davon überzeugt, daß sie bei der Kindererziehung ebenso gute Arbeit leisten können wie damals beim Planen ihrer Karriere und daß ein Superkid der Beweis für ihre elterlichen Fähigkeiten sei.

Gourmet-Eltern ziehen ihren Kindern die Kreationen der teuersten Modeschöpfer an, melden sie zu den prestigeträchtigsten Kursen und Lernprogrammen an und kaufen ihnen komplizierte elektronische Spielsachen und Ausrüstungen. Dreijährige begleiten ihre Eltern auf Europareisen und beim Besuch exklusiver Restaurants.

Im Alter von fünf Jahren haben die Kinder solcher Eltern oft mehr Reisen als viele Erwachsene gemacht. Das Kind von Gourmet-Eltern ist in Sachen ›Weltgewandtheit‹ seinen Altersgenossen weit überlegen.

Während die Älteren die Kinderfreuden des Radfahrens wiederentdecken, klettern manche kleinen Kinder hinter das Steuer ihres eigenen Automobils. Besonders in Kalifornien kutschieren frühreife Knirpse in maßstabsgetreu verkleinerten Versionen von Porsche, Ferrari und anderen ausländischen Wagen, die von ihren Eltern gefahren werden, in Einfahrten und Parks herum ... Eine von Agostini Autojunior in Italien produzierte Luxuskarosse für Kiddies ist mit Ledersitzen, hydraulischen Scheibenbremsen und Zwei-Gang-Schaltung ausgestattet. Angetrieben von einem 3-PS-Motor, wie man ihn bei Rasenmähern verwendet, bieten die kleinen Autos einen Vorgeschmack auf das Leben auf der Überholspur.[1]

Ein klassischer Fall von Gourmet-Eltern aus meinen Akten: Hal und Margaret J. haben eine erfolgreiche Anwaltspraxis aufgebaut. Beide stammen aus Arbeiterfamilien der unteren Mittelschicht, haben öffentliche Schulen und eine staatliche Universität besucht und ihre Ausbildung durch Teilzeitarbeit finanziert. Sie lernten sich während des Jura-Studiums kennen und heirateten kurz nach ihrer Graduierung. Nachdem sie sich mit ihrer Praxis selbständig gemacht hatten, beschlossen sie, Kinder zu bekommen. Sie wollten zwei, einen Jungen und ein Mädchen. Sie vereinbarten, die Geburt in den Sommer zu legen, wenn das Geschäft ruhiger lief und Margaret es sich leisten konnte, ein paar Monate auszusetzen.

Alles verlief wie geplant. Das erste Kind, ein sieben Pfund schwerer Junge, kam im Juli zur Welt, und Margaret nahm Ende September die Arbeit wieder auf. Die beiden hatten das Glück, eine Pensionärin zu finden, die bereit war, während der Woche im Haus zu leben und sich um Joshua zu kümmern. Von Anfang an zog Margaret die neuesten Theorien über Kinderpsychologie und -erziehung zu Rate. Im Alter von sechs Monaten stand Joshua bereits auf der Warteliste eines prestigeträchtigen Kindergartens. Seine Mutter bestand darauf, daß er Schwimmkurse besuchte, und plante ihn mit zwei Jahren in einen Fremdsprachenkurs zu geben. Josh bekam das modernste und fortschrittlichste Spielzeug, einschließlich eines Kinder-Computers. Mit zwei begleitete er seine Eltern nach Aspen, Colorado [ein renommiertes Skigebiet in den USA], mit drei erhielt er seine eigene Skiausrüstung und begann mit dem Skiunterricht.

Als ich Josh kennenlernte, war er fünf Jahre alt und aus seiner Vorschulklasse ausgeschlossen worden. Der prestigeträchtige Kindergarten hatte ihn nicht aufgenommen, weil er mit dreieinhalb Jahren noch nicht trocken war. In der Vorschule verhielt er sich egozentrisch und anmaßend; er war nicht bereit, zu teilen oder kooperativ zu spielen. Wenn ihn etwas frustrierte, bekam er einen Wutanfall und fiel schreiend auf den Boden. Seine Eltern besaßen überhaupt keine Kontrolle über ihn und waren Opfer seiner Launen. Sie wußten nicht, was sie falsch gemacht hatten. Sie kamen überhaupt nicht auf die Idee, daß Kindererziehung nicht dasselbe wie Karrieremachen ist, und machten sich auch nicht klar, daß sie ihrem Kind sehr widersprüchliche Botschaften darüber vermittelten, was sie von ihm erwarteten.

In vieler Hinsicht erinnerte Josh natürlich an den altmodischen Fall eines ›verzogenen‹ Kindes. Er war indes nicht einfach verwöhnt worden; man hatte ihn zugleich darauf getrimmt, in verschiedenen Bereichen, wie Schwimmen und Ski laufen, Erfolge zu ›bringen‹. Die natürliche Folge war, daß die Eltern es den Babysittern und Kursleitern überließen, auf Disziplin zu achten und dem Kind Grenzen zu setzen, während sie selbst es verwöhnten und verhätschelten. Weil Joshs Eltern ihn keinen Beschränkungen und Kontrollen aussetzten, konnte er sie auch von anderen Erwachsenen nicht akzeptieren.

Viele Gourmet-Eltern kommen aus eher bescheidenen Verhältnissen, denen sie häufig die Motivation zu harter Arbeit und beruflichem Aufstieg verdanken. Gourmet-Eltern wollen offenbar beides: daß ihre Kinder die Früchte ihres Erfolgs genießen und daß sie gleichzeitig motiviert sind, ihrerseits nach Erfolg zu streben. Indem sie die Kinder zu früh den Werten und Attributen eines luxuriösen Lebensstils aussetzen, erreichen sie schlimmstenfalls das Gegenteil: Sie untergraben bei ihren Kindern das aufkeimende Gefühl von Autonomie und Selbstachtung. Das kann dazu führen, daß Kinder ihr Selbstwertgefühl stärker daraus ableiten, was sie besitzen und wen sie beherrschen können, als aus sich selbst als Individuum.

Abitur-Eltern

Eine andere Gruppe von Eltern aus der Mittelschicht, die beruflich häufig mit Erziehung oder anderen Formen von Bildung, etwa dem Verlagswesen, zu tun hat, glaubt, daß eine solide Ausbildung in den Geisteswissenschaften, die von einem Bakkalaureat [dem niedrigsten akademischen Grad, dem bundesdeutschen Abitur vergleichbar] gekrönt wird, die Grundlage für ein erfülltes und erfolgreiches Leben ist. Aber auch Abitur-Eltern können der Superkind-Krankheit erliegen; sie wollen ein Kind aufziehen, das außergewöhnlich intelligent ist und auf akademischem Gebiet für sein Alter überdurchschnittliche Leistungen zeigt. Ihrer Ansicht nach ist die beste Methode, dieses Ziel zu erreichen, möglichst früh damit zu beginnen, ihr Kind in den Wissenschaften zu unterrichten — im Lesen, in Mathematik, den Geistes- und Naturwissenschaften. Abitur-Eltern wünschen, daß ihr Kind eine angesehene Vorschule besucht, zumindest zum Teil deshalb, weil die Aufnahme in solch eine Vorschule den hervorgehobenen Status des Kindes beweist.

Abitur-Eltern interessieren sich ungemein für die Lehrpläne der Vor- und Grundschulen. So fragte ein Vater den Leiter des Kindergartens, den sein Kind besuchen sollte: »Wie sieht Ihr naturwissenschaftliches Curriculum aus?« Eine Mutter schrie den Lehrer ihres Sprößlings, der die erste Klasse der Grundschule besuchte, an: »Sie dürfen ihm kein ›befriedigend‹ geben. Wie soll er jemals ans MIT [Massachusetts Institute of Technology] kommen?« Viele Abitur-Eltern verlangen, daß ihre Kinder Arbeitspapiere aus dem Kindergarten mit nach Hause bringen. Es beunruhigt sie geradezu, wenn sie die Kleinen im Kindergarten eifrig Theater spielen sehen: in einer Reihe auf Stühlchen sitzend, während der ›Schaffner‹ auf dem vordersten Platz mit einem Topfdeckel den Bus durch die Stadt steuert. Solche Spielereien können der Intelligenz ihrer hochbegabten Sprößlinge doch nicht die notwendige wissenschaftliche Herausforderung bieten!

Viele Abitur-Eltern hatten selbst Eltern, die den Wert der Bildung besonders betonten: Sie war der Schlüssel zum Aufstieg, der Weg, die anderen zu überflügeln und sich den amerikanischen Traum zu erfüllen. In vieler Hinsicht gilt dies heute noch, doch es gibt einen gravierenden Unterschied zwischen der Weise, wie Abitur-Eltern erzogen wurden, und der Form, in der sie jetzt ihre eigenen Kinder erziehen. Hier steht nicht der Wert der Bildung zur Debatte, sondern die jweilige Verantwortung, die Eltern im Rahmen einer solchen Erziehung für sich beanspruchen beziehungsweise ihren Kindern aufbürden.

In einer zurückliegenden Epoche sahen Eltern, die Bildung hoch schätzten, ihre Aufgabe darin, die Kinder zu fördern, das heißt, ihnen eine Ausbildung zu ermöglichen, die sie selbst nicht bekommen hatten. Diese Einstellung ist noch immer unter den Kindern bestimmter Einwanderer und unter Eltern aus der Arbeiterklasse verbreitet. Die Superkid-Psychologie hat indes eine feine, doch überaus bedeutsame Veränderung in der elterlichen Ausrichtung bewirkt: Abitur-Eltern betrachten es nicht mehr als ihre Aufgabe, den Kindern eine Ausbildung ›zu ermöglichen‹, sondern ihnen einen ›Vorsprung‹ zu verschaffen.

Zur Superkid-Psychologie gehört, daß *die Eltern* eine entscheidende Rolle dabei spielen, das Kind dazu zu bringen, sich auszuzeichnen. Abitur-Eltern geben ihr Kind in eine akademisch orientierte Vorschule und/oder unterrichten es frühzeitig im Lesen in der Hoffnung, dadurch die intellektuellen Fähigkeiten des Kindes entscheidend zu steigern. Was soll daran falsch sein, mag man als vernünftiger Mensch fragen. Falsch daran ist, daß hiermit eine subtile Verschiebung der Verantwortlichkeit von Kind und Eltern einhergeht. Wenn unsere Kinder in akademischen Fächern Erfolge erringen, so liegt das an unserer Förderung und daran, daß wir sie zur richtigen Zeit in den richtigen Schulen untergebracht haben. Versagen die Kinder aber, so ist das selbstverständlich ihre Schuld, da sie doch alles Nötige erhalten haben, um intellektuelle Überlegenheit zu erlangen, sie dies aber nicht genutzt haben. Das Problem bei solchen Eltern ist, daß sie das Verdienst am Erfolg ihrer Kinder für sich in Anspruch nehmen können, während sie jede Verantwortung bei einem Scheitern leugnen.

Zwei Extrembeispiele von Eltern, die die Meriten für die Erfolge ihrer Kinder beanspruchen, erhellen die Gefahr bei der ›Erzeugung‹ von Superkindern. So berichtet John Stuart Mill:

Ich erinnere mich noch des Platzes im Hyde Park, wo mein Vater am Vorabend des Tages, an welchem ich in meinem vierzehnten Jahr die Heimat auf längere Zeit verließ, zu mir sagte, ich werde in dem mir bevorstehenden Verkehr mit neuen Leuten finden, daß ich viele Dinge gelernt habe, von denen die Jungen meines Alters gemeiniglich nichts wüßten; es dürften deshalb viele Personen geneigt sein, mit mir darüber zu sprechen und mir Komplimente zu machen. Was er sonst noch über diesen Gegenstand äußerte, haftet nur noch unvollkommen in meinem Gedächtnis, wohl aber der Schluß, welcher darauf hinauslief: wenn ich mehr als andere wisse, so dürfe ich es nicht dem eigenen Verdienst, sondern nur dem sehr ungewöhnlichen Vorteil zuschreiben, daß ich einen Vater habe, der mich zu unterrichten im Stande und auch geneigt sei, diesem Werk die erforderliche Mühe und Zeit zu widmen; wenn ich daher unterrichteter sei als diejenigen, welchen es nicht so gut geworden, so gereiche mir dies keineswegs zum Lobe, wohl aber würde das Gegenteil mir eine unauslöschliche Schande bereiten.[2]

Auch Norbert Wieners Vater nahm das Verdienst am Erfolg seines Sohnes für sich in Anspruch:

Mein an und für sich schon beträchtlicher Mangel an Selbstvertrauen wurde (...) noch größer, zumal mein Vater damals in verschiedenen Artikeln und Interviews erklärte, ich sei ein absolut durchschnittlicher Junge, dessen hoher Leistungsstand einzig und allein das Verdienst seiner Lehrmethode sei.[3]

Auch wenn diese Beispiele Ausnahmecharakter haben, so illustrieren sie doch, wie Eltern, die all ihr Streben auf das Hervorbringen eines Superkindes richten, von ihrer eigenen, einer an Pygmalion erinnernden Macht besessen sein können. Es kann sich auf ein Kind verheerend auswirken, wenn Eltern ihm seine eigenen Anstrengungen und Fähigkeiten voll absprechen und allen Verdienst für seine außergewöhnlichen Leistungen für sich beanspruchen.

Goldmedaillen-Eltern

Eine andere Gruppe von Eltern versucht aus ihren Kindern olympiareife Sportler und Wettkämpfer zu machen. Goldmedaillen-Eltern arbeiten gewöhnlich in Positionen im mittleren Management mit geringen Aufstiegschancen; häufig sind sie nicht besonders an einer Karriere interessiert. Sie suchen dem Einerlei ihres langweiligen Jobs oder der Hausarbeit und Kindererziehung dadurch zu entkommen, daß sie ihre Kinder in sportliche und andere Wettbewerbe schicken. Goldmedaillen-Eltern sind bereit, einen beträchtlichen Teil ihrer Zeit und ihres Geldes in das Training und die Turnierteilnahme ihrer Sprößlinge zu investieren. So müssen Eltern, die ihre Kinder zum Eislaufen bringen, den Trainer, Bahngebühren (die sich summieren, wenn das Kind täglich läuft), Kleidung und Schlittschuhe bezahlen; außerdem An- und Abfahrt sowie Hotelkosten — von der Zeit, die ihnen beruflich verlorengeht, gar nicht zu reden –, wenn es an regionalen oder nationalen Wettkämpfen teilnimmt. Allein die Bereitschaft, das Kind täglich frühmorgens oder spätnachmittags zur Eisbahn zu fahren, beweist das Ausmaß elterlichen Engagements!

Zu allen Zeiten besaßen die Goldmedaillen-Eltern eine Superkid-Mentalität. Heute aber glauben Eltern dieses Schlages, ihre Chancen, einen ›Star‹ zu schaffen, seien größer, wenn sie ihr Kind im frühestmöglichen Alter mit dem Training beginnen ließen. Solche Eltern melden ihre Kinder ohne jede sinnvolle Begründung in immer jüngeren Alter zu Wettbewerben an. Vorschulkinder besuchen Schwimm-, Gymnastik-, Ski- und Eislaufkurse. Über eine Million Säuglinge und Kleinkinder nehmen in den USA an vorschulischen Schönheitswettbewerben teil. Es mag berechtigt sein, ein talentiertes Kind im Alter von sieben oder acht Jahren mit dem Training für sportliche und andere Wettkämpfe beginnen zu lassen, doch gibt es kaum einen Grund, *vor* diesem Alter damit anzufangen, und mit Sicherheit gar keinen, vierjährige und jüngere Kinder dazu zu bringen.

Die größte Gefahr besteht darin, daß das Kind physischen Schaden nimmt. Da Muskeln und Knochen bis ins Jugendalter hinein noch nicht voll ausgebildet sind, kann rigoroses Sporttreiben zu ernsthaften Verletzungen führen. Dies ist bereits bei Schulkindern zu beobachten, die sich einem erbarmungslosen Training unterwerfen, um die Nummer eins zu sein.

Der Patient zuckte beim Ausziehen der Jacke zusammen; ein entsetzlicher Schmerz durchzog seine Schulter.
Die Untersuchung ergab eine Entzündung des beutelförmigen, mit schleimiger Flüssigkeit gefüllten Hohlraums, der die Reibung zwischen Sehnen und Knochen der Schulter mindert.

Die Diagnose: Bursitis [Schleimbeutelentzündung], gemeinhin eine Alterskrankheit.

Aber der Patient, ein begeisterter Schwimmer, war erst neun Jahre alt.

»Er hat sich die Bursitis beim Sport geholt«, erklärte Dr. Lyle Miticheli, Direktor der Klinik für Sportmedizin am Kinderkrankenhaus Boston.

»Sportmediziner und -kliniken erleben in ihrer Praxis heute mehr Kinder mit durch Sport oder Tanz verursachten Erwachsenenkrankheiten und -verletzungen als früher«, sagt Miticheli. »Es ist nicht ungewöhnlich, daß sich Kinder Tendinitis [Sehnenscheidenentzündung] holen, Knieverletzungen, Knorpelrisse, Streßfrakturen des Rückgrats, der Beine und Röhrenknochen und daß sie sich an Schultern, Ellbogen und Wachstumsknorpeln verletzen.«

Kinderkliniken bekommen in der Woche durchschnittlich 150 Kinder mit Sportverletzungen zur Behandlung gebracht. In den vergangenen drei Jahren ist die Zahl der Patienten – zum Teil wegen der erhöhten Aufmerksamkeit für die Sportmedizin – von etwa 200 auf 600 im Monat gestiegen. 90 Prozent der Kinder wurden im organisierten Sport verletzt.[4]

Kinder sind auch psychisch gefährdet, wenn sie in zu jungem Alter Wettkampferfahrungen machen – bevor sie nämlich ein Gefühl von Sicherheit und Selbstachtung gewonnen haben, das sie befähigt, mit dieser Situation fertig zu werden. Die Risiken werden allerdings nicht von jedermann so hoch gewertet. Mütter zum Beispiel, die ihre Töchter zu Schönheitswettbewerben schicken, vertreten die Ansicht, daß sich früher Wettbewerb durchaus positiv auf die Entwicklung der kindlichen Persönlichkeit auswirke.

Mrs. Tony Hollingsworth aus Rochester bemerkte, während sie ihre vierjährige Tochter Erica sorgfältig mit Lidschatten und Wimperntusche schminkte: »Die Leute machen sich überhaupt keine Vorstellung davon, wieviel Zeit man für diese Dinge aufwenden muß, vor allem für die Talentförderung.«

Mutter und Tochter befanden sich hinter der Bühne anläßlich der ›Kid of America‹-Show, die kürzlich in der Stadium Junior High School in Abilene, Texas, veranstaltet wurde.

»Es frustriert sie, wenn sie ihren Tambourstock fallen läßt oder wenn sie fühlt, daß sie nicht ihr Bestes gegeben hat«, fuhr Mrs. Hollingsworth fort, während sie die blonden Locken ihrer Tochter bürstete und letzte Korrekturen an deren Make-up vornahm.

Lächelnd beobachtete sie Erica, die noch einmal ihre Nummer mit dem Tambourstock probte, erteilte Anweisungen — »Wirf den Stab auf der Bühne nicht so hoch. Sei nicht frustriert. Zieh' kein langes Gesicht, wenn du ihn fallen läßt.« — und gab mit einem Lachen zu: »Sie macht das, wozu ich nie den Mumm hatte. Ich lebe ersatzweise durch meine Tochter — solange ich sie nicht überfordere und sie selbst entscheidet, ob sie bei einem Schauwettbewerb mitmacht.

Ich denke, daß viele Leute nicht begreifen, was es mit solchen Wettbewerben auf sich hat. Sie glauben, das alles sei einfach Show, und die Mädels stünden da auf der Bühne, nur um zu zeigen, wie hübsch sie sind«, fügte Mrs. Hollingsworth hinzu. »Er [der Schauwettkampf] lehrt sie Disziplin, Selbstbeherrschung und wie man mit Anmut gewinnt und verliert.«[5]

Selbst die Organisatoren solcher Wettbewerbe erkennen jedoch, daß der mögliche Nutzen nur um den Preis beträchtlicher Risiken erreicht wird.

»Ich mag es nicht, wenn eine Mutter sich ärgert und aufregt, weil ihre Tochter nicht gewinnt, oder wenn die Mutter einen Wutanfall bekommt und die Jury beschimpft«, sagt Jimmie Anne DeRoss, Bundesstaatsdirektorin des Texas-Sunburst-Schauwettkampfes, und fährt kritisch fort: »Diese Wettkampf-Mädchen, die mit ihrem Plastik-Lächeln von Wettbewerb zu Wettbewerb ziehen. Ich mag ein natürliches Verhalten lieber.«[6]

Goldmedaillen-Eltern, die ihre Kinder zu sportlichen und anderen Wettkämpfen treiben, bevor diese fünf Jahre alt sind, überfordern und gefährden sie vollkommen sinnlos. Zugegeben, einige Kleinkinder mögen tatsächlich etwas aus der Erfahrung lernen, mit vier Jahren an einem Schönheitswettbewerb oder irgendeiner anderen Form des Wettkampfes teilzunehmen — aber könnten sie das nicht auch auf einem ungefährlicheren und gesünderen (und zudem weniger kostspieligen) Weg lernen? In einem guten Kindergarten kann ein Kind durchaus Selbstvertrauen und Selbstachtung erwerben, und zwar durch altersgemäße Beschäftigungen.

Nichts ist verloren und viel gewonnen, wenn man Wettbewerbssituationen hinausschiebt, bis ein Kind zumindest den Wachstumsstand eines Sechs- oder Siebenjährigen erreicht hat. Das Durchbrechen der bleibenden Zähne ist ein sicheres Zeichen dafür, wann ein Kind formalem Unterricht und Wettbewerb tatsächlich gewachsen ist. Einige Eltern, die versuchen, aus ihren Kindern schon in jungem Alter Spitzensportler zu machen, haben zwar Erfolg, aber die Zahl derjenigen, denen das mißlingt, ist viel, viel größer — und der psychische Preis für den Fehlschlag — vom finanziellen ganz zu schweigen — kann katastrophal hoch sein.

Do-it-yourself-Eltern

Manche Eltern haben einen Hang ›zurück zur Natur‹; sie sind besorgt darüber, wie sehr uns Industrie und Technologie unserer natürlichen Umwelt und unserer menschlichen Natur entfremden. Viele Do-it-yourself-Eltern leben in Großstädten, lesen aber umweltbewußte Bücher und Ökomagazine und träumen davon, eine Blockhütte, die mit Holz geheizt wird, zu bauen. Solche Eltern arbeiten häufig im Sozial- oder Gesundheitswesen, zum Beispiel als Sozialarbeiter, kirchliche Angestellte und Krankenschwestern. Sie neigen dazu, ihre Kinder zwanglos zu erziehen.

Viele Do-it-yourself-Eltern, die wachsende Unzufriedenheit mit den Unterrichtsprogrammen der staatlichen Schulen verspüren, haben sich, oft unwissentlich, die Superkid-Psychologie zu eigen gemacht. Sie sehen in ihr einen Weg, ihre Kinder vor den Unzulänglichkeiten der gegenwärtigen Gesellschaft zu schützen. Ohne sich dieser Tatsache bewußt zu sein, wollen Do-it-yourself-Eltern Superkinder heranziehen, die sich als Umweltschützer um Flora und Fauna kümmern. Auch diese Eltern haben die herrschende Meinung akzeptiert, daß man mit der ›Erschaffung‹ eines Superkid ›besser früher‹ beginnt.

Ich traf Mary und Michael J. während eines La-Leche-League-Meetings in Washington, D.C., wo ich einen Vortrag hielt. Ich hatte im Hotel gerade die Anmeldeformalitäten hinter mich gebracht und nahm im Restaurant ein spätes Mittagessen ein, als Michael an meinen Tisch trat und sich, seine Frau Mary und ihr sieben Monate altes Baby vorstellte. Sie kamen aus Tennessee, wo Michael als Jugendpfarrer seiner Kirche arbeitete. Mary, eine Krankenschwester, die Mutterschaftsurlaub genommen hatte, fragte mich, was ich davon hielte, Kinder daheim zu unterrichten. Ich erwiderte, daß dies meiner Ansicht nach nicht der künftige Trend sei (die Zahl der Zwei-Karrieren-Paare und der alleinerziehenden Väter und Mütter nimmt eher zu als ab, so daß immer weniger Eltern zu Hause bei den Kindern bleiben, die Hausunterricht geben könnten), doch hielte ich es für eine bedeutsame Entscheidung, bei der ich sowohl die möglichen Gefahren als auch die Vorteile sehe.

Marys Antwort verblüffte mich. Sie erklärte: »Ich will sie nicht zu Hause unterrichten, wenn sie das Schulalter erreicht haben, aber ich denke mir, ich könnte ihnen vorher das Lesen beibringen, damit sie in der Schule bessere Chancen haben. Ich besitze eine ganze Reihe von Büchern über Leseunterricht für Kleinkinder, und die Sache scheint sehr einfach und vernünftig zu sein.«

Hier haben wir eine Do-it-yourself-Mutter, die, so glaube ich, unbewußt die Superkid-Psychologie akzeptiert hat. Ohne sich darüber im klaren zu sein, formulierte sie ihren Wunsch, ein überdurchschnittliches Kind zu haben. Sie und Michael waren sich wirklich nicht klar darüber, daß sie ein Superkind wollten und daß dieses Verlangen in vieler Hinsicht ihrem sonstigen egalitären und humanitären Ethos widersprach. Die Superkid-Psychologie erfährt auch unter Do-it-yourself-Eltern immer größere Verbreitung.

Überlebenstraining-Eltern

Manche Eltern sehen die erzieherische Priorität darin, ihre Kinder in die Lage zu versetzen, in einer feindlichen Umwelt zu überleben. Viele dieser Eltern waren oder sind in den Streitkräften, im Polizeidienst und verwandten Berufen tätig, oder es handelt sich um junge Geschäftsleute, die der Fitness-Welle verfallen sind und Überlebensfertigkeiten als eine zusätzliche Trumpfkarte betrachten. Solche Eltern sind sich in hohem Maße der Gefahren bewußt, die Kindern heute drohen — Entführung aus dem elterlichen Heim und sonstwo, sexueller Mißbrauch von Kindern seitens erwachsener Aufsichtspersonen und so fort —, und beginnen bei ihren Kindern schon im Säuglings- und Vorschulalter mit dem Überlebenstraining.

Wie die Do-it-yourself-Eltern haben sich Überlebenstraining-Eltern offenbar unbewußt das Superkind-Denken zu eigen gemacht. Sie wollen Kinder, die in außergewöhnlichem Maße fähig sind, sich in allen Gefahrensituationen selbst zu verteidigen. Überlebenstraining-Eltern sind daher besonders empfänglich für Geschäftemacher, die Eltern drängen, ihre Babies in Schwimmkurse zu geben, ›damit sie nicht eines Tages ertrinken‹, oder Vorschulkinder in Kampfsportkurse zu stecken, damit sie sich selbst ›schützen‹ können, oder kommerzielle Unterrichtsprogramme zu kaufen, aus denen Kinder lernen sollen, wie man ›Fremde‹, die ihnen etwas antun können, erkennen und meiden kann.

Leider haben auch Überlebenstraining-Eltern stillschweigend die These akzeptiert, daß ihr Kind, je früher es Selbstverteidigung übt, desto wahrscheinlicher überaus befähigt sein wird, sich in Gefahrensituationen zu behaupten. Es ist jedoch besonders riskant, solches Training auf jüngere Altersgruppen, auf Kleinst- und Kleinkinder auszudehnen, und zwar aus zwei verschiedenen, doch miteinander verwandten Gründen.

Zum einen bedeutet die Unterweisung von kleinen Kindern in den Künsten der Selbstverteidigung erneut eine recht bequeme Verlagerung der elterlichen Verantwortung auf das Kind. Wenn unsere Säuglinge schwimmen können, brauchen wir nicht allzu besorgt zu sein, sie vor einem Sturz in den Swimmingpool schützen zu müssen. Wenn unsere Kinder wissen, daß sie nicht mit Fremden mitgehen dürfen, müssen wir sie nicht mehr so sorgfältig von möglicherweise gefährlichen Orten fernhalten. Wenn wir kleinen Kindern Überlebenstechniken beibringen, bürden wir ihnen unter Umständen viel zu große Verantwortung auf und reduzieren unsere elterliche Wachsamkeit.

Zweitens funktionieren die erwähnten kommerziellen Programme nicht, die Eltern dabei helfen sollen, ihren drei- und vierjährigen Kindern beizubringen, sich vor dem Ertrinken oder Mißbrauchtwerden zu schützen. Man darf sich nicht auf sie verlassen. Ein Kind etwa, das Schwimmen gelernt hat, kann diese Fähigkeit in einer Woche oder einem Monat oder einem Jahr wieder verloren haben. Wir können von Kleinkindern nicht erwarten, daß sie sich solche Fähigkeiten wie ältere Kinder oder Erwachsene bewahren. Ebensowenig können sich Drei- und Vierjährige tatsächlich gegen Erwachsene verteidigen, die ihnen etwas antun wollen. In diesem Alter sind sie einfach noch nicht fähig, zwischen Leuten zu unterscheiden, die nett zu sein scheinen und ihnen übelwollen, und solchen, die nett zu sein scheinen und ihnen wohlwollen.

So erklärte eine Mutter ihrer vierjährigen Tochter eine Stunde lang, warum sie nicht mit Fremden mitgehen sollte. Schließlich fragte die Mutter: »Verstehst du das? Hast du verstanden?« – »Ja«, erwiderte die Kleine, »ja, ich verstehe das, aber was ist ein Fremder?«

Ein anderes Beispiel: Einem Vierjährigen hatte die Mutter verboten, allein auf den Spielplatz im Hinterhof zu gehen. Eines Tages sah sie ihn dort ganz allein spielen, lief sofort hinaus und fragte ihn, warum er das getan habe. Ihr Sohn antwortete: »Ach, ich werde den bösen Mann schon erkennen, wenn er kommt, und ins Haus rennen.« Die Mutter fragte nach: »Aber wie kannst du den bösen Mann denn erkennen?« – »Ach«, sagte er, »der hat doch einen Verband am Kopf.« – »Einen Verband am Kopf?« Die Mutter war perplex. »Ja«, sagte der Kleine, »du hast doch gesagt, der böse Mann ist krank im Kopf!«

Unsere Aufgabe als Eltern ist, alles dafür zu tun, daß die Erwachsenen, in deren Obhut wir unsere Kinder geben, sich wirklich um ihr Wohlergehen kümmern. Wir können kleine Kinder nicht dazu erziehen, es selbst zu tun. Lernprogramme, die Eltern ermutigen, Kinder dahingehend zu instruieren, fördern eine subtile und ungerechtfertigte Verlagerung der Verantwortlichkeit von den Eltern zu den Kindern, und dies kann dazu führen, daß Eltern sich in trügerischer Sicherheit wiegen.

Dies heißt keineswegs, daß wir kleinen Kindern nicht erklären sollten, warum sie nicht mit Fremden mitgehen dürfen; es heißt vielmehr, daß wir von kleinen Kindern nicht erwarten sollten, daß sie die Warnung völlig begreifen, bevor sie sechs oder sieben Jahre alt sind. Und ebenso gilt, daß gegen Schwimm- und Gymnastikkurse für Kleinkinder wenig einzuwenden ist, solange sie von den Eltern als geselliger Ausflug betrachtet werden und dem Entwicklungsstand der Kinder angemessen sind. Die physischen Risiken werden durch die gesunde Interaktion zwischen Eltern und Kindern, die derartige Unternehmungen bieten, gemindert und aufgewogen. Wenn solche Lernprogramme aber als Überlebenstraining für Kleinkinder verkauft werden, bedeuten sie Fehlerziehung.

Wunderkind-Eltern

Wunderkind-Eltern sind häufig Paare, die ihren finanziellen Erfolg nicht dem üblichen Bildungsweg verdanken. Mit wenig mehr und häufig weniger als einem High-School-Abschluß haben sie ein gewinnbringendes Unternehmen aufgebaut und betrachten Bildung und ›Intellektuelle‹, wen wundert's, mit gemischten Gefühlen. Sie haben ihre Schulzeit keineswegs genossen und hegen gegenüber allem Akademischen im allgemeinen und gegen Intellektuelle im besonderen ein gewisses Mißtrauen. Andererseits fühlen sie sich von der ›Klasse‹, die eine gute Erziehung ausmacht, angezogen, vor allem von Sprache und Lebensart der Gebildeten. Wunderkind-Eltern erwarten von ihren Kindern, daß sie ›in die Wirtschaft gehen‹, gleichzeitig aber auch, daß sie einen ›Hauch von Klasse‹ erwerben.

Das Superkid-Denken übt auf Wunderkind-Eltern einen beträchtlichen Reiz aus; weil viele von ihnen sich selbst als eine Art Wunderkind betrachten (Selfmade-Superkids, wenn Sie so wollen), verdanken sie ihren Erfolg doch einer bestimmten Begabung oder einer speziellen Fähigkeit und nicht unbedingt der Schule. Daher neigen sie dazu, höhere Schulbildung als einen Einfluß zu sehen, der diese Fähigkeit abstumpft und schwächt. Es überrascht nicht, daß Wunderkind-Eltern ihre Kinder auch als Wunderkinder betrachten und sich wegen des Preises sorgen, den diese für die Zugehörigkeit zu der ›Klasse‹, die Bildung gewährleistet, zahlen müssen. Die Vorstellung vom ›je früher, desto besser‹ findet bei ihnen Anklang, da sie suggeriert, daß Eltern ihren Kindern helfen können, jene ›Klasse‹ zu erreichen, bevor sie dem hemmenden Einfluß der Schule ausgeliefert werden.

Dementsprechend werden Wunderkind-Eltern von solchen Autoren und Büchern angezogen (wie Glenn Domans *Wie kleine Kinder lesen lernen* und *Wie kleine Kinder rechnen lernen* oder Siegfried und Therese Engelmanns *Kinder-Schule von null bis fünf Jahren* oder Sidney Ledsons *Wie Ihr Kind in sechzig Tagen lesen lernt*), die ihnen einreden, daß die Schulen wenig taugen und daß die Talente und Fähigkeiten ihres Kindes sich dort nicht entwickeln können und verkümmern. Diese Autoren versprechen den Wunderkind-Eltern, daß ihre Kinder vor den negativen Auswirkungen des Schulunterrichts geschützt werden können, ohne die ›Klasse‹ zu verlieren. Es ist alles andere als Zufall, daß solche Lernprogramme häufig ›klassische Fächer‹ wie Fremdsprachen und Musikunterricht ebenso anbieten wie Lesen und Mathematik.

Manche Wunderkind-Eltern können schwierige Fälle sein. Nach einem Vortrag, den ich kürzlich über einige der Risiken zu frühzeitigen Unterrichts hielt, griff mich eine erzürnte Mutter an. »Ich meine, daß manches von dem, was Sie gesagt haben, vollkommen falsch ist. Mein Sohn ist jetzt vier, er liest wie ein Viertkläßler, er spricht Japanisch und spielt sehr gut Geige. Und er ist außerdem ein gesunder, glücklicher Junge. Was ist daran also falsch? Schauen Sie sich doch all die Vorteile an, die er hat, und wie weit er seinen Altersgenossen voraus ist. Hätte ich ihm einen besseren Dienst erwiesen, wenn ich diese kostbaren Jahre einfach verschwendet hätte, indem ich ihn spielen und fernsehen ließ?«

Ich gratulierte dieser Mutter zu ihrer Hingabe und ihrem Erfolg. Ich wiederholte noch einmal, was ich in meinen Büchern und meinem Vortrag gesagt hatte, nämlich, daß früher Unterricht Risiken birgt. Anscheinend hatte ihr Kind bisher Glück gehabt und war den unmittelbaren Gefahren entgangen — der Frustration, dem Versagen, der übersteigerten Gleichsetzung von akademischen Leistungen mit dem Selbstwert. Doch ein Kind mit hohem Leistungsstand hat noch andere Probleme. Ich bin sicher, daß Eltern wie diese Mutter nicht nur mit ihren Kindern angeben, sondern auch der Versuchung erliegen, sie zur Schau zu stellen. Ein Vierjähriger, den ich kannte, brach jedesmal in Tränen aus, wenn seine Mutter darauf bestand, daß er ihren Gästen auf der Geige etwas vortrug.

Selbst wenn ein Kind frühzeitigen Unterricht einigermaßen unbeschadet übersteht, kann sich das Bewußtsein, anders als Gleichaltrige zu sein, negativ auf seine weitere Sozialisation auswirken. Es besteht die Gefahr, daß es von seinen Altersgenossen aus tiefstem Herzen verabscheut wird. Eine Lehrerin erzählte mir von solch einem kleinen Mädchen, das sich ständig aufspielte und ihr, der Lehrerin, erklärte, was sie falsch mache! Ein Wunderkind aus der Serienproduktion kann eine Qual sein, zumindest für andere Leute.

Das wahre Problem mit fabrizierten Wunderkindern ist, daß die Rangabzeichen einer allumfassenden Bildung einfach nicht zum Verhalten eines Kleinkindes passen. Das Studium generale ist die Mauerkrone der geistigen Bildung, nicht ihr Fundament. Bei einem Kleinkind wirkt der Anspruch, in Sprache, Musik, Mathematik und Kunst bewandert zu sein, sogar ein wenig monströs. Er leugnet die wahre Natur des Kindes — welch langen Weg es vor sich hat, um echte intellektuelle Gewandtheit zu erlangen — und wertet wahre geistige Bildung ab.

Unglücklicherweise erreichen viele Eltern, die Wunderkinder hervorbringen wollen, das Gegenteil: Sie wollen geistige Originale schaffen, und heraus kommen Parodien.

Selbsterfahrungsgruppen-Eltern

Manche Eltern verfallen jeder neuen Therapie-Mode und jedem psychologischen Fimmel. Oft handelt es sich um Angestellte oder Geschäftsleute mit College-Abschluß, die finanziell vielleicht nicht das erreicht haben, was ihren Eltern gelang. In der Regel haben sie sich als Kind oder als Erwachsener einer Therapie unterzogen. Selbsterfahrungsgruppen-Eltern setzen sich sehr für ›Authentizität‹ ein, für ›ganzheitliches Denken‹, ›herrschaftsfreie Kommunikation‹, ›Beziehungen‹, ›soziale Vernetzungen‹ und was es sonst noch an Modewörtern gibt. Viele solcher Eltern sind geschiedene Alleinerziehende oder zum zweitenmal verheiratet und daher besonders empfindlich gegenüber den Belastungen, die mit Trennung und Verlust einhergehen.

Diese Eltern schätzen zwischenmenschliche Beziehungen hoch ein und bemühen sich, sie aufrechtzuerhalten und zu bewahren. Läßt man die ganzen Szene-Ausdrücke und -Gesetze beiseite, so zeigt sich darin ihre wahre Stärke. Doch auch die Selbsterfahrungsgruppen-Eltern hängen unbewußt im selben Maße wie die anderen oben beschriebenen Elterntypen der Superkid-Psychologie an. Ohne sich genau darüber im klaren zu sein, so glaube ich, wollen Selbsterfahrungsgruppen-Eltern Kinder, die ungewöhnlich sensitiv und perzeptiv sind. Sie wollen psychologische Superkids.

Auch Selbsterfahrungsgruppen-Eltern vertreten die Auffassung, daß man mit der Produktion eines Superkindes ›besser früher‹ beginnen sollte. Daher glauben sie, daß es niemals zu früh sei, mit Kindern über den Tod, die Gefahren des Atomkriegs, Entführer und Triebtäter zu sprechen, und sie sind der Ansicht, daß es für kleine Kinder gesund sei, ihre Eltern nackt zu sehen. Das kann manchmal schief gehen. Ein Selbsterfahrungsgruppen-Paar hatte Freunde eingeladen, und zwei davon brachten ihren kleinen Sohn mit. Als die Mutter mit dem Säugling hinausging, um die Windeln zu wechseln, kam die dreijährige Tochter der Gastgeber mit. Ins Wohnzimmer zurückgekehrt, verkündete die Kleine der Versammlung: »Mein Papi hat einen viel größeren!«

Leider fallen manche Selbsterfahrungsgruppen-Eltern auf Erziehungsmethoden herein, die kaum oder gar nicht auf kulturellen, sozialen oder religiösen Traditionen beruhen — geschweige denn auf den Theorien und Forschungsergebnissen der Pädagogik und Entwicklungspsychologie. In diesen Bereich gehört, Kinder die Geburt von Geschwistern miterleben zu lassen. Eine schwangere Mutter sprach mich kürzlich nach einem Vortrag an und fragte nach meiner Meinung zu ihrem Entschluß, an der bevorstehenden Geburt ihren vierjährigen Sohn als Zuschauer teilnehmen zu lassen. Da die Frage mich vollkommen unvorbereitet traf, nahm ich Zuflucht zu der Psychologenstrategie, eine Frage dann mit einer Gegenfrage zu beantworten, wenn man keine Antwort parat hat: »Warum wollen Sie das tun?« (Und fügte für mich hinzu: »Um Himmels willen!«) Worauf sie entgegnete: »Es wird uns als Familie näher zusammenbringen.«

Ich dachte einen Augenblick darüber nach und sagte: »Mir scheint, daß eine solche Erfahrung auf einen Vierjährigen regelrecht schockierend wirken könnte. Ich würde Ihnen lieber einige weniger gewaltsame Wege vorschlagen, das Familiengefühl zu stärken.« In diesem Augenblick mischte sich eine andere Mutter ein, die unser Gespräch verfolgt hatte: »Hören Sie nur nicht auf ihn«, sagte sie. »Mein Sohn war mit zwei Jahren bei der Geburt seines Bruders dabei; jetzt ist er sechs und spricht noch immer davon!« Als ich diese Geschichte in einem späteren Vortrag erzählte, kam anschließend eine Mutter zu mir: »Ich habe meinen Sohn die Geburt selbst nicht miterleben lassen, aber er hat das Neugeborene gebadet und die Nabelschnur durchschnitten.« Und sie fügte enttäuscht hinzu: »Jetzt ist er elf und sie sechs, und sie zanken sich immer noch.«

Alles zu seiner Zeit! Die frühe Kindheit ist jedenfalls nicht der richtige Zeitpunkt, Kindern vom Atomkrieg und Tod zu erzählen oder sie mit den existentiellen Fragen des Lebens zu konfrontieren. Ich habe keineswegs eine romantische Vorstellung von der kindlichen ›Unschuld‹, vielmehr stütze ich mich auf die nüchternen Fakten der kindlichen Entwicklung. Kleinen Kindern fehlen die Begriffe, um Tod oder Geburt verstehen zu können. Für Kinder unter acht oder neun Jahren ist Tod einfach Fortgehen und Geburt einfach Wiederkommen. Das Miterleben einer Geburt stellt sich Kindern als ein qualvoller, blutiger und unverständlicher Vorgang dar, den sie noch nicht mit Zeugung, Schwangerschaft und dergleichen verbinden können. Daher ist eine Geburt für ein kleines Kind ein erschreckendes Erlebnis, und es gibt kaum etwas, das diese negative Wirkung auffangen oder kompensieren könnte.

Wenn ein Kind solche Vorgänge zufällig miterlebt, müssen wir natürlich sofort und offen darauf reagieren; wir müssen mit dem Kind darüber sprechen und ihm helfen, seine Gefühle auszudrücken. Es kann ein Kind bereits verstören, von den Tatsachen des Lebens und Sterbens auch nur zu hören. Eine Patientin von mir, ein neunjähriges Mädchen, bekam zwei Wochen nachdem sie gehört hatte, daß das Baby einer Freundin ihrer Mutter an spontanem Säuglingstod gestorben war, Angstzustände. Bevor sie Gelegenheit hatte, über ihre Empfindungen zu sprechen, brachen sich Entsetzen und Ängste in einem plötzlichen Weinkrampf Bahn.

Wenn man ein Kind ganz bewußt emotionsgeladenen Erlebnissen aussetzt, macht man es nicht automatisch zu einem psychologischen Superkind. Viel eher bewirkt man das Gegenteil – ein verhaltensgestörtes Kind.

Milch-und-Kekse-Eltern

Nicht alle Eltern haben sich heute, bewußt oder unbewußt, der Superkid-Mentalität gebeugt. Viele von uns wünschen, daß unsere Kinder sich bemühen und vorankommen, wünschen aber auch, daß sie ihre Kindheit genießen, daß sie sich auf die Zukunft vorbereiten und dabei die jeweils einzigartigen Freuden und Härten jeder Lebensphase erfahren. Die meisten Milch-und-Kekse-Eltern hatten eine glückliche Kindheit, an die sie sich gern erinnern und die sie auch ihren Kindern bieten wollen. Milch-und-Kekse-Eltern gibt es in allen Berufen und sozialen Schichten. Ihnen gemeinsam ist eine aufrichtige Achtung vor der Kindheit als einem Stadium des

Lebens, das ebenso wertvoll ist wie die späteren und das es zu bewahren gilt.

Milch-und-Kekse-Eltern haben eine ungezwungene Einstellung gegenüber ihren Kindern. Sie betrachten ihr Baby als junges und ziemlich hilfloses Wesen, das Pflege und Aufmerksamkeit braucht. Während sie mit Stolz und Vergnügen die Fortschritte ihres Kindes verfolgen — wie es zum erstenmal lächelt und sich mit ihrer Hilfe aufrichtet —, zeigen sie keinerlei Neigung, es durch einen Entwicklungsplan zu hetzen. Milch-und-Kekse-Eltern staunen oft über ihr Baby und die Wunder des Wachsens und der Entwicklung. Sie werden gleichsam zu Naturforschern, die die Fortschritte des Kindes mit Freude und Staunen beobachten.

Ein Milch-und-Kekse-Vater beschrieb das Wiedersehen mit seiner kleinen Tochter nach einer kurzen Reise so:

> Ich fuhr nach Columbus zurück und ging gleich zu Susans Elternhaus, wo sie und Amanda auf mich warteten. Auf mein Klingeln öffnete Susan mit Amanda auf dem Arm die Tür.
> »Erinnerst du dich noch an mich?« fragte ich Amanda.
> Ihr Gesicht leuchtete auf. Sie lächelte, wackelte mit dem Kopf und wollte zu mir.
> »Das ist erstaunlich«, sagte meine Schwiegermutter. »Das hat sie noch bei keinem getan. Sie weiß ganz genau, wer du bist.«
> Ich weiß nicht, ob das stimmt. Sie ist noch so klein — und Susan und ich sagen uns immer wieder, daß sie uns eigentlich noch nicht kennen kann, trotz der vielen Zeit, die wir mit ihr verbringen.
> Aber der Ausdruck in ihren Augen und ihre Reaktion auf mich — vielleicht erkannte sie mich doch. Kann das sein? Ich bin zwei Tage fort, und wenn ich wiederkomme, weiß sie, daß ich ihr Vater bin? Ich hoffe es.[7]

In der Regel neigen Milch-und-Kekse-Eltern nicht dazu, ihre Kinder überfordernd zu erziehen. Und doch setzt die in dieser Gesellschaft herrschende Superkid-Mentalität solche Eltern unter einen sehr großen Druck. Wenn die anderen Eltern ihre Babies in Schwimm- und Gymnastikgruppen bringen, beginnen sich Milch-und-Kekse-Eltern zu fragen, ob sie ihren Babies nicht wichtige Erfahrungen vorenthalten und ob jene Superbabies dank der verschiedenen Kurse ihren eigenen Kindern gegenüber nicht irgendeine Art von Vorteil haben.

Solchen Überlegungen zum Trotz widerstehen die meisten Milch-und-Kekse-Eltern diesem Druck und sorgen für eine Geborgenheit vermittelnde, warme, anregende Umgebung. Sie fühlen, daß Kinder, die umsorgt werden, mit denen man spricht und spielt, die Geborgenheit erfahren und interessante Gegenstände zum Betrachten und Erforschen erhalten, sich prächtig entwickeln werden. Und diese Eltern haben recht. Das Kind, das in den ersten Lebensjahren warme Geborgenheit erfährt, gesunde Selbstachtung und Begeisterung fürs Leben und Lernen erwirbt, ist bestens auf eine sich so rasch wandelnde, schwierige Welt vorbereitet.

Ich muß noch einmal wiederholen, daß die hier beschriebenen elterlichen Erziehungsstile sich nicht gegenseitig ausschließen: Jeder von uns hat ein wenig von jedem dieser Stile in sich. Und jeder dieser Elternstile kann die Basis für gesunde Kindererziehung darstellen. Die Gefahren entstehen dann, wenn wir dem Superkind-Denken verfallen und dadurch Superkids produzieren wollen, daß wir ihnen zu früh einen Lebensstil mit den Attributen und Belastungen unserer Erwachsenenwelt aufzwingen, denen sie noch nicht gewachsen sind. Wenn wir uns nur die Zeit nehmen und die Mühe machen, unsere Kinder als Kinder zu würdigen, werden wir schließlich entdecken, daß jedes Kind im Grunde ein Superkind ist.

Das kompetente Kind:
Fehlerziehung in den Schulen

Das Kind ist ein Geschenk der Natur, das Bild vom Kind aber wird von den Menschen gemacht. In jeder Epoche spiegelt das Bild des Kindes, das die jeweilige Erziehungspraxis bestimmt, eher den herrschenden Zeitgeist wider als anerkanntes Wissen über das Wesen guter Kinderpädagogik. Ein Beleg hierfür ist das Bild des kompetenten Kindes, das den sozialen Umwälzungen der sechziger Jahre entsprang und heute in hohem Maße für die Fehlerziehung kleiner Kinder in unseren Schulen verantwortlich ist.

Unser früheres Bild des ›sündigen‹ Kindes, das durch die Religion geprägt worden war, wurde in den dreißiger und vierziger Jahren durch das Freudsche Konzept des ›lustbetonten‹ Kindes ersetzt: Das Kind werde von sexuellen Trieben gesteuert; auf die orale Phase im Säuglingsalter folge die anale und schließlich, im Alter von vier oder fünf Jahren, die genitale Phase. Freud vertrat den Standpunkt, daß die lustvollen Handlungen des Kindes (wie Daumenlutschen und Masturbation) in diesem Stadium der psychosexuellen Entwicklung ganz normale Erscheinungen seien.

Das Bild des ›triebbestimmten‹ Kindes setzte sich in

der Mitte dieses Jahrhunderts durch, weil es sich in bedeutsame Veränderungen, die damals in unserer Gesellschaft vor sich gingen, gut einfügte und diese sogar vorantrieb. Vor allem nach dem Zweiten Weltkrieg, als Verteidigungseinrichtungen geschlossen und zusätzliche Arbeitsplätze für die heimkehrenden Soldaten benötigt wurden, erfuhren berufstätige Frauen — häufig durch Artikel von Fachleuten in Illustrierten —, daß »Mutterentbehrung« für ihre Säuglinge und Kleinkinder schädliche Folgen habe. John Bowlby, dessen Buch *Mutterliebe und kindliche Entwicklung* zu Anfang der fünfziger Jahre großen Einfluß ausübte, warnte die Mütter:

> Das absolute Bedürfnis von Säuglingen und Kleinkindern nach der kontinuierlichen Zuwendung der Mutter wird allen Lesern dieses Buches (...) klar werden ... Wir (müssen) anerkennen, daß es immer eine ernste Angelegenheit ist, ein Kind unter drei Jahren von seiner Mutter zu trennen; nur aus guten und ausreichenden Gründen ist man dazu berechtigt, und wenn die Trennung unumgänglich ist, muß sie mit großer Sorgfalt geplant werden.[1]

Bowlby übertrieb seine Beweisführung, was vermutlich auf den Einfluß der sozialen Bedingungen seiner Zeit zurückzuführen ist — eine Parallele zu den oben zitierten Autoren, die heute in ähnlicher Übertreibung auf veränderte soziale Umstände reagieren. Damals festigte der Gedanke der ›Mutterentbehrung‹ das Bild des triebbestimmten Kindes; er lieferte zudem eine bequeme Begründung dafür, die Frauen der Mittelschicht vom Arbeitsmarkt zu drängen und von ihm fernzuhalten. Und schließlich führe das Aufkommen preiswerter Autos nach dem Krieg in den USA zu einer rapiden ›Vervorstädterung‹. Das Konzept des empfindsamen Kindes, demzufolge Kinder nicht nur der steten mütterlichen

Zuwendung bedürfen, sondern auch einen Garten hinter dem Haus zum Spielen brauchen (die freie Entfaltung der kindlichen Persönlichkeit sollte die Bildung von Neurosen verhindern), lieferte einen weiteren Grund für die Verlagerung des Familienlebens in die Vor- und Trabantenstädte.

Während der Regentschaft des triebbestimmten Kindes schenkte man den intellektuellen Fähigkeiten von Kindern wenig Aufmerksamkeit. Man nahm an, daß diese in einer zwanglosen und entspannten städtischen Umgebung bestmögliche Anregung erführen.

Die Idee eines von seinen Sinnen geleiteten Kindes fand ihren Inbegriff im Werk Benjamin Spocks, eines Pädiaters, der auch nahezu ein Psychoanalytiker war. Sein 1946 veröffentlichtes Buch *Säuglings- und Kinderpflege* verband soliden pädiatischen Rat mit einem von Freud beeinflußten Verständnis der emotionalen Entwicklung des Kindes. In der ersten Auflage des Buches hielt Spock es für selbstverständlich, daß Mütter zu Hause bleiben, um ihre Säuglinge und kleinen Kinder zu versorgen.

Das sinnliche Kind existierte als Konzept vor allem in der Mittelschicht. Ein Haus in der Vorstadt war für einkommensschwache Eltern unerschwinglich, und viele schlechtverdienende Mütter konnten es sich einfach nicht leisten, ihre Arbeit aufzugeben, um ihre Kinder während der drei ersten Lebensjahre daheim zu umsorgen. Solche Eltern konnten sich den Luxus des triebbestimmten Kindes oder der ›Mutterentbehrungs-Psychologie‹ nicht erlauben. Diese Eltern, und besonders Einwanderer, denen ihre Kinder als Vermittler der neuen Kultur dienen mußten, hatten ein anderes Konzept, nämlich das der kindlichen ›Kompetenz‹*. Doch auch wenn einkommensschwache Eltern annahmen, daß ihre Kinder fähig seien, ihrem Alter angemessene und es sogar überschreitende soziale Verantwortung zu übernehmen, so erwarteten sie keineswegs, daß ihre Kinder in jungem Alter akademische Fächer beherrschten.

Psychologen hatten sich bis dahin nicht mit Kindern aus einkommensschwachen Familien befaßt. Erst in den sechziger Jahren, im Zuge der Bürgerrechtsbewegung und des Kampfes gegen die Armut, richtete sich die Aufmerksamkeit auf diese Kinder, und damals entdeckten Fachleute erneut das Konzept einer kindlichen Kompetenz. Säuglinge und Kinder, so erklärten sie uns, besäßen größere intellektuelle Fähigkeiten, als man uns bis dahin glauben gemacht habe, und frühe Stimulation sei für die Entfaltung dieser Fähigkeiten unerläßlich. Lewis P. Lipsitt, der an der Brown University hervorragende Forschungsarbeit auf dem Gebiet der frühkindlichen Entwicklung leistet, fragte 1971 in einem Artikel mit dem Titel ›Babies sind viel gewitzter, als sie aussehen‹:

> Sind wir bereit, Kindern in viel jüngerem Alter, als es heute der Fall ist, Lernerfahrungen zu vermitteln, die sich höchstwahrscheinlich förderlich auswirken − auch dann, wenn sich herausstellt, daß solche Erfahrungen für den Lernstil des einzelnen lebenslang entscheidend sind?[2]

---

* Vgl. zum Begriff der Kompetenz: Mussen/Conger/Kagan, *Lehrbuch der Kinderpsychologie* (Stuttgart, 3. Aufl. 1981) z. B. Seite 404: »Die Entwicklung von Kompetenz als einem Attribut der Persönlichkeit ist eng mit universellen Grundmotiven wie Neugier und Leistung verquickt, das heißt mit dem Wunsch des Kindes, Probleme zu meistern und seine Fertigkeiten und Fähigkeiten (zum Beispiel grob motorische Aufgaben, Lesen, Schreiben, Malen) zu steigern.« [Anm. d. L.]

Wenn ›benachteiligte‹ Kinder einen niedrigen IQ besäßen und in der Schule versagten, so liege es daran, daß man ihnen keine angemessene intellektuelle Anregung habe zuteil werden lassen. Die frühkindlichen Lernprogramme der Kindergärten, die als Kinkerlitzchen der Mittelschichtsangehörigen galten, wurden jetzt als ›Muß‹ für Kinder aus einkommensschwachen Familien angesehen, um deren Fähigkeiten zu fördern und den Teufelskreis aus Armut und mangelnder Bildung zu durchbrechen.

Das Konzept der kleinst- und kleinkindlichen Kompetenz war natürlich keine Erfindung der Psychologen in den sechziger und siebziger Jahren. Bereits in den Zwanzigern hatte der Psychologe John Watson ein Konzept der kindlichen ›Formbarkeit‹ vertreten, das einen wesentlichen Bestandteil des Kompetenz-Konzeptes bildet: Wenn Säuglinge und Kleinkinder zum frühen Lernen befähigt sind, dann können sie durch ihr frühes Lernen auch »geformt« werden. Watson schrieb:

> Gebt mir ein Dutzend gesunder, wohlgestalteter Kleinkinder, dazu meine eigene, besondere Welt, sie darin großzuziehen, und ich garantiere euch, daß ich jedes von ihnen aufs Geratewohl nehmen und dazu erziehen kann, ganz speziell das zu werden, was immer ich wählen mag: Arzt, Anwalt, Künstler, Ladenbesitzer, ja selbst Bettler und Dieb, ungeachtet seiner Talente, Vorlieben, Neigungen, Eignung und der Rasse seiner Vorfahren.[3]

Watsons Zuhörerschaft war für das Konzept vom kompetenten Kind noch nicht bereit; die Vorstellung des ›triebbestimmten‹ Kindes paßte viel besser zum familienorientierten Lebensstil der Mittelschicht von den zwanziger bis in die sechziger Jahre hinein.

Das Konzept des kompetenten Kindes sollte ursprünglich einmal dazu dienen, benachteiligte Kinder aus dem Teufelskreis von Armut und Bildungsmangel herauszuführen. Jetzt aber, in den achtziger Jahren, beherrscht es das Denken von Erziehern und Eltern, weil es dem gegenwärtigen Lebensstil der Mittelschicht so hervorragend entspricht. Unglücklicherweise wird heute das Schreckensbild von den mangels früher Förderung verkümmerten kindlichen Fähigkeiten ebenso überstrapaziert wie einstmals die Vorstellung vom Kind als einem potentiellen Opfer der Mutterentbehrung.

Wegbereiter des Kompetenz-Konzepts waren Fachleute, die, wie Bowlby vor ihnen, mehr den sozialen und politischen Zeitströmungen als »neuen« Forschungserkenntnissen folgten. In den sechziger Jahren verkündeten Psychologen, daß die geistigen Kapazitäten und die Lernbefähigung kleiner Kinder gewaltig unterschätzt worden seien. Daraufhin begannen Erzieher zu behaupten, daß frühkindlicher Unterricht in wissenschaftlichen Fächern für die spätere Aneignung wissenschaftlicher Gegenstände von entscheidender Bedeutung sei. Wissenschaftler, die sich mit Intelligenz-Tests befaßten, vertraten den Standpunkt, daß der IQ bei der Geburt keine feste Größe sei und daß er durch die richtige Stimulation im Säuglingsalter und in der frühen Kindheit bedeutend gesteigert werden könne. Auch Sozialgeschichtler, die die Kindheit als neues Forschungsgebiet entdeckten, behaupteten jetzt, daß Kindheit und Jugend soziale ›Erfindungen‹ seien: Die heute geltenden Altersunterschiede habe man im Mittelalter nicht gekannt.

All diese Ideen, die Eltern durch Artikel in Zeitungen und Magazinen zugänglich gemacht wurden, betonten nicht nur die kindliche Kompetenz, sondern auch die

Bedeutung der sogenannten ›frühen Intervention‹. Gleichzeitig wurden im ganzen Land an den Universitäten Forschungsprogramme durchgeführt, um die Effizienz des fördernden Eingreifens in früher Kindheit bei Kindern aus einkommensschwachen Familien wissenschaftlich zu belegen. Zwecks Verbreitung der Ergebnisse der verschiedenen Untersuchungen zur frühkindlichen Entwicklung wurde eigens ein Forschungs- und Informationszentrum namens ERIC (Early Childhood Resource and Information Center) gegründet.

Die Sozialreformer der sechziger Jahre hatten nicht die Absicht, das Konzept vom triebbestimmten Kind auszuhöhlen, als sie die Kompetenz von Kindern aus einkommensschwachen Familien verkündeten. Sie wollten diesen Kindern eine Chance verschaffen und gingen beim Vertreten ihrer Argumente oft über die mit Daten belegbaren Forschungsergebnisse hinaus. So wurde das Konzept des kompetenten Kindes im Rahmen der sozialen Reformbemühungen und im damals erwachenden Geist sozialer Verantwortung wiederentdeckt. Daß es dann von Erziehern und Eltern der Mittelschicht übernommen wurde, ging nicht auf irgendwelche revolutionären Forschungsergebnisse und Theorien zurück. Es setzte sich vielmehr deshalb durch, weil das Bild des kompetenten Kindes besser als des triebbestimmten mit den Belastungen heutiger Erzieher und dem Lebensstil heutiger Eltern in Einklang zu bringen war.

Wir wollen uns nun den vier zentralen Ideen zuwenden, die in den sechziger Jahren hauptsächlich im Hinblick auf Kinder aus einkommensschwachen Familien aufkamen, und beschreiben, welch unangemessene Ausweitung und Verzerrung sie erfuhren, als man sie —

daheim wie in der Schule — auf Mittelschicht-Kinder übertrug. Die im vorangehenden Kapitel beschriebene Superkid-Mentalität ist solch ein verzerrter Ableger und formaler Unterricht von Kleinkindern in den Schulen ein anderer. Die folgende Erörterung ist in gewisser Weise eine Fallstudie darüber, wie übereifriges pädagogisches Theoretisieren Fehlerziehung begünstigen kann.

Das kompetente Kind der sechziger Jahre

Kompetenz als unbegrenzte Lernfähigkeit

Einen der einflußreichsten Beiträge zum Konzept des kompetenten Kindes lieferte der Harvard-Psychologe Jerome Bruner. Er veröffentlichte im Jahr 1960 sein Buch *Der Prozeß der Erziehung*, das ein Bestseller und so etwas wie die Bibel der Curriculum-Reformbewegung in den sechziger Jahren wurde. Damals waren wir sehr geschockt, daß es den Russen gelungen war, die ersten beiden künstlichen Erdsatelliten zu starten (Sputnik I und II im Jahre 1957); wir waren fest entschlossen, unsere naturwissenschaftliche und mathematische Ausbildung zu verbessern. In diesem Zusammenhang ist eine von Bruner vorgetragene Hypothese besonders bedeutsam, die zu einer der Maximen des Kompetenz-Konzepts wurde: »An den Anfang setzen wir die Hypothese: Jedes Kind kann auf jeder Entwicklungsstufe jeder Lehrgegenstand in einer intellektuell ehrlichen Form erfolgreich gelehrt werden.«[4]

Bruner schrieb weniger über Kinder als über Lehr- und Lernablauf: Er forderte die Curriculumplaner auf, Lese-, Mathematik- und naturwissenschaftliche Lehrpläne auszuarbeiten, die beim Unterrichten kleiner Kinder verwendet werden könnten. Er vertrat die Ansicht, wenn Kinder in früherem Alter mit dem Lernen dieser Fächer begännen, so würden sie wahrscheinlich größere Lernerfolge erzielen, als wenn sie es später täten. Die Herausforderung bestehe darin, Wege zu finden, um schwierige Unterrichtsgegenstände in Konzepte und Fertigkeiten zu fassen, die von Kleinkindern erlernt werden könnten. (Bruner ist inzwischen der Meinung, daß seine Hypothese im Grunde niemals widerlegt, daß sie aber auch weithin mißverstanden worden sei. Im Hinblick auf kleine Kinder erklärte er mir gegenüber: »Man muß sich immer und sehr genau bewußt sein, wo das Kind steht, damit man die Unterrichtsmaterialien dem Niveau und den Grenzen des kindlichen Begreifens anpassen kann.«)

Manche Erzieher aber verstanden Bruners Hypothese über Lehrpläne und Lehrtechniken als eine Hypothese über das Lernen. Das heißt, sie interpretierten sie nicht dahingehend, daß man Kinder in jedem Alter jeden Gegenstand ›lehren‹ könne, sondern daß Kinder in jedem Alter jeden Gegenstand ›lernen‹ könnten. Der Unterschied ist bedeutsam. Wir können den Schwierigkeitsgrad des zu erlernenden Stoffes und unsere Lehrmethoden beim Unterrichten kleiner Kinder ändern, die Lernweise von Kindern aber können wir nicht ändern. Wer behauptet, ein Kind könne in jedem Alter etwas lernen, ignoriert alle Erkenntnisse, die wir über das Wachstum und die Entwicklung von Kindern besitzen.

Ein Erlebnis mit meinem Sohn mag als Beispiel dafür dienen, daß eine Änderung der Lernmethode die Lernfähigkeit des Kindes nicht beeinflußt. Als Robert vier war, kam er eines Tages in mein Arbeitszimmer: »Papa, ich kann sagen, wie spät es ist.« Ich hielt das für Prahlerei, da Kinder gewöhnlich erst im Alter von sechs oder sieben die Uhrzeit von einem Zifferblatt ablesen können. Trotzdem fragte ich: »Oh, wie spät ist es denn?« Bobby erwiderte: »Es ist elf Uhr dreißig.« Ich schaute auf meine Armbanduhr: Es stimmte tatsächlich.

»Wie bist du darauf gekommen?« fragte ich. Bobby antwortete: »Ich hab' dir doch gesagt, daß ich's kann.« Mir kam der Gedanke, daß er das Telefon ausprobiert und entdeckt haben könnte, wie man die Zeitansage und den Wetterdienst anruft. Ich fragte also: »Hast du wegen der Uhrzeit angerufen?« Er sagte mit einer gewissen Verzweiflung in der Stimme: »Nein, Papa, ich hab' doch gesagt, daß ich sagen kann, wie spät es ist. Guck mal.« Er nahm mich bei der Hand und führte mich in unser Schlafzimmer, wo ein digitaler Radiowecker stand. Bobby hatte die Zeitangabe von den Zahlen abgelesen!

Es ist viel leichter, die Zeit von einer Digitaluhr abzulesen als von den Zeigern eines Zifferblattes. Beim Zifferblatt muß man nämlich begreifen, daß dieselbe Zahl an derselben Stelle drei verschiedene Zeitangaben symbolisieren kann. Die Stunden-, Minuten- und Sekundenangaben einer Digitaluhr sind jedoch nebeneinander angeordnet. Dadurch entfallen einige der Schwierigkeiten, die das Ablesen von einem Zifferblatt der kindlichen Logik bereitet. Trotz seiner Entdeckung war Bobby — wie die meisten Kinder — erst mit sieben Jahren in der Lage, die Zeit von einer Uhr mit Zeigern abzulesen.

Genausowenig wie die Fähigkeit eines Kindes, die Zeit von einer Digitaluhr abzulesen, bedeutet, daß es in diesem Alter lernen kann, die Zeigerstellung einer Uhr richtig zu deuten, schließt die Fähigkeit eines Kindes, sich ein paar Wörter durch Sehen einzuprägen, nicht ein, daß es Phoneme lernen kann. Und doch ist die Hypothese von Bruner dahingehend ausgelegt worden, daß ein Kind in jedem Alter jedem Lehrstoff und jedem Schwierigkeitsgrad gewachsen sei. Diese Fehlinterpretation ist maßgeblich verantwortlich für die heute in den Schulen praktizierte Fehlerziehung.

Wenn das Curriculum des ersten Grundschuljahres in die Vorschulen verlegt und das Vorschul-Curriculum Vierjährigen oktroyiert wird (wie es in allzu vielen Lernprogrammen für Vierjährige der Fall ist), so sind das die Folgen dieses irreführenden Konzepts von der frühkindlichen Kompetenz. Kleinkinder lernen anders als ältere Kinder und Erwachsene, und doch können wir sie vieles lehren, wenn wir unsere Lehrmittel und -techniken der jeweiligen Stufe ihrer geistigen Entwicklung anpassen. Aber wir überfordern sie, wenn wir voraussetzen, daß ihr Lernvermögen dem älterer Kinder entspricht und daß man sie in denselben Fächern und mit denselben didaktischen Methoden unterrichten kann, wie sie Kindern im Schulalter angemessen sind.

Kompetenz als Lernbereitschaft
Ein Autor, der ebenfalls einen Beitrag zum neuen Bild des kompetenten Kindes leistete, war der an der Universität von Chicago lehrende Erziehungspsychologe Benjamin Bloom, der 1964 seine Untersuchungen zu Veränderungen der Intelligenz und Leistungswerte vom Vorschul- bis zum Beginn des Erwachsenenalters in dem Buch *Stabilität und Veränderung menschlicher Merkmale* veröffentlichte. Auf die Analyse, daß die menschliche Intelligenz im Vorschulalter ungeheuer rasch wachse:

»Die [allgemeine] Intelligenz scheint sich von der Emp-
fängnis bis zum Alter von 4 Jahren genauso zu entwik-
keln, wie in den 14 Jahren vom 4. bis zum 18. Lebensjahr.«[5]

Da die Entwicklung der allgemeinen Intelligenz, die in
IQ-Testreihen gemessen wurde, ihren Höhepunkt im
Alter von 18 Jahren erreicht, folgerten viele aus Blooms
Feststellung, daß ein Kind bis zum Alter von vier Jahren
50 Prozent seiner Reifeintelligenz entwickelt habe. Aus
diesem Lehrsatz ergab sich die logische These, daß ›ein
Merkmal (etwa wie die Intelligenz, D. E.) zum Zeit-
punkt seines schnellsten Wachstums stärker durch
Umweltbedingungen beeinflußt werden kann als zur
Zeit des geringsten Wachstums.‹[6]

Diese beiden Thesen verfestigten das Bild der kindlichen Kompetenz, das aus der Fehlinterpretation der Bru-
nerschen Hypothese erwachsen war — die Vorstellung
nämlich, daß Kleinkinder nicht nur lernfähiger seien, als
wir ihnen zugestanden hatten, sondern daß sie auch besser als in einem späteren Alter lernten. Blooms Schlußfolgerungen gaben der Diskussion über die Bedeutung
frühkindlicher Erziehung im allgemeinen und frühkindlichen Unterrichts im besonderen kräftige Impulse.
Obwohl diese Ideen in den sechziger Jahren darauf
abzielten, die Notwendigkeit frühkindlicher Förderung
für *benachteiligte Kinder* zu betonen, sind sie weithin in
das Bild der kindlichen Kompetenz eingegangen, das
von den heutigen Erziehern und Eltern der Mittelschicht
vertreten wird.

Wir müssen diese Schlußfolgerungen allerdings noch
einmal überprüfen, die eine so überzeugende Begründung für die Erziehungsreform vor zwanzig Jahren und

für die allgemein verbreitete Fehlerziehung heute lieferten. (Um kein Mißverständnis aufkommen zu lassen: Ich will Bruner oder Bloom keineswegs anklagen, daß sie dem Zeitgeist Vorschub geleistet hätten. Aber wir alle, Laien wie Fachleute, sind Produkte unseres sozialen Umfelds, und Wissenschaftler sind gegen Trends und soziale Bewegungen ebensowenig gefeit wie jeder andere auch. In solchen Umbruchphasen begünstigt eine einseitige Ausrichtung, auch eine unbewußte, Schlußfolgerungen, die sich der Richtung des sozialen Wandels zu kritiklos anpassen und sie unterstüzten.)

Zuerst ist zu fragen: Was bedeutet Benjamin Blooms Behauptung, Kinder entwickelten bis zum Alter von vier Jahren 50 Prozent ihrer Reifeintelligenz? Heißt dies, daß sie die Hälfte all der Erfahrungen gemacht haben, die sie je machen werden? Offensichtlich nicht. Heißt es, daß Kinder bereits die Hälfte aller Informationen erhalten haben, die sie jemals sammeln werden? Das ist unwahrscheinlich. Heißt es, daß sie 50 Prozent der intellektuellen Fähigkeiten entwickelt haben, die ihnen je zu eigen sein werden? Wohl kaum. Heißt es, daß ein Kind, das mit vier Jahren einen IQ von 50 besitzt, als Erwachsener vermutlich einen IQ von 100 erreichen wird? Sicher nicht.

Was also ist wirklich gemeint? Zunächst einmal waren die Daten, auf denen Bloom seine Schlußfolgerungen aufbaute, nicht neu, sondern seit Jahrzehnten bekannt. Diese Daten wurden in Versuchsreihen gewonnen, die den Genauigkeitsgrad bestimmen sollten, mit dem wir den IQ eines Kindes von einem Test zum nächsten voraussagen können. Auf dem Gebiet der Intelligenztests gibt es zwei Grundverfahren. Das eine prüft die Validität, die Übereinstimmung eines Testergebnisses mit den tatsächlichen Gegebenheiten. Wenn ein Intelligenztest zum Beispiel einen Menschen als geistig behindert ausweist, der eine aufsehenerregende wissenschaftliche Entdeckung macht, so ist das nicht gerade ein Beweis für die Gültigkeit des Testes. Das andere Verfahren prüft die Reliabilität, die Zuverlässigkeit einer Untersuchung, dahingehend, ob Testwerte widerspruchsfrei miteinander zu vereinbaren (konsistent) sind. Wenn bei einem Kind, das in einem IQ-Test einen Wert von 100 erreicht hat, wenige Wochen später ein Wert von 150 gemessen wird, ohne daß es offensichtliche Veränderungen in seinen Umweltbedingungen gegeben hat, so kann der Test nicht als zuverlässig gelten.

Eine der gesichertsten Erkenntnisse auf dem Gebiet der Intelligenzmessung ist die, daß Intelligenztests bei Kleinkindern weder stichhaltige noch zuverlässige Hinweise auf Leistungswerte in späteren Intelligenztests ergeben. Der Hauptgrund für diese Diskrepanz mag sein, daß die meisten Intelligenztests für ältere Kinder, Jugendliche und Erwachsene vorwiegend auf verbalen Anweisungen und Aufgabenstellungen beruhen. Tests von Kleinkindern hingegen fordern vorwiegend motorische Leistungen.

Doch selbst nachdem Kleinkinder zu sprechen beginnen (im Alter von zwei bis drei Jahren) und somit verbale Testaufgaben in IQ-Tests lösen können, erlauben ihre Leistungen noch immer keine verläßliche Voraussage ihrer späteren IQ-Testwerte. Kleine Kinder sind sich der Prüfungssituation nicht bewußt und interessieren sich nicht für Resultate. Ihre Leistungen hängen von ihrer jeweiligen Stimmung ab und davon, ob ihnen der Test Spaß macht oder nicht, was sie sonst noch an diesem Tag erlebt haben und so weiter. Daher ist es schwierig, auf Grund eines Intelligenztests bei Kleinkindern abzuschätzen, wie hoch ihr IQ ist und welche Werte sie später erreichen werden.

Das ist erst bei Vierjährigen möglich, deren Sozialverhalten weiter entwickelt und deren Konzentrationsphasen länger sind. In diesem Alter interessieren sie sich schon mehr für ihre in einem Test erbrachten Leistungen und bemühen sich mehr als jüngere Kinder, gut abzuschneiden. Daher erlauben die Testwerte von Vierjährigen eine bessere Einschätzung ihrer tatsächlichen Intelligenz und des Quotienten, den sie später vermutlich erreichen werden. Mittels statistischer Verfahren können wir den Genauigkeitsgrad messen, mit dem der IQ eines Menschen in höherem Alter aus den in der Kindheit gemessenen Werten voraussagbar ist.

Es hat sich herausgestellt, daß man dank dieser Verfahren aus dem IQ eines vierjährigen Kindes mit fünfzigprozentiger Sicherheit auf den IQ schließen kann, den es bei einem erneuten Test im Alter von 18 Jahren zeigen wird. Und wenn man die Wechselbeziehung (Korrelation) zwischen der Genauigkeit der Voraussage und dem Alter schematisch darstellt, so erhält man eine Kurve, die in der frühen Kindheit steil ansteigt und etwa im Alter von 18 Jahren vollkommen abflacht. Diese Kurve besagt nichts weiter, als daß die erzielten Testswerte um so verläßlicher sind, je kürzer der Zeitraum zwischen zwei Test ist. Und doch wurde sie als ›geistige Wachstumskurve‹ bezeichnet, die anzeigte, in welchem Tempo Kinder Wissen, Fertigkeiten und Fähigkeiten erwerben!

Bloom stützte sich also mit seiner Behauptung, daß Kinder im Alter von vier Jahren 50 Prozent ihrer Reifeintelligenz erreichten und daß der geistige Wachstumsgewinn in der frühen Kindheit beschleunigt verlaufe, einzig und allein auf Schlußfolgerungen, die er aus Testwerten und Statistiken zog, und nicht auf die umfangreichen Forschungserkenntnisse über das kindliche Wachsen und Lernen. Selbst die flüchtigste Durchsicht der Fachliteratur zur kindlichen Entwicklung würde bereits die Unhaltbarkeit der These belegen, daß Kinder die Hälfte ihres späteren Denkvermögens bereits im Alter von vier Jahren entwickelt hätten. Bärbel Inhelder und Jean Piaget haben zum Beispiel nachgewiesen, daß junge Menschen erst nach Beendigung der Pubertät die geistigen Voraussetzungen erwerben, um wissenschaftlichem Arbeiten, höherer Mathematik, literarischer Textanalyse und historischen Untersuchungen gewachsen zu sein. Desungeachtet wurden Blooms Interpretationen der Intelligenztestwerte unwidersprochen akzeptiert und von vielen Fachleuten als Beweis für die Unverzichtbarkeit frühkindlichen Lernens verbreitet. (Auch wenn Bloom noch heute die ersten Lebensjahre als die entscheidende Phase des Lernens betrachtet, kritisiert er diejenigen, die das als Aufforderung zum Lese-, Schreib- und Mathematikunterricht interpretieren:

Am irregeleitetsten erscheint mir der Versuch einiger Eltern und Vertreter von Lernprogrammen, Kinder in Kindergärten und Vorschulen Lesen, Schreiben und die Grundbegriffe des Rechnens zu lehren ... Meiner Ansicht nach sollten die Lernerfahrungen in diesen entscheidenden Lebensjahren auf wichtigere Ziele gerichtet werden. In diesem Alter sollten Kinder ›lernen zu lernen‹, anstatt sich die besonderen Fertigkeiten anzueignen, die normalerweise in der ersten und zweiten Grundschulklasse gelehrt werden ... Die Tatsache, daß es gut für Kinder ist, mit sechs oder sieben Jahren lesen zu lernen, bedeutet nicht, daß es besser sei, dies in jüngerem Alter zu lernen. Ich denke nicht, daß wir es rechtfertigen können, die wertvollen Jahre der Kindheit an uns zu reißen, um Kindern an einen frühen Start im Lesen, Schreiben und Rechnen zu schicken.[7]

Es muß auch gesagt werden, daß die Bloomschen Thesen zumindest zum Teil darum so unkritisch übernommen wurden, weil sie die öffentliche Erziehung aus der Schußlinie der Kritik brachten. In den sechziger Jahren sahen sich die staatlichen Schulen nämlich scharfen Attacken ausgesetzt: Der Unterricht sei zu lasch und biete keine angemessene Förderung für Minderheiten. Aus diesem Grund traf der Bloom-Bericht auf ein überaus aufnahmebereites Publikum. Wenn Kinder in Mathematik und naturwissenschaftlichen Fächern mangelhafte Leistungen erbrachten, so wurde das auf eine unzulängliche Vorbereitung im Vorschulalter geschoben. Und ebenso wurde behauptet, daß das Versagen von benachteiligten Kindern nicht unbedingt auf die schlechte Qualität des öffentlichen Erziehungswesens zurückzuführen sei, sondern eher darauf, daß die Kinder mit ungenügender Vorbereitung eingeschult worden seien. So lieferte Blooms These von der kleinkindlichen Kompetenz und der entscheidenden Bedeutung frühkindlichen Lernens für spätere akademische Erfolge eine bequeme und ›wissenschaftlich erhärtete‹ Entschuldigung für die mangelhaften Leistungen von Kindern in den öffentlichen Schulen.

Kompetenz heißt ›Formbarkeit des IQ‹
Ein weiterer Beitrag zum Bild des kompetenten Kindes stammt von J. McV. Hunt, einem Psychologen an der Universität von Illinois. Er veröffentlichte 1961 ein Buch mit dem Titel ›Intelligenz und Erfahrung‹, in dem er sich kritisch mit dem Konzept des ›stabilen‹ IQ auseinander-

setzte. Hunt wies zu Recht darauf hin, daß die Vorstellung einiger Praktiker von einem stabilen, unveränderlichen IQ sowohl zu vielen Erziehungsreformen geführt habe als auch mißbraucht worden sei. Die Erkenntnis, daß die Lernschwierigkeiten mancher Kinder auf ihre begrenzten Geisteskräfte und nicht auf Faulheit oder sittliche Verderbtheit zurückzuführen sind, hatte humanere Erziehungspraktiken zur Folge. Andererseits suggerierte die Vorstellung, daß die Intelligenz von Geburt an eine feste Größe sei und daß es kaum oder gar keinen Zweck habe, sie durch Anregung und Förderung zu steigern zu suchen.

Nach einer umfassenden Prüfung der Fachliteratur jener Zeit — einschließlich der Studien über das Verhalten von Tieren, die Arbeit mit Computern und die Forschungsergebnisse von Jean Piaget — kam Hunt zu dem Schluß:

Angesichts dieser Überlegungen erscheint es höchst unglücklich, daß Fachleute auf dem Gebiet der Kindererziehung in den dreißiger und bis weit in die vierziger Jahre dieses Jahrhunderts hinein dazu rieten, Kinder ungestört aufwachsen zu lassen und übermäßige Stimulation zu vermeiden ... Es ist nicht länger unzumutbar, Überlegungen anzustellen, ob noch zu entdeckende Wege gangbar sind, um Umweltbedingungen, denen Kinder — besonders in den ersten Entwicklungsjahren — ausgesetzt sind, dahingehend zu beeinflussen, daß man einen erheblich rascheren Verlauf der geistigen Entwicklung und ein erheblich höheres Intelligenzniveau bei Erwachsenen erzielt.[8]

Demnach sind kleine Kinder nicht nur lernfähig (Bruner) und lernbereit (Bloom), sondern auch in ihrem Intelligenzquotienten formbar; dieser kann durch die richtige, in frühem Alter einsetzende Stimulation gesteigert werden. Auf diese Weise erweiterte Hunt das Bild des kompetenten Kindes um einen zusätzlichen Aspekt. Genau wie Bloom stützte er seine Beweisführung vornehmlich auf benachteiligte Kinder mit einem ungenügenden intellektuellen und kulturellen Hintergrund. Er bezog seine Belege für die Effektivität früher Stimulation aus Untersuchungen über Waisenkinder und aus eigenen Studien über ausgesetzte Kinder im Iran.

Wir wollen uns Hunts Argumente ein wenig näher ansehen. Um die Bedeutung der Formbarkeit des IQ zu unterstreichen, schuf Hunt sich eine Art Pappkameraden, indem er das Bild von Fachleuten entwarf, die die Konstanz des IQ zum Dogma erhoben. Tatsächlich hatte natürlich nicht ein einziger seriöser Psychologe in den ersten Jahrzehnten dieses Jahrhunderts jemals behauptet, daß der IQ absolut unveränderlich sei. Es war vielmehr allgemein bekannt, daß 20 bis 40 Prozent der Intelligenz Umwelteinflüssen zuzuschreiben seien. So erklärte Florence Goodenough in dem Kapitel ›Das Messen von geistigem Wachstum bei Kindern‹ ihres Standardwerks ›Handbuch der Kinderpsychologie‹ (1954) über die Modifizierbarkeit des IQ:

> Daß Kinder, die vom Säuglingsalter an in einer Umwelt aufgezogen werden, in der es nicht an intellektuellen Möglichkeiten mangelt und starke Anreize zu intellektuellen Leistungen geboten werden, mit größerer Wahrscheinlichkeit ein höheres Leistungsniveau erreichen werden als solche mit einer ursprünglich gleichwertigen Begabung, denen nur spärliche Möglichkeiten und Anreize geboten werden, wird von praktisch allen anerkannt, die sich mit diesem Thema befaßt haben.[9]

Für das Versäumnis vieler Psychologen, die Veränderbarkeit des IQ hervorzuheben, gibt es eine einfache Erklärung. Der Großteil der Forschung in der ersten Hälfte dieses Jahrhunderts befaßte sich mit Kindern aus der Mittelschicht, die in den Kindergärten und den Experimentierschulen der Universitäten ohne weiteres zugänglich waren. Kinder der Mittelschicht, so nahm man damals, geleitet von der Vorstellung des triebbestimmten Kindes, an, lebten in einer für die Entfaltung ihrer geistigen Fähigkeiten optimalen Umwelt. In Bezug auf solche Kinder war die Vorstellung, daß der IQ in beträchtlichem Ausmaß von Umwelteinflüssen abhängig war, insofern kaum von Belang, als eine Änderung der Umweltbedingungen, so war man überzeugt, keine Verbesserung gegenüber dem sehr guten Status quo darstellen würde.

Im Hinblick auf benachteiligte Kinder, denen offenkundig angemessene intellektuelle Anregung vorenthalten wurde, fand die Vorstellung von der Formbarkeit des IQ indes in der Öffentlichkeit und Politik ein großes Echo: Wenn man diesen Kindern eine bessere intellektuelle Förderung und das richtige Ausbildungsprogramm verschaffte, könnten sich ihre bis dahin ungenutzten Fähigkeiten frei entfalten. Und am Ende wären wir in der Lage, den Teufelskreis von Armut und Bildungsnot bei einkommensschwachen Familien zu durchbrechen. So lieferte auch Hunt ein weiteres schlagkräftiges Argument für das Konzept des kompetenten Kleinkindes und für den Nutzen früher intellektueller Stimulation und Förderung.

Kompetenz als ein verborgenes Potential
Ein letztes Element im Bild des kompetenten Kindes steuerten überraschend Wissenschaftler bei, von denen man es nicht erwartet hätte – die Sozialgeschichtler. Ein zentraler Beitrag stammte von dem französischen Histo-

riker Philippe Ariès, dessen Buch *Geschichte der Kindheit* von den Psychologen der sechziger Jahre ungeheuer propagiert wurde, da es einen weiteren Beweis für ihre Behauptung lieferte, daß Säuglinge und Kleinkinder geistig und sozial fähiger seien, als man angenommen hatte. Ariès zufolge kam die Vorstellung von der Kindheit als einem besonderen Lebensstadium und von den Unterschieden zwischen dem sozialen und intellektuellen Auffassungsvermögen eines Kindes einerseits und eines Erwachsenen andererseits erst in den letzten vier Jahrhunderten auf. Vor der Neuzeit seien Kinder mehr oder weniger wie Erwachsene behandelt worden.

Zur Stützung seiner These zog Ariès Dokumente und Bildnisse aus jenen Zeiten heran, die Kinder in der Kleidung und Pose von Erwachsenen darstellten, sowie eine Vielzahl schriftlicher Quellen, die den Eindruck vermittelten, daß Erwachsene Kinder als ihnen ebenbürtig behandelten. Kleine Kinder übernahmen zum Beispiel im Alltag viele rituelle und dienstbare Aufgaben, die heute als Domäne der Erwachsenen gelten:

Das jüngste Kind nimmt in die rechte Hand ein Glas Wein, Brotkrümel und eine Prise Salz, und in der Linken hält es eine brennende Kerze. Man entblößt das Haupt, und das Kind beginnt das Kreuz zu schlagen. Im Namen des Vaters ... wirft es eine Prise Salz ans Ende der Feuerstätte, im Namen des Sohnes ... eine weitere ans andere Ende der Feuerstätte usw. ... Die Holzkohle, die eine segenbringende Wirkung hat, bewahrt man auf. Das Kind spielt hier inmitten der versammelten Gemeinschaft noch eine der wesentlichen Rollen, wie sie die Tradition vorsah. Diese Rolle ließ sich auch bei anderen Gelegenheiten wiederfinden, die zwar alltäglich waren, aber dasselbe soziale Gepräge hatten: bei den Mahlzeiten am Familientisch. Der Brauch wollte es, daß das Tischgebet von einem der jüngsten Kinder gesprochen und der Tischdienst von allen Kindern gemeinsam versehen wurde. Sie servierten die Getränke, deckten die Teller ab, schnitten das Fleisch.[10]

Die These, daß die Kindheit eine soziale Erfindung sei, die von einer ganzen Reihe weiterer Sozialhistoriker vertreten wurde (etwa von John Demos und Leonard DeMaus), festigte in mehrfacher Hinsicht das Bild des kompetenten Kindes. Ariès lieferte nämlich eine geschichtliche Darstellung, die belegte, wie das kompetente Kind des Mittelalters aus sozialen Gründen in das unschuldige hilflose Kleinkind des 20. Jahrhunderts verwandelt wurde. Nimmt man diesen historischen Standpunkt ein, dann dient die heutige Vorstellung von der Kindheit dazu, die begrenzten Möglichkeiten von Kindern überzubetonen und ihre Kompetenz auf ein Minimum zu reduzieren. Dies paßt wunderbar zu der Vorstellung, daß kleine Kinder entwicklungsfähigere, willigere und formbarere Schüler sind, als man ihnen zugestanden hat – sie sind eben kompetent. Und wenn die kindliche Unschuld und Hilfsbedürftigkeit soziale Erfindungen sind, dann kann man sie rückgängig machen. Diese selbstverständliche Folgerung verlieh den Strategien einer früheren pädagogischen Intervention in den sechziger Jahren weiteren Auftrieb.

Etliche zeitgenössische Sozialhistoriker haben indes die These von Ariès in Frage gestellt. Linda A. Pollock zum Beispiel kam nach der sorgfältigen Auswertung von Tagebüchern und Autobiographien, die zwischen 1500 und 1900 von Eltern verfaßt wurden, zu dem Schluß:

Die Resultate dieser Untersuchung ... widerlegen die von vielen Historikern vorgetragenen Argumente – diese besitzen bestenfalls für eine Minderheit von Eltern und Kindern Gültigkeit. Im Gegensatz zu der Auffassung solcher Autoren wie Ariès gab es im 16. Jahrhundert durchaus ein Konzept von der Kindheit. Dies mag im Laufe der Jahrhunderte genauer ausgearbeitet worden sein, nichtsdestotrotz würdigten die hier untersuchten Verfasser des 16. Jahrhunderts, daß Kinder anders als Erwachsene sind, und sie waren sich ebenso bewußt, in welcher Weise sie anders sind — Kinder machten gewisse Entwicklungsstufen durch; sie spielten; sie bedurften der Disziplin, der Erziehung und des Schutzes.[11]

Die These, Kindheit sei eine soziale Erfindung, erscheint im Rückblick kaum haltbar. In der Bibel, in den Werken der griechischen und römischen Antike, in den Schriften des ersten großen Erziehers der Neuzeit, Comenius, werden sowohl die Unterschiede zwischen Kindern und Erwachsenen als auch die Unterschiede zwischen den einzelnen Entwicklungsstufen der Kindheit anerkannt. Es ist richtig, daß die wissenschaftlichen Untersuchungen des kindlichen Verhaltens und die steigende Lebenserwartung in der heutigen Zeit unser Wissen über Altersunterschiede verbessert haben, doch allgemein anerkannt war dieses Wissen immer. Die bereitwillige Übernahme der Vorstellung, Kindheit und Jugend seien soziale Erfindungen, in den sechziger Jahren muß größtenteils der Tatsache zugeschrieben werden, daß sie eine andere Art von Beweis für das von den Sozial- und Bildungsreformern vertretene Bild des kompetenten Kindes lieferte.

Das Bild von der kindlichen Kompetenz, das in den sechziger Jahren aufkam, enthielt also folgende Vorstellungen: daß Kleinkinder in jedem Alter alles lernen könnten; daß sie in diesem Alter lernfähiger und lernbereiter als später seien; daß die richtigen Anregungen ihren IQ erhöhen würden; und daß sie durch den gesellschaftlich verordneten Zustand der Unschuld daran gehindert würden, ihre Fähigkeiten voll zu entfalten. Dieses neue Bild war die treibende Kraft einer progressiven Sozialpolitik. Verfechter des kompetenten Kindes erreichten im Jahre 1964 die Verabschiedung der ›Head Start Legislation‹ durch den Kongreß der USA, die 1965 für mehr als eine halbe Million benachteiligter Kinder Gesamtschulen und Gesundheitsfürsorge bereitstellte. Die Gesetze zugunsten ›durchschnittlicher‹ *(mainstream)* Kinder mit ihren besonderen Bedürfnissen war eine weitere Reaktion auf das neue Bild. Als die Idee des kompetenten Kindes jedoch von den Eltern und Erziehern der Mittelschicht übernommen wurde, entstand etwas vollkommen anderes.

Das Konzept der kindlichen Kompetenz heute

Die Argumente zugunsten der kindlichen Kompetenz, die in den sechziger Jahren in der Öffentlichkeit auf breites Interesse stießen, wurden natürlich auch von Erziehern und Eltern der Mittelschicht gelesen und gehört. Und weil dieses Bild viel stärker als das bis dahin gültige vom triebbestimmten Kind den sich wandelnden Lebensstilen von Mittelschicht-Familien in den siebziger und mehr noch den achtziger Jahren entsprach, wurde es von Erziehern und Eltern der Mittelklasse vollkommen unkritisch übernommen. Während das Konzept der kindlichen Kompetenz für benachteiligte Kinder und solche, die einer besonderen pädagogischen Betreuung bedurften, eine nützliche Rolle gespielt hatte, wird es jetzt als Begründung für die überfordernde Erziehung von Mittelschicht-Kindern in Familien wie Schulen genutzt.

Den Schulen wird heute wieder einmal vorgeworfen, daß sie beim Vermitteln der wissenschaftlichen Grundlagen versagten. Besonders deprimierend wirken Berichte, die die akademischen Leistungen amerikanischer Kinder mit denen anderer Länder, etwa Japan, vergleichen.[12] Lehrer sehen sich einem ungeheuren Druck ausgesetzt, ihren Unterricht verantwortlich und effizient zu gestalten, vor allem aber die wissenschaftlichen Leistungen der Kinder zu steigern. Mehr Schulstunden, mehr Schuljahre, mehr Hausaufgaben, so lauteten die Vorschläge. In der Praxis aber geschieht dies: Man beginnt immer früher damit, Kinder in wissenschaftlichen Fächern zu unterrichten. Der Lehrstoff von Erstkläßlern wird heute Fünfjährigen in Vorschulen vorgesetzt, und Vierjährige nehmen bereits ihren Vorschulunterricht auf. Für diese Praktiken werden zahllose Begründungen angeführt; zumindest eine davon ist, selbst wenn man sie nicht eingesteht, die Hoffnung, daß ein früher Start spätere Hochleistungen garantiere.

Eltern, die sich von dem trügerischen Bild frühkindlicher Kompetenz irreführen ließen, haben den Druck auf die Schulen verstärkt, Kinder frühzeitig auf die ›Straße der Gelehrsamkeit‹ zu schicken. Eltern von heute hängen der Vorstellung von der frühkindlichen Kompetenz aus unbewußten und dennoch treibenden Motiven an. Die Struktur der Mittelschicht-Familien hat sich in den letzten Jahren grundlegend verändert. Es gibt mehr Scheidungen, alleinerziehende Eltern, Reißbrett-Familien, Zwei-Karrieren-Paare — und damit einen erhöhten Bedarf an außerfamiliären Unterbringungsmöglichkeiten für kleine Kinder. Doch selbst solche Mittelschicht-Eltern, die sich über diesen Wandel und seine Gründe im klaren sind, fragen sich, wie und in welchem Alter sie ihre Kinder am besten fördern könnten (Bowlbys Warnung vor den Gefahren der Mutterentbehrung ist langlebig!). In Wirklichkeit befreien wir uns von einem Teil unserer Schuldgefühle und Unsicherheit, wenn wir ›ganz rational‹ begründen, warum wir uns nicht den ganzen Tag lang um unsere kleinen Kinder kümmern: Zur Entfaltung all ihrer geistigen Fähigkeiten benötigten sie, so geben wir vor, vielfältige intellektuelle Stimulation, die einzig und allein in akademisch orientierten Kindertagesstätten gewährleistet sei.

So liefert das Bild des kompetenten Kindes, das ursprünglich zwecks Beseitigung der mangelhaften Situation von Kindern der Unterschicht eingeführt worden war, heute die Rechtfertigung für die überforderte Erziehung von Kindern der Mittelschicht.

Um kein Mißverständnis aufkommen zu lassen: Ich behaupte nicht, daß die frühen Jahre für die spätere intellektuelle Leistungsfähigkeit bedeutungslos sind – ganz im Gegenteil. Ich behaupte aber, daß das Bild des kompetenten Kindes in der Diskussion über das Wesen gesunder Erziehung für Kleinkinder immense Verwirrung gestiftet hat. Es ist unabdingbar, daß Eltern und Erzieher die Notwendigkeit, berufstätig zu sein und darum die Kinder außerfamiliär beaufsichtigen zu lassen, von den Ideen der alles entscheidenden frühkindlichen Förderung trennen. Das sind zwei ganz verschiedene Dinge.

Wenn wir berufstätig sein wollen und/oder müssen, während unsere Kinder noch klein sind, sollten wir zu dieser Tatsache stehen und uns und unseren Kindern gegenüber ehrlich sein. Die Mehrzahl diesbezüglicher Untersuchungen kommt zu dem Schluß, daß Kinder, die vernünftige Ganztagseinrichtungen besuchen, keien unvertretbaren Schaden erleiden – davon sogar ganz beträchtlich profitieren können. Sobald wir dies akzeptiert haben, können wir unsere Energien darauf verwenden, die Schulen dazu anzuhalten, den Bedürfnissen unserer Kinder angemessene Lehrpläne zu verwirklichen, statt Lernprogramme zu erstellen, die unsere Schuldgefühle mit dem trügerischen Versprechen besänftigen, früh einsetzender formaler Unterricht werde den IQ unserer Kinder erhöhen und ihr wissenschaftliches Leistungsvermögen steigern.

Die frühe Kindheit ist eine entscheidende Entwicklungsphase. In dieser Zeit lernen Kinder ungeheuer viel über das alltägliche Leben. In dieser Zeit erwerben sie auch die Einstellung zu sich selbst, zu anderen Menschen und zum Lernen, die ihr ganzes weiteres Leben bestimmen wird. Diese Phase ist aber alles andere als die richtige Zeit, mit formalem wissenschaftlichen Unterricht zu beginnen. Wir müssen die frühe Kindheit unvoreingenommen als das betrachten, was sie ist, statt sie durch die Brille unseres sozialen, politischen und persönlichen Umfeldes zu sehen, die uns ein verzerrtes Bild von der frühkindlichen Kompetenz gibt.

Status, Wettbewerb und Computer:
Fehlerziehung als Folge sozialen Drucks

Menschliches Verhalten wird, wie Freud erkannt hat, von unbewußten Verdrängungen beeinflußt, und die überfordernde Erziehung bildet keine Ausnahme von der Regel. Neben der Superkid-Psychologie, die manche Eltern veranlaßt, ihre Kinder überfordernd zu erziehen, und dem Konzept des kompetenten Kindes, das für die Fehlerziehung in den Schulen verantwortlich ist, tragen weitere soziale Faktoren zu der heute ständig zunehmenden Übererziehung kleiner Kinder bei und begünstigen damit einhergehende Praktiken. Diese Faktoren bringen selbst solche Eltern, die nicht der Superkid-Psychologie verfallen sind, und solche Erzieher, die die Vorstellung vom kompetenten Kind nicht teilen, dazu, von Kindern zuviel zu fordern.

Der Druck durch den sozialen Status

Kindern aus der Mittelschicht wird heute eine andere Rolle innerhalb der Familie zugeteilt, als es früher der Fall war. Um verstehen zu können, wie diese neue Rolle aussieht und wie sie zu überfordernder Erziehung beiträgt, müssen wir uns zunächst ein Werk des exzellenten

Ökonomen und Soziologen Thorstein Veblen in Erinnerung rufen, den 1899 veröffentlichten Klassiker *Theorie der feinen Leute*. Stuart Chase faßte in seiner Einführung zu einer späteren Auflage des Buches Veblens Hauptthese präzise zusammen:

> Menschen, die in diesem und allen vorangegangenen Zeitaltern mehr als nur das Nötigste zum Lebensunterhalt haben, führen den Surplus, den die Gesellschaft ihnen gegeben hat, nicht vornehmlich nützlichen Zwecken zu. Sie streben nicht danach, ihr Leben zu bereichern, weiser, intelligenter und verständnisvoller zu werden, sondern trachten, andere Menschen mit der Tatsache zu beeindrukken, daß sie mehr haben.[1]

Das Bedürfnis, andere mit unserem Reichtum zu beeindrucken, ist im Orient ebenso mächtig wie im Abendland, und es beherrschte die Völker im Altertum im selben Maße wie heute uns.

Veblen zufolge beeindrucken wir andere auf zweifache Weise mit unserem Überschuß an materiellen Gütern. Das deutlichste Anzeichen von Reichtum ist, daß man nicht arbeiten muß, die ›augenfällige Muße‹. Veblen weist zum Beispiel darauf hin, daß die in China praktizierte Sitte, den Frauen der Oberschicht die Füße einzubinden, ein Symbol für ihre Zugehörigkeit zur ›müßigen Klasse‹ gewesen sei. Ein Mädchen, dem die Füße eingebunden wurden, war wirklich für den Rest seines Lebens verkrüppelt und außerstande zu arbeiten. Die Eltern konnten somit zur Schau stellen, daß ihre Tochter ein Mitglied der müßigen Klasse war. In der westlichen Gesellschaft wurden Schuhe mit hohen Absätzen zuerst unter den Damen der reichen Schichten Mode. Sie sind vollkommen unpraktisch, aber weil sie die Attraktivität einer Frau erhöhen, werden sie heutzutage von Frauen aus allen Schichten getragen.

Der zweite Weg, andere mit unserem Reichtum zu beeindrucken, geschieht durch ›zur Schau getragene Muße‹, durch das Ausgeben von Geld für Dinge, die nicht – oder nicht vornehmlich – nützlichen Zwecken dienen. Veblen weist darauf hin, daß viele Statussymbole der ›feinen Leute‹ auch einen gewissen Nutzen haben. Ein Mercedes-Benz zum Beispiel ist gleichzeitig ein Gebrauchsgegenstand und ein Statussymbol; die Nutzleistung könnte jedoch auch ein weniger kostspieliges Automobil erbringen. Ebenso bedeutet der Besitz eines Pferdes oder einer Kutsche in früheren Zeiten sowohl Prestigegewinn als auch etwas Nützliches. Das menschliche Bedürfnis, unseren Reichtum als Zeichen der Überlegenheit anderen gegenüber auszuspielen, beherrschte zu allen Zeiten die amerikanische Gesellschaft, wenn auch in unterschiedlichem Ausmaß. So ist die Zurschaustellung von Konsum, nachdem sie in den sechziger und siebziger Jahren mehr oder weniger in Mißkredit geraten war, in den Achtzigern erneut in Mode gekommen.

Was hat all das mit der weiten Verbreitung von überfordernder Erziehung im heutigen Amerika zu tun? Tatsächlich eine ganze Menge! Wenn wir unter sozialökonomischer Perspektive einen Blick zurück werfen, können wir die Zusammenhänge erkennen. Vor gar nicht langer Zeit, noch in den fünfziger Jahren, waren die amerikanischen Mittelschicht-Frauen das wichtigste Statussymbol der Wohlhabenden. Verheiratete Frauen mit einem bestimmten gesellschaftlichen Rang waren nicht berufstätig, weil sie es nicht nötig hatten; ihre Ehemänner verdienten genug, um den gemeinsamen Lebensunterhalt zu bestreiten. Verheiratete Frauen, die einer Arbeit nachgingen, wurden bedauert oder galten, wenn sie Kinder hatten, bestenfalls als verantwortungslos, zeugten ihre Sprößlinge doch unwiderlegbar von den negativen Auswirkungen der ›Mutterentbehrung‹.

Schon bald stellte sich die Problematik dieses Arrangements heraus, Frauen, die nicht außerhalb des Hauses arbeiteten, leisteten innerhalb des Hauses durchaus harte Arbeit. Als Ehefrauen und Mütter wurden sie vollkommen durch die Haushaltsführung beansprucht (mit einer Wochenarbeitszeit von 50 Stunden, Kinderpflege nicht einmal eingerechnet), doch Anerkennung bekamen sie dafür kaum. Hausfrauen, so das gängige Bild, saßen gemütlich daheim, lasen Groschenromane, sahen fern und spielten mit ihren Freundinnen Mah-Jongg. Die ›leichtlebige‹ Mittelschicht-Frau war Ziel zahlloser Witze.

Die Frauenbewegung erwuchs in diesem Land, zumindest zum Teil, aus der Unzufriedenheit mit diesem Zustand. Die Frauen waren zu Statussymbolen der ›müßigen Klasse‹ geworden, ohne selbst Muße zu haben, und zu Arbeiterinnen, ohne für ihre Arbeit Anerkennung zu erhalten: Frauen, die zu Hause blieben, genossen keinerlei Vorzüge — weder die der Muße noch die der Arbeit. Eine Folge der Frauenbewegung ist, daß Frauen nicht mehr länger Statussymbole der Wohlhabenden sind. Wenn Frauen heute daheim bleiben, so geht man davon aus, daß sie es freiwillig tun — um eine Zeitlang mit ihrer Karriere auszusetzen, freiberuflichen Tätigkeiten nachzugehen, Säuglingen und Kleinkindern beim Start ins Leben zu helfen. Natürlich hat diese Entwicklung keineswegs unser menschliches Bedürfnis verringert, andere mit unserem Wohlstand zu beeindrucken. Wir benötigen neue Symbole, um unser Sozialprestige unter Beweis zu stellen, und fanden sie – in usneren *Kindern.*

Veblen legte dar, daß zur Schau gestellter Konsum sich häufig auf die Bereiche Kleidung, sportliche Aktivitäten und Erziehung konzentrierte. So werden Kleinkinder heute häufig in Modeschöpfungen aus ›Kinder-Boutiquen‹ gesteckt. Dies dient ganz klar dem Prestigegewinn und nicht der Zweckmäßigkeit. Kleine Kinder achten nämlich nicht auf ihre Garderobe; mit haltbaren, strapazierfähigen Kleidungsstücken wäre ihnen besser gedient als mit modischem Firlefanz. Viele sportliche Aktivitäten mögen für Säuglinge und Kleinkinder einen gewissen praktischen Wert haben, aber ihre Bedeutung als Symbole des elterlichen Wohlstands übersteigt bei weitem ihren tatsächlichen Nutzen.

Spielen ist nicht mehr angesagt. Wenn Eltern am Ende eines langen Tages die Taschen ihrer Steppkes leeren, finden sie mit größter Wahrscheinlichkeit Tageskarten für den Skilift und Brocken von Geigenharz, aber wohl kaum mehr Frösche, Murmeln und Schlittschuh-Schlüssel. Schauen Sie sich an, wie Fünfjährige und jüngere Kinder ihre Tage verbringen: Im Suzuki International Learning Center in Atlanta sägen Möchtegern-Virtuosen mit ihren Stummelfingern auf Geigen und Violoncelli herum – zu Unterrichtsgebühren, die über 4000 Dollar im Jahr betragen. Im ›Y‹ in der 92. Straße in New York City zaubern Mini-Küchenchefs in einem einstündigen Wochenkurs namens ›Kids in der Küche‹ Gerichte hin, zum Preis von 95 Dollar je Semester. An der Pazifikküste kräftigen Babies, die kaum imstande sind, das Köpfchen hochzuhalten, ihren Babyspeck in 45-minütigen Turnstunden, die zum Beispiel im *Gymboree,* einem Gymnastik-Center für Kinder unter fünf Jahren in Los Angeles, 5,50 Dollar die Stunde kosten. Und in Killington, Vermont, folgen kleine Knirpse den Spuren Jean Claude Killys für 15,50 Dollar die Stunde.[2]

Ein Kind mag aus dem Besuch einer Schwimmgruppe oder eines Gymnastik-Centers einen gewissen Nutzen ziehen; das könnte man aber ebensogut durch einfache Übungen zu Hause erreichen. Den Eltern kommt es viel eher darauf an, der Welt im allgemeinen und ihrem unmittelbaren Bekanntenkreis im besonderen zu beweisen, daß sie sowohl das Geld als auch die Zeit haben, um ihre Kinder zu solchen Kursen anzumelden.

Auch die Erziehung der Kinder ist zu einem Statussymbol geworden. Seit den sechziger Jahren ist die Anzahl der teuren, prestigeträchtigen Kindergärten um ein Tausendfaches gestiegen, manche nahmen bereits Kinder im Alter von sechs Monaten auf. Obwohl viele Eltern glauben, daß sie ihr Kind aus pädagogischen Gründen dorthin bringen, so ist ihr wahres, wenn auch uneingestandenes Motiv mit hoher Wahrscheinlichkeit Prestigegewinn. Wer nämlich sein Kind in solch einen Kindergarten oder solch einer Vorschule untergebracht hat, demonstriert damit seinen Wohlstand:

Im sündhaft teuren Vorschul-Lernzentrum ›Crème de la Crème‹ starrt Debra Clays acht Monate alte Tochter Kendall auf die Leselernkarte mit den zwei roten Punkten, die ihr ein Lehrer mit dem Ausruf ›Zwei‹ hinhält. ... 150 weitere Knirpse und Steppkes ringen im ›Crème de la Crème‹ mit Kunst, Musik, Französisch und Sozialkunde, bis die Mütter und Väter in ihren Volvos und BMWs vorfahren, um sie abzuholen.

Die Sidwell Friends School in Washington (Kursgebühren bis zu 5000 Dollar) prüft dreihundert Bewerbungen um die 28 vorhandenen Vorschulplätze, die so begehrt sind, daß die einst für die Zulassung zuständige Direktorin Georgia Irvin einen Anruf erhielt: »Wir wollen eine Familie gründen und fragen uns, ob es (für die Anmeldung) besser ist, das Baby im November oder im April zu bekommen?«[3]

Selbstverständlich sind Eltern aufrichtig an der Erziehung ihrer Kinder interessiert, aber die Prestigefrage ist mit diesem Interesse eng verknüpft. Und die Kinder sind sich ihrer neuen Stellung als Symbol der Zugehörigkeit zur Klasse der Wohlhabenden und der Haltung des demonstrativen Konsums sehr genau bewußt. Der beste Beweis für dieses neue Bewußtsein ist das, was Robert Coles in seinem Buch ›Die Privilegierten‹ als ›Anspruchsdenken‹ der ›Überflußkinder‹ bezeichnet:

> Ich gebrauche das Wort ›Anspruchsdenken‹, um zu beschreiben, was wohl alle begüterten amerikanischen Familien ihren Kindern vermitteln — und das ist, so meine ich, ein wichtiger gemeinsamer psychologischer Nenner: nämlich der gefühlsmäßige Ausdruck, darum handelt es sich tatsächlich, diese vertrauten, schichtspezifischen Vorrechte: Geld und Macht ...
> Solch ein Kind hat im Alter von fünf oder sechs Jahren sehr bestimmte Vorstellungen von dem, was möglich ist, selbst wenn es nicht immer erlaubt ist — möglich darum, weil eine ganze Menge Geld zum Ausgeben vorhanden ist. Dieses Kind kann ohne Verlegenheit oder die später aufkommende Zurückhaltung und Verschwiegenheit im Gespräch ein grundlegendes Wissen über wirtschaftliche Dinge zu erkennen geben.[4]

Solche Kinder meinen ein Anrecht auf die vielen guten Sachen zu haben, die sie von ihren Eltern bekommen, und empfinden es als Blamage, nicht all die Statussymbole zu besitzen, die sie als Beweis für ihren materiellen Wohlstand und ihre Zugehörigkeit zur ›müßigen Klasse‹ benötigen.

Ein großer Teil des auf Eltern lastenden Drucks, ihre Kinder in die Kreationen von Modeschöpfern zu stecken, sie in wissenschaftlichen Fächern unterrichten und in Sportarten ausbilden zu lassen, rührt direkt von unserem Bedürfnis her, unsere Kinder dazu zu benutzen, andere mit unserem Wohlstand zu beeindrucken. Wir führen eher ›gute‹ als die wahren Gründe dafür an, daß wir unsere Kinder nicht zu ›Herdentieren‹ machen, denn wenn wir uns dem allgemeinen Trend verweigern, sind wir entweder geizig oder, viel schlimmer, nicht reich genug, um uns die Statussymbole der ›feinen Leute‹ leisten zu können.

Lassen Sie mich die Macht dieser Art von Prestigedenken anhand eines persönlichen Erlebnisses aus einer früheren Zeit erläutern. Meine Eltern waren russische Immigranten, die keine besondere Bildung genossen hatten. Als Maschinenschlosser verdiente mein Vater nicht schlecht, aber mit sechs Kindern gehörten wir allenfalls zur oberen Unterschicht. Meine Mutter war nicht berufstätig, sie hatte vollauf mit dem Haushalt zu tun. Obwohl wir es uns nicht leisten konnten, beschäftigten wir an einem Tag in der Woche eine Reinmachefrau. Sie tat nie soviel wie meine Mutter, und meine Mutter war auch nie wirklich zufrieden mit deren Arbeit, aber für meine Eltern war es eine gesellschaftliche Notwendigkeit, eine Reinmachefrau zu haben. Andernfalls hätte meine Mutter im Freundeskreis ›ihren Kopf nicht hoch tragen‹ können.

Der soziale Druck auf die Eltern, ihre Kinder als Symbole des Wohlstands und des Prestiges zu benutzen, ist auch dann wirksam, wenn sie sich dessen gar nicht bewußt werden. Als Beweis für augenfälligen Konsum mißbraucht zu werden, ruft bei Kindern offenbar die gleichen Reaktionen hervor wie ehemals bei den Frauen der Mittelschicht, die sich im Haus eingesperrt fühlen.

Eine Gruppe dieser Frauen rebellierte und setzte sich an die Spitze der Frauenbewegung, die sich unter anderem das Ziel gesetzt hatte, Frauen die ihnen für ihre Hausarbeit zustehende Anerkennung zu verschaffen. In der Folge haben Frauen eine neue Unabhängigkeit und mehr Freiheit dabei erlangt, ihren eigenen Lebensstil zu wählen, ohne von der Gesellschaft dafür verurteilt zu werden. Eine Gruppe von Kindern, die ihren Eltern als Statussymbolen dienen mußte, reagiert sehr ähnlich. Ihre Rebellion beginnt indes häufig erst nach der Pubertät, wenn junge Menschen sich ihre Kindheit in Erinnerung rufen und entdecken, daß sie be- und ausgenutzt worden sind. Wogegen im einzelnen sich solche Jugendliche auflehnen werden, hängt zum Teil vom Erziehungsstil ihrer Eltern ab. Das Kind von Gourmet-Eltern zum Beispiel wird vielleicht ›die Zivilisation abstreifen‹ (aktueller Ausdruck ist der Punk-Stil) und alle Umgangsformen ablehnen, die seine Eltern ihm beizubringen suchten. Das Kind von Abitur-Eltern wird vielleicht die Schule abbrechen oder gute Leistungen verweigern; ein Kind, das zu intensiv auf sportliche Erfolge getrimmt wurde, ist möglicherweise nach der Pubertät ausgebrannt und unwillig, jemals wieder Sport zu treiben; in die Wunderkind-Rolle gedrängte Kinder zeigen als Jugendliche und Erwachsene häufig Symptome von Gefühlsunsicherheit.

Natürlich stellen sich diese Folgen nicht in jedem Fall ein, da jede Familie anders ist und die Reaktion des jeweiligen Kindes davon bestimmt wird, in welchem Ausmaß das Prestigedenken andere Motive überwiegt. Die Auflehnungsphase kann sogar gesunde Nachwirkungen haben, wenn sie — wie damals die Frauenbewegung — bei jungen Menschen zu einem neuen Gefühl von Unabhängigkeit und der Freiheit führt, ihren eigenen, individuellen Lebensweg zu wählen. Es besteht aber auch die Gefahr, daß manche Jugendliche so heftig rebellieren, daß sie bei dem Versuch, zu sich selbst zu finden, wertvolle Jahre verlieren.

Die andere Reaktion darauf, als ein Statussymbol des Wohlstands benutzt zu werden, besteht darin, auf diesen Status selbst Anspruch zu erheben. Man muß zugeben, daß zumindest einige Mittelschicht-Frauen zu der Einstellung gelangten, daß sie ein Anrecht auf den Status der ›müßigen Klasse‹ hätten, und jeden Vorschlag zurückwiesen, inner- oder außerhalb ihres Heims zu arbeiten. Sie waren in dem Glauben erzogen worden, Heirat sei das höchste aller Lebensziele, und jetzt genossen sie ihre gesellschaftliche Stellung als Symbol des Wohlstands.

Die Frauenbewegung ging mit dieser Gruppe besonders hart ins Gericht. Hinaus in die Welt zu gehen und Karriere zu machen, war das letzte, was sie wollten, aber sie konnten auch nicht länger einfach zu Hause bleiben. Solche Frauen brachen häufig zu Entdeckungsreisen auf, belegten Kurse, versuchten sich in verschiedenen Jobs und zerstörten oft obendrein ihre Ehe. Sie mißgönnten ihren Ehemännern ebenso wie anderen Frauen berufliche Erfolge. Sie wünschten sich die Früchte einer Karriere, besaßen aber keine genauen Vorstellungen davon, wieviel Zeit und Energien man auf welche Weise dafür einsetzen muß. Häufig rationalisierten sie ihre Gefühle, indem sie erklärten, daß erfolgreichen Männern oder Frauen die Arbeit eben ›Spaß mache‹ und daß sie ihnen ›leichtfalle‹, während sie selbst einen Groll entwickelten, der sich scheinbar gegen die Welt, in Wahrheit aber gegen sie selbst richtete.

Viele Kinder, die man zu Statussymbolen macht, werden auch der Auffassung Tribut zollen müssen, ›hoch-herrschaftlich geboren zu sein‹. Sie glauben, ganz einfach ein Anrecht auf Autos und Auslandsreisen zu haben, während frühere Generationen selbstverständlich davon ausgingen, daß sie dafür erst einmal arbeiten und zahlen müßten. Diese Jugendlichen — deren Zahl ständig wachsen wird, da immer mehr Säuglinge und Kleinkinder als Symbole elterlichen Wohlstands herhalten müssen — werden überzeugt sein, daß sie einen quasi naturgegebenen Anspruch auf beispielsweise einen College-Abschluß haben, ohne daß sie dafür arbeiten und etwas leisten müßten.

Es besteht die Gefahr, daß solche jungen Menschen nicht zu sich selbst finden, nachdem sie ihre Ausbildung abgeschlossen haben. Sie erwarten vielleicht, im Eiltempo das große Geld an der Börse zu machen oder dadurch zu Reichtum zu kommen, daß sie einen Hit landen oder einen vermögenden Verwandten beerben. Auch wenn sie arbeiten und beruflich aufsteigen, setzen sie sich doch nicht voll und ganz dafür ein, weil sie im Grunde ihres Herzens die Überzeugung hegen, daß sie a priori und von Natur aus Anspruch auf den Status der ›müßigen Klasse‹ haben. Wie können wir erwarten, daß sie sich anders verhalten, wenn wir sie als Säuglinge und Kleinkinder behandelt haben, als wären sie Angehörige der privilegierten Klasse?

Viele Eltern aus dem älteren ›Geldadel‹ haben gelernt, ihren Sprößlingen ein Gefühl sozialer Verantwortung zu vermitteln. Die neu zu Wohlstand gekommenen Eltern der Mittelschicht aber beherrschen diese Kunst nicht. Sie benutzen ihre Kinder, um ihre Zugehörigkeit zur ›müßigen Klasse‹ zur Schau zu stellen, ohne Sicherungen gegen ein anmaßendes Anspruchsdenken einzubauen — ein Anspruchsdenken, das manche jungen Menschen mehr nach einem Leben in Muße als nach harter Arbeit, die doch den meisten von uns das gute Leben erst ermöglicht, streben läßt.

Elterlicher Konkurrenzdruck

Unsere Gesellschaft wird vom Konkurrenzdenken beherrscht. Bei der Arbeit wie beim Spiel konkurrieren wir mit unseren Verwandten, Freunden und Gegnern. Eltern von heute sind jedoch ehrgeiziger als jemals zuvor, größtenteils als Folge des überall zunehmenden Konkurrenzkampfes am Arbeitsplatz.

Als die Vereinigten Staaten in der Produktivität und im technologischen Fortschritt anderen Ländern gegenüber unbestritten überlegen waren, konnten wir uns Großzügigkeit leisten. Nach dem Zweiten Weltkrieg haben wir dem zerstörten Europa mit dem Marshall-Plan wieder auf die Beine geholfen, wir haben Japan die Demokratie gebracht und den Wiederaufbau seiner Industrie gutgeheißen. Seit zwei Jahrzehnten aber sieht sich die amerikanische Stahl-, Automobil-, Schuh- und Textilindustrie genauso wie unsere Landwirtschaft wachsendem Druck aus dem Ausland ausgesetzt. Der Großteil unserer Armbanduhren, Fernsehgeräte, Radios und Kameras sind ausländische Erzeugnisse. Und unsere Computerindustrie steht in hartem Wettbewerb mit Japan.

Diese neuen Herausforderungen aus dem Ausland haben unsere ökonomische Sicherheit ins Wanken gebracht und den zuvor schon hitzigen Konkurrenz-kampf im Inland noch verschärft. Die Umwandlung unseres Industriestaates in ein postindustrielles Informations- und Dienstleistungswirtschaftssystem, in dem heute bereits mehr als 70 Prozent der Bevölkerung beschäftigt sind, hat die Arbeitsbedingungen und Berufschancen radikal gewandelt.[5] Die technologische Entwicklung läßt immer mehr Berufe und Fertigkeiten schnell veralten: Diktiergeräte, die noch vor zehn Jahren als Geschenk des Himmels erschienen, werden jetzt rapide durch Textverarbeitungssysteme ersetzt; ein Taxifahrer erzählte mir, daß sein Leih- und Reinigungsdienst für Berufskleidung durch das Aufkommen neuer Stoffe vom Markt gedrängt wurde, die von den Trägern daheim selbst gewaschen werden können.

Eltern registrieren, daß das Vorankommen in der heutigen Gesellschaft schwieriger und der Kampf um die gehobenen Berufe und die hochbezahlten Managerposten immer schärfer wird. Sie wollen ihrem Kind jede nur denkbare Chance eröffnen, ›es zu schaffen‹. Überehrgeizige Eltern glauben, daß ihnen das am besten gelingt, wenn sie ihre Kinder genauso überehrgeizig machen. Judith Martin bemerkt in ihrem Buch ›Miss Manners Ratgeber für das Aufziehen perfekter Kinder‹, daß ›sehr ehrgeizige Eltern keine Gelegenheit versäumen, ihre Kinder mit anderen konkurrieren zu lassen — angefangen beim Geburtsgewicht‹.[6]

Dieses Konkurrenzdenken ist der gemeinsame Nenner all der Superkid-Elternstile, die im zweiten Kapitel (S. 39ff.) beschrieben wurden, doch bei manchen Eltern scheint der Wille, ein konkurrenzfähiges Kind zu haben, Selbstzweck zu sein:

Wenn Linda Hale mit ihrem Baby Kevin schmust, trägt, sie manchmal eine rüschengeschmückte Karriere-Bluse. Das hat eine gewisse Berechtigung, da die frühere Vorstandssekretärin moderne Mutterschaft als ein ungemein ernstes Unternehmen betrachtet. Kevins Bruder Bryan, drei Jahre alt, hat nur mit Ach und Krach den letzten Platz in der Montessori-Schule am Rande Bostons ergattert, und sein Vater, der Ingenieur Bruce Hale, erteilt ihm in nächtlichen Sitzungen mit Märchenbuch und Leselernkarten Nachhilfeunterricht in Lesen und Mathematik. Die Hales hoffen, daß der neun Wochen alte Kevin eines Tages in die Fußstapfen seines Bruders tapsen wird. Obwohl die Kosten für den Unterricht pro Kind beinah 2000 Dollar im Jahr betragen, sind sie davon überzeugt, daß es keine Alternative zu dieser Investition gibt. »Der Druck, aufs College zu gehen, ist riesengroß«, erklärt die 38jährige Linda. »Man muß ihnen einen frühen Start verschaffen und sie darauf trimmen, ihr Ziel [sic] zu erreichen. Sie müssen alles können — das Alphabet, die Zahlen, Lesen. Ich will diese kleinen Schwämme mit soviel Wasser tränken, wie nur möglich ist.«[7]

Gleich nachdem der fünfzehn Monate alte Sohn Sampar in der elterlichen Küche in Fairfax sein Frühstück beendet hat, fängt der Unterricht an.

An manchen Tagen beginnt sein Vater Bill auf dem Wohnzimmersofa mit russischen Leselernkarten, an anderen Tagen vielleicht mit Algebra. In diesem Sommer ist John besonders davon angetan, Vögel zu bestimmen.

»Er ist ganz erstaunlich«, prahlt Bill Sampar, 53, der seinen Job als Elektrotechniker mit einem Jahreseinkommen von 30000 Dollar aufgegeben hat, um seinen Sohn daheim zu unterrichten. John, das erste Kind der Sampars, erkennt inzwischen, so behauptet der Vater, siebenhundert Wörter und ist imstande, alle dreißig Bücher auf seinem Bücherbord voneinander zu unterscheiden. »Gestern fragte ich ihn, wieviel sieben mal sieben plus eins ergibt, und zeigte ihm zwei verschiedene Karten. Er wählte die mit der Fünfzig. Das hat er noch nie getan!«

»Ich habe keine festen Vorstellungen davon, was er einmal werden soll«, sagt Sampar über den Zweck seiner täglichen Übungen, »ich will ihm nur alle Möglichkeiten offenhalten.«[8]

Auch wenn die ›Je früher, desto besser‹-Psychologie der Superkid-Eltern und die Vorstellung vom kompetenten Kind die Hauptursachen dafür sind, daß übertrieben ehrgeizige Eltern die frühe und früheste Kindheit zum Schauplatz von Konkurrenzkämpfen erheben, so spielt hierbei doch ein weiterer Faktor eine Rolle. Der drückt sich in der Wahl des Begriffes *head start* [Vorsprung] für Erziehungsprogramme aus, die durch *vor* der Einschulung einsetzende Förderungsmaßnahmen Entwicklungsrückstände, die bei benachteiligten Kindern auftreten, ausgleichen sollten. Dieser Begriff war insofern unglücklich gewählt, als er unterstellt, daß Erziehung ein Wettrennen ist und auf die Weise geförderte Kinder anderen überlegen sind. Es war beinah unvermeidlich, daß dadurch bei Mittelschicht-Eltern das Verlangen geweckt oder verstärkt wurde, ihren Kindern ebenfalls einen ›Vorsprung‹ zu verschaffen.

Die Vorstellung, einen Vorsprung zu gewinnen, führte also auch dazu, Säuglinge und Kleinkinder zum Ziel des latenten Überehrgeizes von Eltern zu machen, der bis dahin erst ausgebrochen war, wenn die Kinder viel älter waren. Fachleute, die Medien und die Flut von Hochdruck-Lernprogrammen für Kleinkinder unterstützen, bewußt oder unbewußt, diese Entwicklung. Mittelschicht-Eltern sind dabei gleichermaßen Opfer und Täter. Die Folgen der Vorstellung, Erziehung sei ein Wettrennen, sind indes besorgniserregend: Erziehung bedeutete immer Wettbewerb; wenn sie aber als Wettrennen verstanden wird, drängt der Begriff der Konkurrenz alle anderen Aspekte in den Hintergrund, eingeschlossen den des aktiven Lernens.

Erziehung ist kein Wettrennen. Ein Kind, das im Alter von drei Jahren lesen lernt, hat in keinerlei Hinsicht ein Kind ›überrundet‹, das diese Fähigkeit erst mit sechs oder sieben Jahren erwirbt. In einem richtigen Rennen gibt es eine deutlich markierte Ziellinie, die von allen Teilnehmern überquert werden muß, um den Sieger festzustellen. ›Lesen lernen‹ hingegen ist ein lebenslanger Prozeß. Ich habe zum Beispiel erst nach der Promotion als Forschungsstipendiat gelernt, Freud zu lesen, als mein Lehrer David Rapaport mit mir gewissenhaft ein Werk von Freud durchging. Seite für Seite. Und das gilt für jeden Bereich der Ausbildung, sei es in Naturwissenschaften, Mathematik oder Literatur. Es gibt keine Ziellinie. Lernen endet nicht, sobald wir uns eine besondere Fähigkeit angeeignet haben, oder mit einem Schul- oder Universitätsabschluß. Lernen und Erziehung sind lebenslange Entwicklungen, die erst zu einem Ende kommen, wenn wir sterben.

Da Erziehung kein Wettrennen ist, ist auch Konkurrenzdenken kein unerläßliches Charakteristikum akademischer Leistungen. Die Auswertung von 122 zwischen 1924 und 1981 durchgeführten Untersuchungen über auf Zusammenarbeit oder Wettbewerb ausgerichteten Unterricht in Schulklassen ergab, daß Gruppenarbeit erheblich bessere Resultate erbringt. Die Autoren folgerten, daß ›a) Gruppenarbeit beträchtlich effektiver ist als interpersoneller Wettbewerb und Einzelleistungen, b) Gruppenarbeit mit Wettbewerb innerhalb der Gruppe ebenfalls interpersonellem Wettbewerb und Einzelleistungen überlegen ist‹[9].

Ähnliche Resultate ergaben sich hinsichtlich der Auswirkung individuellen Konkurrenzdenkens. In einer Untersuchung über die Beziehung zwischen wissenschaftlichem Erfolg und Konkurrenzdenken erzielten hoch angesehene Wissenschaftler in den Bereichen berufliches Engagement und Gespür für das Können anderer hohe Punktzahlen, hingegen niedrige im Bereich Konkurrenzdenken.[10] Und bei Geschäftsleuten ergaben sich die gleichen Resultate. Forscher, die geschäftlichen Erfolg am Gehalt maßen, fanden heraus, daß die erfolgreichsten Geschäftsleute (die höchstbezahlten) im Bereich Konkurrenzdenken eine niedrigere Punktezahl erreichten als die weniger erfolgreichen.[11] Diese Ergebnisse sind im Grunde nicht überraschend; sie stimmen genau mit denen überein, die sich bei der Auswertung hervorragender Geschäftsberichte ergaben.[12]

Wenn man Kindern beibringt, daß Ausbildung ein Wettrennen und Konkurrenzdenken unerläßlich sei, um Leistungen zu erzielen, so erzieht man sie falsch. Dies kann dazu führen, daß man nicht ihre Erfolgsaussichten steigert, sondern die Gefahr erhöht, daß sie versagen oder zumindest schwächere Leistungen bringen, als es sonst der Fall wäre.

Computer-Druck

Das Aufkommen des Personal Computers hat in mehrfacher Hinsicht einen weiteren Bereich geschaffen, um Kinder als Statussymbole der Müßiggängerschicht und zur Befriedigung elterlichen Überehrgeizes zu funktionalisieren. Zusätzlich hat es dazu geführt, die Idee der Bedeutung frühkindlicher Erziehung mit der Annahme zu verwechseln, daß in der postindustriellen Gesellschaft möglichst früh erworbene Computer-›Bildung‹ die erste Sprosse auf der Erfolgsleiter darstelle. Wir wollen uns diese beiden Aspekte des Computer-Drucks mit Bezug auf die Erziehung kleiner Kinder anschauen.

Computer als Symbole für Wohlstand

Personal Computer, vor allem die leistungsfähigeren, sind teuer. Für einen Heimcomputer samt Drucker, Software und Wartung kann man leicht dieselbe Summe ausgeben wie für das Familienauto. Dabei besitzen Heimcomputer für die meisten Familien kaum einen Wert oder gar keinen. In manchen Berufen — z. B. Journalisten, Rechnungsprüfer oder Börsenmakler — kann ein Computer die Arbeit durchaus erleichtern; bei der persönlichen Kontoführung, Steuererklärung oder beim Bezahlen der monatlichen Rechnungen aber sind sie wenig hilfreich. Anders als im Berufsleben müssen Heimcomputer in der Familie ihre Brauchbarkeit erst noch beweisen; ihre Anschaffung kann nicht mit dem Nützlichkeitsprinzip begründet werden.

Es stimmt natürlich, daß viele von uns sich einen Heimcomputer zulegen, weil wir gehört haben, daß er sich günstig auf die Erziehung unserer Kinder auswirkt. Die meisten Kinder haben allerdings bereits in der Schule Zugang zu Computern, wo sie hauptsächlich zur Textverarbeitung, als Rechner und zum Abrufen von Informationen verwendet werden. Ein Heimcomputer mag eine Annehmlichkeit darstellen, aber man muß ihn nicht anschaffen, damit ein Kind den Umgang mit Computern lernt.

Trotzdem kaufen viele von uns hochentwickelte Computersysteme mit kostspieligen Softwareprogrammen. Solche Anschaffungen kann man als demonstrativen Konsum bezeichnen. Kinder, die von ihren Hard-Disc-Systemen und Laser-Druckern sprechen, könnten ebensogut mit ihren Ralph-Lauren-Hemden und Bally-Schuhen angeben. Für viele Familien sind Computer nur ein weiteres Symbol für ihren Müßiggänger-Status.

Für Kinder ist das nicht unbedingt ein Segen. Der Heimcomputer mag ein bis dahin verborgenes Talent zum Vorschein bringen, so daß das Kind Mitglied jener ganz besonderen Elite mit ihrer eigenen Sprache und ihren eigenen Ritualen wird, die Sherry Terkle in ihrem Buch ›Das zweite Selbst‹[13] als ›Computerkultur‹ bezeichnet. Einer solchen Schar von Auserwählten anzugehören kann die Selbstachtung eines Kindes stärken, sie aber auch ins Übertriebene steigern, so daß es all denen, die nicht mit Computern vertraut sind, mit herablassender Verachtung begegnet. Solchen Computerfreaks droht Isolation. Wie andere Statussymbole auch kann die Fähigkeit, mit einem Computer umgehen zu können, dazu führen, daß ein Kind von den weniger glücklichen Altersgenossen abgelehnt wird.

Viele Kinder finden den Computer faszinierend, und ich beziehe ihn inzwischen in Spieltherapien ein. Der Umgang eines Kindes damit reflektiert nämlich seinen Umgang mit der Welt. Kontaktfreudige Kinder sind generell weniger an Computern interessiert als introvertierte und isolierte. Das Leben der ›Computer-Kinder‹ spielt sich vorwiegend ›im Kopf‹ ab, und sie benutzen den Computer dazu, dieses innere Leben auszuweiten und zu bereichern. Ihr Spiel mit dem Computer ist genauso erhellend wie ihre Reaktion beim Rorschach-Test.

Ein Heimcomputer wirkt sich nicht immer günstig aus. Er kann bei Kindern bereits vorhandene Neigungen, sich abzukapseln und von anderen Menschen zu distanzieren, verstärken.

Henry ist so ein Kind. Er hatte es nicht leicht, bevor er mit Computern in Berührung kam und programmieren lernte. Der Computer

schuf kein neues Problem, aber an diesem Beispiel läßt sich erkennen, daß er bei Kindern den Hang, sich abzusondern, fördern und
dazu beitragen kann, daß sie sich in Dinge verlieren und in ihrer
eigenen Welt einschließen und die Entwicklung zwischenmenschli-
cher Beziehungen in den Hintergrund tritt.[14]

Wenn Computer als Symbole materiellen Überflusses
angeschafft werden, können sie das Kind in seinem
Anspruchsdenken bestärken und die Folgen dieses Syn-
droms verschlimmern. Ob der Computer sich positiv
oder negativ auswirkt, hängt von der Persönlichkeit des
Kindes ab.

Computer und elterliches Konkurrenzdenken

Das Beherrschen des Computers ist wie frühes Lesen
und viele andere Fähigkeiten zu einer weiteren Waffe im
Arsenal elterlichen Konkurrenzdenkens geworden. Wir
sprechen heute mit demselben Stolz und derselben
Befriedigung über die Computerbegabung unseres Kindes, mit denen frühere Generationen das Geigenspiel
ihres Sprößlings rühmten. Es schadet ja einem Kind keineswegs, es kann ihm sogar in gewisser Weise nützen,
wenn seine Eltern seine Leistungen würdigen und stolz
darauf sind.

Problematisch wird das Einbeziehen des Computers
in das elterliche Konkurrenzdenken dann, wenn es sich
mit der Superkid- und ›Früher-ist-besser‹-Philosophie
verbindet. Viele Eltern wollen ihr Kind bereits im Vorschulalter mit dem Computer vertraut machen, um ihm
einen Vorsprung im Wettbewerb zu verschaffen. Ebenso
wie es Lese- und Mathematikprogramme gibt, haben
viele Firmen auch Programmierprogramme wie LOGO
für Kleinkinder entwickelt.

Die Einführung des Computers in eine frühkindliche Erziehung, die auch die elterlichen Ansprüche befriedigen soll, ist ein Paradebeispiel für überfordernde Erziehung. Compter sind überaus komplexe Maschinen, deren Funktionsweise kleine Kinder nicht leicht verstehen können. Daher müssen sie in teure Lernmaschinen* umgewandelt werden. Die ersten Modelle funktionierten nicht, und zwar, wie oft gesagt wurde, nur aus dem Grund, daß nicht genügend gute Programme oder Software zur Verfügung stand. Tatsächlich aber funktionieren sie deswegen nicht, weil die Lerntheorie, auf der diese Programme basieren, keine tauglichen Lernmittel für den programmierten Unterricht* hervorbringen kann.

Programmierter Unterricht mittels eines Computers oder einer Lernmaschine vermittelt Informationen durch eine Stufenfolge von Schritten mit Alternativmöglichkeiten, falls Fehler unterlaufen. Die Lerntheorie, auf der solche Programme beruhen, wurden vornehmlich aus Erkenntnissen der biologischen Verhaltensforschung abgeleitet. Jetzt haben Lerntheoretiker erkannt, daß die Lernprinzipien nicht bei allen Tieren die gleichen, ja daß sie häufig sogar artspezifisch sind. Selbst kleine Kinder lernen auf entschieden vielschichtigere Weise als die Tiere mit der hochentwickeltsten Intelligenz. Programmierter Unterricht für Kleinkinder ist aus einem ganz einfachen Grund zum Scheitern verurteilt: Er ist langweilig!

Programmiertes Lernen ist darum langweilig, weil es ein zentrales Lernprinzip mißachtet, das der Schweizer

* Zur Begrifflichkeit s. S. 213

Psychologe Jean Piaget als ›Assimilation‹ bezeichnet hat. Traditionelle, verhaltenswissenschaftliche Lerntheoretiker wie B. F. Skinner, auf dessen Lerntheorien ein großer Teil des programmieten Unterrichts zurückgeht, definieren Lernen als ›die Modifikation von Verhalten aufgrund von Erfahrung‹. Piaget aber, der dies als *eine mögliche* Lernweise anerkannt, weist darauf hin, daß Kinder Erfahrungen auch ›assimilieren‹ oder umwandeln, um sie ihrer individuellen Denkweise anzupassen. Von seinem Standpunkt aus kann man Lernen auch als ›die Modifikation von Erfahrung aufgrund von Verhalten‹ umschreiben. Kinder nehmen Informationen nicht passiv auf, sie wandeln sie vielmehr ständig um, damit sie in ihre gegenwärtige Denkweise passen.

Das folgende Gespräch über Computer belegt die Art von Informationsumwandlung, die Kinder gern vornehmen, wann immer sie Gelegenheit dazu haben:

Robert (sieben Jahre) wirft ›Merlin‹ [ein Computer, der ›Kreuzchen und Kringel‹ spielt] voll Zorn und Erbitterung in den Sand. »Du schummelst, ich hoffe, du brichst dir das Gehirn.« Craig und Greg, sechs und acht Jahre alt, hören diesen Ausbruch mit an und sehen eine günstige Gelegenheit, ›Merlin‹ wieder an sich zu bringen. Sie retten das inzwischen sehr sandige Spielzeug und meinen Robert aufklären zu müssen.
Craig: »›Merlin‹ weiß nicht, daß er schummelt. Er würde nicht merken, daß er kaputtgeht. Er merkt nicht, daß du ihn kaputtmachst. Er ist nicht lebendig, Robert.«
Greg: »Jemand hat ihm beigebracht zu spielen. Aber er weiß nicht, ob er gewinnt oder verliert.«
Robert: »Weiß er doch, wenn er verliert. Dann macht er ganz andere Töne.«[15]

Jedes Kind interpretiert seine Erfahrung mit ›Merlin‹ auf andere Weise, die wiederum vom Stand seiner geistigen Fähigkeiten und von früheren Erfahrungen bestimmt wird. Programmierter Unterricht mißachtet, wie Kinder in eine Lernsituation geraten, und ebenso ignoriert er ihr Bedürfnis und ihre Fähigkeit, das, was sie erfahren, in etwas umzuwandeln, das mit ihrem aktuellen Weltverständnis übereinstimmt. Weil programmiertes Lernen ihnen keine Gelegenheit zur kreativen Interaktion bietet, finden Kinder ihn so öde und langweilig.

Wenn man Computer in frühkindlichen Unterrichtsprogrammen als Lernmittel einsetzt, kann man statt des angestrebten Effektes das genaue Gegenteil erreichen: Kinder, die in jungem Alter programmierten Unterricht langweilig und frustrierend finden, entwickeln möglicherweise eine heftige Abneigung gegen Computer. Daher sind Computer als Lehrmittel in der frühkindlichen Erziehung ein Paradebeispiel für Fehlerziehung, die kleine Kinder sinnlos der Gefahr aussetzt, daß sie später in diesem Bereich versagen oder eine negative Einstellung dazu entwickeln.

Computer und geistige Entwicklung
Der Vormarsch der Heimcomputer vollzieht sich so rasch, daß niemand abzuschätzen vermag, welchen Einfluß sie tatsächlich auf die geistige Entwicklung und die akademischen Leistungen von Kindern haben. Zu diesem Thema gibt es mindestens drei unterschiedliche Theorien. Die eine betrachtet den Computer als machtvolles neues Mittel, um die geistigen Kräfte des Menschen zu erweitern. Ihre Verfechter sind der Ansicht, daß alle Kinder programmieren lernen sollten, weil sie dadurch auf die Arbeit mit Computern vorbereitet würden und sowohl ihr logisches Denken als auch ihre Fähigkeiten, Probleme zu lösen, geschult würden. Sey-

mour Papert, ein wichtiger Vertreter dieser Auffassung, hat eine vereinfachte Computersprache namens LOGO für Kinder eingeführt.

Eine zweite Theorie lautet, daß der Computer sich in keiner Hinsicht von anderen technologischen Innovationen unterscheidet. Solche Neuerungen erweitern nach dieser Auffassung unsere Fähigkeiten, ohne sie zu ändern. Teleskope und Mikroskope befähigen uns zum Beispiel dazu, Dinge aus größerer Entfernung oder kleine Dinge vergrößert zu betrachten, was mit bloßem Auge nicht möglich wäre; unser Sehvermögen selbst ändert sich durch diese Geräte aber nicht. So gesehen steigert der Computer unsere Intelligenz, stärkt vor allem unser Gedächtnis, ohne daß er unsere Geisteskräfte selbst verbessert. Demzufolge ist es aus demselben Grunde nützlich zu lernen, einen Computer zu benutzen, wie es nützlich ist zu lernen, mit Schreib- und Rechenmaschinen umzugehen: Die Maschinen versetzen uns in die Lage, rascher und effizienter zu arbeiten.

Eine dritte Theorie schließlich besagt, daß Computer zwar eine neue Technologie zur Erweiterung unserer geistigen Fähigkeiten darstellen, es aber keinesfalls nötig sei, irgendwelche besonderen Fertigkeiten zu lernen, um diese Technologie nutzen zu können. Am Ende werde die Computertechnologie so leicht zugänglich sein, daß keine speziellen Fachkenntnisse erforderlich seien, um all die Möglichkeiten, die der Computer bietet, ausschöpfen zu können. Wir sind zum Beispiel in der Lage, den Geldautomaten einer Bank ohne besonderes Fachwissen zu benutzen, obwohl dieser Vorgang von Computern gesteuert wird.

Im Grunde ist an allen drei Theorien etwas Wahres

dran. Wie ich weiter unten ausführen werde, kann ein Computer in der Tat die geistige Entwicklung fördern; wir sind allerdings auf technologischem Gebiet noch nicht soweit. Ebenso wird die Arbeit mit einem Computer für solche Tätigkeiten wie Schreiben und Abrufen von Informationen wohl immer den Erwerb bestimmter Fertigkeiten voraussetzen, etwa Schreibmaschinenkenntnisse und ein praktisch verwertbares Grundwissen über Textverarbeitungsprogramme. Und drittens ist auch richtig, daß wir auf vielen anderen Gebieten Zugang zu Computern haben, ohne daß wir dafür eine besondere Schulung benötigen.

Wir wollen uns jetzt der Frage zuwenden, auf welche Weise Computer die geistige Entwicklung fördern können. Jean Piagets Theorie der Intelligenz − anpassungsfähiges Denken und Handeln (Adaptation) − beschreibt einen Prozeß der ›reflektierenden Abstraktion‹, in dem Kinder ihre konkreten Operationen (s. S. 159) in der realen Welt gedanklich verallgemeinern. Das heißt, sie verinnerlichen nicht das Bild der Gegenstände, auf die sie eingewirkt haben, sondern eine geistige Vorstellung der Handlung selbst. Diese abstrahierten Handlungen werden zu internalisierten geistigen Fähigkeiten, die uns ermöglichen, rein in Gedanken das zu tun, was wir einst mit unseren Händen tun mußten.

Piaget sprach natürlich über jene Phase in der geistigen Entwicklung von Kindern, in der die operativen Gruppierungen des Denkens entstehen, die sich auf Gegenstände, die man anfassen oder anschaulich erfassen kann, beziehen. Er führt in diesem Zusammenhang das Beispiel eines Kindes an, das auf dem Boden mit zehn kleinen Steinen spielte. Es ordnete sie erst zu einem Quadrat an, dann zu einem Kreis, schließlich zu einer Raute. Am Ende sagte es schlicht: »Es sind noch immer zehn.« Seine Entdeckung rührte nicht von einer passiven Betrachtung der unterschiedlichen geometrischen Figuren her, sondern von der aktiven Anordnung dieser Steine. Somit abstrahierte das Kind keine sichtbare Schablone; es zog seine Schlußfolgerung vielmehr aus den umkehrbaren (reversiblen) Handlungen, die das Erscheinungsbild der Steine änderten, nicht aber deren Anzahl.

Auch geometrische Figuren werden durch reflektierende Abstraktion gelernt. Ein Kind, das die Teile seines Holzbaukastens zusammensetzt, beginnt, deren verschiedene Richtungsbahnen zu verallgemeinern. Ein Kreis ist eine Bahn ohne Ende, ein Dreieck ändert dreimal seine Bahn usw. Sobald es diese Formen einmal verinnerlicht hat, kann es jeden Kreis, jedes Dreieck und jedes Quadrat identifizieren, unabhängig davon, wie groß die Figuren und aus welchem Material sie sind. Das Kind hat sich nicht irgendein ›Idealbild‹ des Kreises, Dreiecks oder Quadrats eingeprägt, sondern eine Handlungsfolge verinnerlicht, die ihm ermöglicht, neue Beispiele für diese Formen zu erkennen.

Die Arbeit mit einem Computer läßt sich mit diesen Fallbeispielen natürlich nicht vergleichen. Der Computer ist immer noch eine so komplexe Maschine, daß man einen recht hohen Stand der geistigen Entwicklung erreicht haben muß, um mit ihm kommunizieren zu können. Aus diesem Grund glaube ich nicht, daß solche Programme wie LOGO die geistige Entwicklung fördern. Sie setzen ein höheres Intelligenzniveau voraus, als sie vorgeblich fördern sollen. Mit anderen Worten, ein Kind, das tatsächlich programmieren kann, hat einen so hohen intellektuellen Entwicklungsstand erreicht, daß das Programmierenlernen diese Entwicklung nicht zusätzlich begünstigen wird.

Heißt das, daß Computer zum gegenwärtigen Zeitpunkt für das geistige Wachstum bedeutungslos sind? Ganz im Gegenteil, ich meine, daß Grundschulkinder, die lernen, einfache Textverarbeitungsprogramme zu benutzen, mit ihren eigenen Denkvorgängen konfrontiert werden, und daß sich dies auf die geistige Entwicklung förderlich auswirken kann. Mit aufeinander aufbauenden Computersprachen wären selbst kleine Kinder imstande, positive und interessante Erfahrungen beim Umgang mit Computern zu erwerben. Noch aber sind wir nicht soweit, und darum sind Computer, die programmiertes Lernen für Kleinkinder anbieten, Beispiel für Fehlerziehung.

Die Risiken der überfordernden Erziehung

Vertrauen und Autonomie gegen Mißtrauen, Scham und Zweifel

Die menschliche Entwicklung kann, so Erik Erikson in seinem Buch *Kindheit und Gesellschaft*, als eine Abfolge psychosozialer ›Krisen‹ betrachtet werden — das sind die kritischen Perioden, in denen aus alternativen Grundhaltungen die dauerhaften Verhaltensformen geprägt werden. Bei der Geburt sind solche Grundhaltungen jeweils als Gegensatzpaare vorhanden, und in den ›Krisenphasen‹ bestimmt die Erfahrung eines Menschen, welche von diesen beiden gegensätzlichen Grundhaltungen die Überhand gewinnen wird. Eriksons Modell der menschlichen Entwicklung beschreibt auch, welche Arten von Erfahrungen die stärkere Ausprägung dieser oder jener Grundhaltung bestimmen.

Vier der von Erikson beschriebenen Krisen ereignen sich in der frühen Kindheit, und auf zwei weitere Paare von Grundhaltungen, die ebenfalls in den ersten Lebensjahren ihre Krise erfahren, bin ich im Laufe meiner Arbeit gestoßen. Da die Lösung dieser Krisen in hohem Maße vom elterlichen Verhalten und von der Erziehung beziehungsweise Ausbildung, die ein Kind erhält, beeinflußt wird, liefert Eriksons Schema ein brauchbares Grundgerüst, um die Gefahren überfordernder Erziehung aufzuzeigen und zu analysieren.

Vertrauen gegen Mißtrauen

Im ersten Lebensjahr besteht die Aufgabe des Kindes darin, sagt Erikson, ein Gefühl von *Vertrauen* zu erwerben, das stärker als sein Gefühl von *Mißtrauen* ist. Das Vertrauensgefühl schließt die Empfindung ein, daß die Welt ein sicherer Ort ist und daß die eigenen Bedürfnisse befriedigt werden. Das Gefühl von Mißtrauen hingegen weckt bei einem Säugling die Empfindung, daß die Welt unsicher und unzuverlässig, nicht vertrauenswürdig ist. Erikson weist darauf hin, daß ein gewisses Maß von Mißtrauen zu entwickeln für ein Kind gesund ist. Ein allzu vertrauensseliges Kind, das jede Vorsicht außer acht läßt – das zum Beispiel bereit ist, mit jedem Menschen, der es dazu auffordert, mitzugehen –, kann leicht in bedrohliche Situationen geraten. Bedeutsam an all diesen Grundhaltungspaaren ist, daß die positive Grundhaltung stärker als die negative ausgeprägt sein kann.

Das Gefühl von Vertrauen leitet sich hauptsächlich aus der ›Bindung‹ des Kindes an die Eltern ab. Die erste Bindungsphase währt vom ersten bis zum dritten Lebensmonat, wenn der Säugling mit einer Reihe von grundlegenden sozialen Verhaltensweisen die elterliche Aufmerksamkeit zu fesseln sucht. Hierzu gehört, daß er den Eltern ins Gesicht schaut, sich in ihren Armen kuschelt, lächelt, gurrt und weint. All diese Verhaltensweisen rufen bei den Eltern die normalen Reaktionen hervor – Interesse, Sorge, Vergnügen –, die sie enger an das Kind binden. In der gleichen Weise festigen die positiven Reaktionen der Eltern auf das Verhalten des Säuglings seine Bindung an sie, und sie stärken zudem das Vertrauensgefühl des Säuglings zu den Eltern.

In der zweiten Phase wird das Baby in seinem sozialen Umgang bestimmter und selektiver. Es lächelt und gluckst wohl die Eltern an, aber keinen Fremden. Wenn die Eltern es auf den Arm nehmen, schmiegt es sich an sie; auf dem Arm eines Fremden aber macht es sich in der Regel steif und beginnt zu schreien. Jetzt kann ein Säugling selbst auf Distanz zwischen Eltern und Nicht-Eltern unterscheiden. Die Bevorzugung der Eltern durch das Kind verstärkt in hohem Maße die elterliche Bindung an das Kind. Nichts schmeichelt dem eigenen Ego mehr als ein Baby, das einen ankräht und andere Menschen ignoriert oder vor ihnen zurückschreckt. Es ist ein ganz erhebendes Gefühl, für einen Menschen etwas Besonderes darzustellen, vor allem für ein Baby.

In der folgenden Phase, die bereits mit sechs Monaten einsetzen kann, gewöhnlich aber erst im letzten Drittel des ersten Lebensjahres beginnt — nachdem das Kind die Vorstellung erworben hat, daß die Eltern zu den bleibenden Objekten gehören (und selbst dann für das Kind existieren, wenn es sie nicht sieht oder hört) —, strebt das Kind aktiv nach elterlicher Nähe und elterlichem Körperkontakt. Zuvor hat das Kind geweint, teils um die mütterliche Aufmerksamkeit zu erregen, teils um von Hunger, Durst und andern Beschwerden befreit zu werden. Jetzt aber setzt es sein Schreien, Glucksen, Gurren und seine ersten Wörter vornehmlich mit dem Ziel ein, mit den Eltern in körperliche Berührung zu kommen. Diese Initiativen werden durch die zunehmende körperliche Beweglichkeit des Kindes verstärkt.

Das Kind krabbelt zu den Eltern hin, hebt die Arme zum Zeichen, daß es auf den Arm genommen werden will, und zeigt Angst, wenn die Mutter oder der Vater fortgehen. In dieser Phase kann man mit einiger Sicherheit beurteilen, ob die Elternbindung des Kindes stabil ist und ob es ein gesundes Gefühl von Vertrauen besitzt.

Diese Bindung erfährt das kleine Kind als Gefühl von Geborgenheit in Gegenwart der Eltern und als Gefühl von Vertrauen, daß seine Bedürfnisse von diesen befriedigt werden. Und den Eltern vermittelt die Bindung liebende, sorgende und beschützende Empfindungen. Eine Untersuchung[1] ergab, daß Kinder, die im Alter von zwölf bis 18 Monaten eine feste Elternbindung entwickelt haben, später (von ihren Vorschullehrern) als emotional positiver, einfühlsamer und entgegenkommender eingeschätzt werden als solche, deren Elternbindung schwächer war. Sie waren einfach ›vertrauensvoller‹.

Bedeuten die obenstehenden Ausführungen, daß die Elternbindung des Kindes und sein Gefühl von Vertrauen gefährdet werden, wenn man es in eine Tagesstätte gibt oder es tagsüber daheim der Obhut eines Babysitters überläßt? Nein! Und zwar aus mehreren Gründen. Zum einen ist die kindliche Elternbindung und sein Elternvertrauen offenbar nicht oder zumindest nicht hauptsächlich davon abhängig, daß die Eltern seine körperlichen Bedürfnisse befriedigen. Ein Baby entwickelt nicht automatisch eine enge Bindung an die Person, die es füttert, ihm die Windeln wechselt und so fort. Zweitens spricht nichts dafür, daß die Bindung durch die Länge des Zeitraums bestimmt wird, den ein Kind mit bestimmten Erwachsenen verbringt. So kann ein Baby durchaus häufiger von anderen Personen als von der Mutter versorgt werden und dennoch eine starke Mutterbindung entwickeln.[2]

Ausschlaggebend für das Aufbauen von Bindung und Vertrauen ist offenbar, welche Einstellung die Eltern zu ihrem Kind haben und in welchem Maße sie für seine Mitteilungen empfänglich sind. Vielleicht sprechen wir darum ganz anders auf unser Baby an als die Leute, in deren Obhut wir es geben, weil wir uns aufrichtig auf das Kind und eine langfristige Beziehung einlassen. Wir sind viel empfänglicher für die Vielfalt unterschiedlicher Botschaften, die Babies durch ihre Körpersprache, Glucksen und Weinen übermitteln. Noch einmal sei gesagt, daß der Erfolg dieser Interaktion nicht allein von uns Eltern abhängt, sondern gleichermaßen von der Wirksamkeit der kindlichen Äußerungen. Eine wirksame Bindung und ein starkes Gefühl von Vertrauen erwachsen aus diesem wunderbar vielgestaltigen nonverbalen Verständigungsprozeß mit unserem Baby.

Menschen, die beruflich mit der Pflege von Säuglingen und Kleinkindern zu tun haben, lassen sich dagegen nicht in solchem Maße auf ein Kind und eine langfristige Beziehung ein. Sie achten vielmehr darauf, keine enge Bindung zu entwickeln, weil sie wissen, daß es früher oder später zu einem Abbruch der Verbindung kommen wird, und sie sich nicht dem Trennungsschmerz aussetzen wollen.

Natürlich entwickeln auch Kinderpfleger und -pflegerinnen eine gewisse Bindung an das Kind – das ist nur menschlich. Gleichzeitig benutzen sie aber Strategien, um sich vor allzu großem Engagement zu schützen. Ich erinnere mich noch gut an die Zeit, während ich auf der Krebsstation eines Kinderkrankenhauses gearbeitet habe. Die Krankenschwestern hatten irgendwie gelernt, ihre Patienten liebevoll zu umsorgen, ohne allzu starke

Anteilnahme zu entwickeln. Sie wußten eben, daß manche Kinder die Klinik nicht lebend verlassen würden. Auch wenn dies ein Extremfall ist, so belegt er doch, warum die Betreuer von Säuglingen und Kleinkindern sich vor einer Einstellung hüten, die eine starke Bindung des Kindes an ihre Person ermutigen könnte.

Daher überrascht es nicht, daß neuere Forschungsergebnisse den Schluß nahelegen, daß Kinder auch dann eine starke Bindung an ihre Eltern und Vertrauen zu ihnen entwickeln, wenn sie, von den ersten Lebensmonaten angefangen, den Großteil des Tages über von einem Betreuer versorgt werden. (Diese Schlußfolgerung hat natürlich nur dann Gültigkeit, wenn die nicht-elterliche Betreuung intensiv und fachlich fundiert ist.) Heißt das, *quality time* [d. i. die Zeit der begrenzten intensiven Beschäftigung der Eltern mit ihren Kindern nach der Heimkehr von der Arbeit] sei der entscheidende Faktor? Gewiß bestimmt die Intensität der Wechselbeziehung zwischen Eltern und Kind ihre jeweilige Bindung aneinander. Selbst kurzzeitige Interaktionen vermitteln dem Kind ein wenig von der langfristigen Hingabe, Pflege und Sorge der Eltern. Und doch ist eine gewisse Zeitdauer erforderlich, um dem Kind die starke Anteilnahme seiner Eltern bewußt zu machen und sein Vertrauen zu stärken. Also eine knappe, wenn auch sehr intensive Zeitspanne von Zuwendung allein genügt nicht, auch Quantität ist vonnöten. Immerhin ist es beruhigend zu wissen, daß die Zeit, die wir auf die normale Pflege verwenden, ausreicht, um das Wachsen der kindlichen Elternbindung und des kindlichen Vertrauens zu gewährleisten.

Wie macht sich in diesem Zusammenhang überfordernde Erziehung im ersten Lebensjahr bemerkbar? Zur Beantwortung dieser Frage ist die Unterscheidung zwischen ›warmen‹ und ›kalten‹ Interaktionen hilfreich. Warme Eltern-Kind-Beziehungen sind bindungsfördernd und vertrauensbildend; kalte Interaktionen sind bindungshinderlich und fördern Mißtrauen. Im großen und ganzen neigen wir ganz von selbst zu warmen Interaktionen, weil wir unser Kind lieben und an ihm Freude haben. Solche Interaktionen erfolgen spontan und mühelos. Im Gegensatz dazu geschehen kalte Interaktionen bewußt und werden als mühsam empfunden.

Warme Interaktionsprozesse spielen sich ab, wenn wir während der üblichen Pflege wie Füttern, Trockenlegen, Baden und Trösten mit dem Baby sprechen, schmusen, spielen und ihm etwas vorsingen. So zeigen wir ihm auf vielfältige Weise, daß wir es mögen, wirklich gern mit ihm zusammen sind. Indem wir unsere Bindung an das Kind lebhaft und mit Wärme zum Ausdruck bringen, festigen wir seine Bindung an uns ebenso wie sein Vertrauen zu uns.

Kalte Interaktionen konzentrieren sich dagegen mehr auf die Aufgabe als auf das Kind. Sie sind mit Forderungen, strengen Blicken und harten Worten verbunden, mit der Androhung von Strafen oder, schlimmer noch, von Liebesentzug. Manchmal sind kalte Interaktionen natürlich unvermeidlich, besonders dann, wenn das Baby etwas tut, das ihm gefährlich werden könnte. In solchen Fällen spricht aus unseren schroffen Worten und barschem Tonfall die Sorge um das Wohlergehen des Kindes. Selbst kleine Kinder schienen jedoch den Unterschied zwischen kalten Interaktionen, die zu ihrem Besten sind, und solchen, die es nicht sind, zu erkennen.

Wir setzen die Elternbindung des Kindes und sein

Gefühl von Vertrauen aufs Spiel, wenn wir ihm die Lern-prioritäten von Erwachsenen aufzwingen, die notge-drungen eher sach- als kindbezogen sind. Ich habe ein-mal eine Mutter erlebt, die ihrem sechs Monate alten Kind Leselernkarten zeigte. Das Baby wand sich und schaute überall hin, nur nicht auf die Karten. Die Mutter blieb unerbittlich, und endlich erbrach sich der Kleine auf sein Lätzchen (womit er meinen Gefühlen exakten Ausdruck verlieh). Die Mutter aber war von ihrem Unterrichtsziel geradezu besessen und verkündete: »Wenn du dich nur bemühst, wirst du es schon lernen.« Das mag sein, aber nur, so steht zu befürchten, um den Preis eines gesunden Gefühls von Vertrauen.

Eine dauerhafte Elternbindung und ein gesundes Gefühl von Vertrauen sind der Grundstein für gesunde zwischenmenschliche Beziehungen in späterem Alter. Ein Kind, das eine bindende Beziehung und Vertrauen zu den Eltern entwickelt hat, wird später zu vertrauens-vollen Bindungen an Freunde und schließlich an einen Lebenspartner fähig sein. Bindung und Vertrauen sind allerdings auch für das Lernen entscheidend. Auf diese Tatsache bezog sich Freud, als er darlegte, daß die ›Über-tragung‹ (die Bindung des Patienten an den und sein Ver-trauen zu dem Therapeuten) für die Bereitschaft des Patienten bestimmend sei, sich zu ändern (zu lernen) und von der Therapie zu profitieren. Ebenso lernen viele Kinder zum Teil deswegen lesen, weil sie eine enge, ver-trauensvolle Bindung an Eltern haben, die selbst viel lesen und die Fortschritte des Kindes belohnen. Wie Benjamin Spock es formuliert:

Bevor Kinder mit formalem Unterricht beginnen, können sie in hohem Maße dadurch zum Lesen lernen motiviert werden, daß ihre Eltern ihnen vorlesen. Wenn sie geistig fähig werden, einzelne Buchstabenformen voneinander zu unterscheiden, wünschen sie vielleicht die Namen und Laute der Buchstaben zu erfahren. Sie freuen sich auf die Schule, wenn sie nicht durch negative Erfahrungen abgeschreckt werden.[3]

Kalte Eltern-Kind-Interaktionen mit dem Ziel, Kleinkindern Kunststücke beizubringen wie das Erkennen von Bildern, Zahlen oder Wörtern auf Leselernkarten überfordern sie und gefährden sowohl ihre Elternbindung als auch ihr Gefühl von Vertrauen. Und da die Elternbindung so entscheidend für das spätere Lernen ist, erreichen solche Väter und Mütter, die mittels kalter Interaktionen ihrem Kind einen Vorsprung in der Schule verschaffen wollen, häufig das genaue Gegenteil: Sie bringen ihr Kind ins Hintertreffen, weil die Bindungs- und Vertrauensfähigkeit, die für den späteren Lernerfolg unerläßlich sind, beeinträchtigt wurden.

Zwei weitere Erscheinungsformen von Bindung und Vertrauen müssen erwähnt werden. An dieser Stelle ist der Hinweis wichtig, daß eine gesunde Bindung an die Eltern und ein gesundes Vertrauen zu ihnen sich auf ganz unterschiedliche, sogar verdeckte Weise äußern können. Hingebungsvolle und warmen Interaktionen verpflichtete Eltern stellen manchmal mit Bestürzung fest, daß ihr kleines Kind irgendeinen Erwachsenen ihnen vorzuziehen scheint. Doch der Anschein trügt. Während meiner Arbeit in einer Kindertagesstätte erlebte ich folgendes: Am Ende eines Tages, gegen halb sechs, erschien ein Vater, um seine zehn Monate alte Tochter abzuholen, die den ganzen Tag im Hort verbracht hatte. Dieser Vater zog seine drei Kinder allein auf, von denen zwei bereits zur Schule gingen. Sie wollte er anschließend dort, wo sie den Nachmittag über betreut wurden, abholen.

Als er in den Raum trat, begann seine Tochter, die sich auf dem Arm einer Mitarbeiterin der Krippe befand, zu schluchzen und klammerte sich an deren Schulter. Ich konnte den Schmerz und die Enttäuschung auf seinem Gesicht kaum mitansehen, denn ich kannte ihn und wußte, daß sich seine Frau wenige Monate zuvor mit einem anderen Mann davongemacht hatte. Und ich wußte auch, daß er nach der Heimkehr das Abendessen zubereitete, die Kinder badete und zu Bett brachte und den Rest des Abends mit dem Abwasch, der Wäsche und den Vorbereitungen für den kommenden Tag beschäftigt war. Sein Lohn war die Gewißheit, daß es den Kindern an nichts fehlte und daß sie glücklich waren und ihn liebten.

Mir war klar, daß er sich schrecklich abgelehnt fühlte, als er sah, daß seine Tochter die Betreuerin ihm vorzuziehen schien. Glücklicherweise hatte ich den ganzen Tag im Kinderhort zugebracht und konnte den Vater deshalb beruhigen, daß das Verhalten der Kleinen wirklich nicht das bedeutete, was er befürchtete. An diesem Tag war es in der Krippe chaotisch zugegangen, eine schwierige Situation war auf die andere gefolgt. Die ganze Zeit über hatte die Kleine still in ihrem Bettchen gespielt. Erst als sie ihren Vater sah und sich in seiner Nähe geborgen fühlte, traute sie sich zu weinen.

Die Elternbindung eines Kindes und sein Vertrauen zu Mutter und Vater können indes auch eine weniger glückliche Ausprägung erfahren. Manche Eltern, denen es gelingt, im ersten Lebensjahr eine gesunde, vertrauensvolle Beziehung zu ihrem Kind aufzubauen, mißbrauchen diese in späteren Jahren. Sobald ein Kind nämlich eine Bindung an die Eltern und Vertrauen zu ihnen entwickelt hat, ermuntert die daraus resultierende ungeheure Motivation des Kindes zu Erziehungspraktiken, die es schlicht überfordern. Ein Kleinkind zum Beispiel, das scheinbar gern zum Ballett-, Tennis- oder Geigenunterricht geht, tut dies häufig einzig und allein deshalb, weil es den Eltern eine Freude machen will.

Vielen Eltern, die ihr Kind Ballett-, Tennis- oder Geigenstunden nehmen lassen, fällt es schwer, diese Tatsache einzusehen. Immer wieder höre ich im Gespräch mit solchen Eltern: »Aber sie liebt den Ballettunterricht und wäre todunglücklich, wenn ich sie da herausnähme.« Selbstverständlich gibt es Kleinkinder, denen der Unterricht wirklich Spaß macht, vor allem dann, wenn sie an einen einfühlsamen und behutsamen Lehrer geraten, der sich auf das erstaunliche und doch begrenzte Repertoire ihrer Fähigkeiten einzustellen vermag. Bei der Mehrzahl der Kinder aber ist das Hauptmotiv für ihr Mitmachen der Wunsch, ihre Eltern zu erfreuen. Schließlich sind es ja in erster Linie die Eltern und nicht das Kind, die sich für den Besuch eines Kurses entscheiden. Was weiß ein drei- oder vierjähriges Kind schon vom Ballett, vom Tennis oder vom Geigenspiel?

In falscher Erziehung kann das Ausnutzen der Elternbindung unbewußt und trotzdem tödlich sein. Ein Syndrom, mit dem ich bei älteren Kindern zu tun hatte, macht deutlich, auf welche Weise die Elternbindung eines Kindes mißbraucht werden kann. Zum erstenmal begegnete mir dieses Syndrom, als ich eine Schule für sogenannte ›lernschwierige‹ Kinder leitete (für durchschnittlich begabte Kinder, die aber hinter dem Leistungsstand ihrer Altersgenossen zurückgeblieben sind). Im zweiten Jahr kam ein Kind zu uns, das uns allen ein

Rätsel war. Seither habe ich eine ganze Reihe ähnlicher Kinder gesehen, und in Ermangelung einer besseren Beziehung nenne ich sie ›unmögliche‹ Kinder.

Eine Beschreibung dieses bestimmten kleinen Mädchens soll das Syndrom veranschaulichen. Sie war acht Jahre alt, mager, sah durchschnittlich aus und hatte eine hohe, weinerliche Stimme. Sie fiel mir zum erstenmal auf, als es kalt wurde (die Schule lag in Rochester, New York). Sie kam nämlich in dünner Jacke, Rock und Blüschen, in Sommerkleidung also, zur Schule. Und was sie sich zum Mittagessen mitbrachte, war geradezu ein Skandal. Meist waren es leere Eiskremtüten und ungekochte Fertiggerichte. Mitfühlende Lehrer und Schüler teilten oft ihr eigenes Mittagessen mit ihr.

Trotzdem war sie in der Schule unausstehlich. Sie zerstörte die Arbeiten anderer Kinder, bekam Wutanfälle, wenn etwas nicht nach ihrem Kopf ging, und bestahl andere Kinder ebenso wie die Schule. Zunächst versuchten wir es mit dem Allheilmittel liebevolle Zuwendung, da wir in unserer Naivität fest daran glaubten, daß Liebe alle Probleme lösen werde. Eine Zeitlang half es: Sie wirkte umgänglicher und fügsamer. Sobald wir aber in unserer Wachsamkeit nachließen, schlug sie wieder zu.

Ich bat die Eltern zu einem Gespräch, um eine gemeinsame Vorgehensweise zu beraten. Während die Mutter und der Vater erzählten, entstand allmählich ein vollkommen anderes Bild — zu meiner großen Überraschung. Das Paar kam offensichtlich nicht gut miteinander aus, und die Mutter schien weder eine enge Bindung an das Kind noch an dessen Vater zu besitzen. Außerdem wurde deutlich, daß diese Mutter ein ›unmögliches‹ Kind wollte, sogar brauchte.

Obwohl sie keine enge Bindung an das Kind besaß, war sie sich doch darüber im klaren, daß sie es sich in dieser Gesellschaft nicht erlauben konnte, ihr Kind offen abzulehnen. Und so ermutigte sie ihr Kind immer wieder auf sublime Weise, sich unmöglich zu machen, etwa wenn sie ihm die Zusammenstellung seines Mittagessens und die Wahl seiner Kleidung überließ. Denn wenn ihre Tochter sich unmöglich verhielt – und das hatten wir alle ja festgestellt –, erschien ihre Ablehnung des Kindes sowohl verständlich als auch akzeptabel. Und so gelang es ihr, die Mutterbindung ihrer Tochter zu benutzen, um sie zu einem unmöglichen Benehmen zu ermutigen, das wiederum ihr es erlaubte, das Kind in aller Offenheit abzulehnen, ohne sich schämen oder das Mißfallen der Gesellschaft fürchten zu müssen.

Zugegeben, solche Kinder sind eher die Ausnahme als die Regel, aber sie belegen die Macht der Eltern-Kind-Bindung und des kindlichen Vertrauens. Wir erziehen unsere Kinder falsch, wenn wir diese Bindung und dieses Vertrauen im ersten Lebensjahr durch unsinnige kalte Interaktionen aufs Spiel setzen oder sie in späteren Jahren mißbrauchen. Andererseits wird ein Kind, das vornehmlich warme Interaktionen erfahren hat, eine starke Bindungsfähigkeit und gesundes Vertrauen entwickeln und somit eine solide Grundlage für stabile zwischenmenschliche Beziehungen im Erwachsenenalter erwerben.

Autonomie gegen Scham und Zweifel

Im zweiten und dritten Lebensjahr entwickeln Kinder zunehmend Kontrolle über ihre Körper. Die Kleinen beginnen zu laufen, zu klettern, sich festzuhalten und loszulassen, selbständig zu essen und zeigen sogar Bereitschaft zur Reinlichkeitserziehung. Erikson sagt, daß die Reifung des muskulären Systems die nächste Krise der menschlichen Persönlichkeit auslöst; in dieser Phase entscheidet sich, welche Grundhaltung überwiegen wird: *Autonomie* oder *Scham* und *Zweifel*. Wenn die Eltern ihr Kind bei der Ausbildung derjenigen motorischen Fähigkeiten unterstützten, die seinem Alter angemessen sind, so wird es ein starkes Gefühl von Autonomie — Herr seiner selbst zu sein — entwickeln. Im späteren Leben wirkt sich dies in Form einer gesunden Unabhängigkeit aus, in der Bereitschaft, Stellung zu beziehen und die Verantwortung für die eigenen Überzeugungen und Handlungen zu übernehmen.

Wenn Eltern hingegen ihrem Kind zu früh die Beherrschung seiner Körperfunktionen abverlangen und/oder über sein Versagen spotten, lachen oder in Zorn geraten, wird das Kind ein Gefühl von Scham über sein sichtbar werdendes Versagen erfahren und zudem an seiner Fähigkeit zu zweifeln beginnen, den eigenen Körper zu beherrschen. Wenn die Eltern an diesem Erziehungskurs festhalten, wird das Gefühl von Scham und Zweifel das von Autonomie übersteigen. Erikson beschreibt die Folgen so:

Denn wenn dem Kinde die allmähliche und gelenkte Erfahrung der Autonomie der freien Wahl vorenthalten wird (oder wenn es schon durch den Verlust des Urvertrauens geschwächt ist), so kehrt es all seinen Erkenntnis- und Forschungsdrang gegen sich selbst. Es wird sich übermäßig mit sich selbst beschäftigen, ein frühreifes Gewissen entwickeln. Statt die Welt der Dinge in Besitz zu nehmen und sie in zielbewußter Wiederholung auszuprobieren, konzentriert sich das Kind zwanghaft auf seine eigenen, sich wiederholenden Körpervorgänge. Durch diese Selbstbezogenheit lernt es dann natürlich, seine Umgebung erneut auf sich zu lenken und durch eigensinnige, bis ins einzelne gehende Forderung pünktlicher Beachtung dort eine Macht auszuüben, wo es die größere wechselseitige Regulierung nicht erreichen konnte. Solche Pyrrhussiege sind die kindliche Form einer späteren Zwangsneurose. Sie sind auch die kindliche Quelle späterer Versuche, im Erwachsenenleben den Buchstaben statt den Geist walten zu lassen.[4]

Scham ist eine noch ungenügend untersuchte Empfindung, weil sie in unserer Kultur schon so früh und leicht im Schuldgefühl untergeht. Der sich Schämende nimmt an, daß er rundherum allen Augen ausgesetzt ist, er fühlt sich unsicher und befangen. Er ist den Blicken der Welt noch dazu höchst unvorbereitet ausgesetzt; so träumt man in Scham-Träumen, daß man unvollständig bekleidet, im Nachthemd, ohne Hosen, dasteht. Scham drückt sich frühzeitig in dem Impuls aus, das Gesicht zu verstecken, am liebsten jetzt und hier in die Erde zu versinken. Es handelt sich dabei aber wohl um einen gegen das Ich gekehrten Zorn. Der Schamerfüllte möchte vielmehr die Welt zwingen, ihn nicht anzusehen oder seine beschämende Situation nicht zu beachten ...

Zu viel Beschämung führt nicht zu echtem Wohlverhalten, sondern zu dem geheimen Entschluß, unentdeckt zu tun, was man will — falls nicht tatsächlich herausfordernde Schamlosigkeit das Ergebnis ist.[5]

Erikson hat sich in seinem Werk auf Freud Theorien der frühkindlichen Sexualität und die spätere Formung des Charakters gestützt und sie erweitert. Während Erikson seine Theorie auf das Training der Körperbeherrschung im allgemeinen ausdehnte, beschränkte sich Freud in der Auswertung seiner Untersuchungen darauf, die Beziehungen zwischen den spezifischen Typen der Reinlichkeitserziehung in der Kindheit und bestimmten Charaktereigenschaften in der Adoleszenz aufzuspüren.

Die Personen, die ich beschreiben will, fallen dadurch auf, daß sie in regelmäßiger Vereinigung die nachstehenden drei Eigenschaften zeigen: sie sind besonders *ordentlich, sparsam* und *eigensinnig.* Jedes dieser Worte deckt eigentlich eine kleine Gruppe oder Reihe von miteinander verwandten Charakterzügen. ›Ordentlich‹ begreift sowohl die körperliche Sauberkeit als auch Gewissenhaftigkeit in kleinen Pflichterfüllungen und Verläßlichkeit; das Gegenteil davon wäre: unordentlich, nachlässig. Die Sparsamkeit kann bis zum Geize gesteigert erscheinen; der Eigensinn geht in Trotz über, an den sich leicht Neigung zur Wut und Rachsucht knüpfen. Die beiden letzteren Eigenschaften – Sparsamkeit und Eigensinn – hängen fester miteinander als mit dem ersten, dem ›ordentlich‹, zusammen; sie sind auch das konstantere Stück des ganzen Komplexes; doch erscheint es mir unabweisbar, daß irgendwie alle drei zusammengehören.[6]

Freud erklärte diese Verhaltensweisen im Zusammenhang mit seiner Theorie der infantilen Sexualität. (Hier sei daran erinnert, daß Freud den Begriff ›Sexualität‹ in bezug auf die frühe Kindheit im weiteren Sinne benutzte, nämlich als ein Reizschema, das mit allmählich steigender Erregung und plötzlichem Nachlassen des Reizes sowohl für den Nahrungs- und Ausscheidungsals auch für den Geschlechtstrieb charakteristisch ist. Das Hungergefühl zum Beispiel baut sich innerhalb mehrerer Stunden langsam auf und schwindet sofort, wenn wir Nahrung aufnehmen. Genauso baut sich der Stuhldrang allmählich auf und verschwindet sofort, wenn Ausscheidung stattfindet. Der Geschlechtstrieb folgt offenbar demselben Schema. In diesem umfassenderen Sinn – Übereinstimmung der Reizschemata – kann der Nahrungs- und Ausscheidungstrieb des Kindes als ›sexuelle‹ Energie bezeichnet werden.) In den ersten Lebensjahren sind zunächst die orale, dann die anale Zone des Körpers die Zentren des Lustgewinns. Kinder, die aus dem Analbereich außergewöhnliche Befriedigung beziehen, halten den Stuhl wegen des Lustgewinns länger als notwendig zurück und sind schließlich darauf fixiert, ihre Befriedigung aus ›Festhalten‹ und ›Nicht-Loslassen‹ zu gewinnen. Im Erwachsenenalter wirkt sich das dann als das ›Festhalten und nicht Hergeben‹ von Geld (Geiz), das ›Festhalten und Nicht Hergeben‹ von Vorstellungen (Starrsinn) und das ›Festhalten und nicht Hergeben‹ von Dingen (Ordnungssucht) aus.

So kommen Erikson und Freud von geringfügig differierenden theoretischen Ansätzen her beide zu dem Schluß, daß das Training der willkürlichen aktiven Muskelbewegung für die spätere Persönlichkeitsentwicklung von entscheidender Bedeutung ist. Daher ist es aufschlußreich, zunächst einmal zu betrachten, was allgemein als gesunde Reinlichkeitserziehung anerkannt wird, bevor wir uns bestimmten feinmotorischen Fertigkeiten zuwenden, die ausschlaggebend dafür sein können, welche Grundhaltung beim Kind später die Überhand gewinnen wird – das Gefühl von Autonomie oder das von Scham und Schuld.

Reinlichkeitserziehung

Da kein Kind wie das andere ist und Kinder jeweils ihrem eigenen, individuellen Entwicklungsplan folgen, läßt sich keine allgemeingültige Regel für den Beginn der Reinlichkeitserziehung aufstellen. Sie kann nur dann zum Erfolg führen, wenn das Kleinkind bereits eine gewisse Kontrolle über seine Muskeln gewonnen hat und sein Nervensystem hinreichend entwickelt ist. Die Fähigkeit eines Kindes festzustellen, daß der Darm oder die Blase gefüllt ist, und die Muskeln dieser Organe zu beherrschen, verlangt eine vielschichtige Koordination von intellektuellen, emotionalen und motorischen Fähigkeiten, die — zumindest zum Teil — vom Entwicklungsstand des Nervensystems abhängen.

Im allgemeinen richtet sich die Erziehung zur Sauberkeit zuerst auf den Darm, dann auf die Blase. Die Zeit zwischen dem 18. und 28. Monat ist gewöhnlich das beste und erfolgversprechendste Alter hierfür. Etwa 80 Prozent der Kinder sind mit 27,7 Monaten sauber. Mit dem Ausreifen des Nervensystems erhalten Kleinkinder ›Körpersignale‹, wenn ihr Darm oder ihre Blase gefüllt ist, und sie entdecken, daß sie den Vorgang der Entleerung durch das Zusammenziehen oder Entspannen ihrer Muskeln steuern können. Und sie entdecken auch, daß sie die Entleerung ›zurückhalten‹ und hinauszögern können. Wenn Kinder die ersten Elemente von Sprache erwerben, beginnen sie, bestimmte Wörter gedanklich mit den Gefühlen und Anstrengungen, die sie dabei erfahren, zu verknüpfen.

Wenn wir glauben, daß ein Kind für die Reinlichkeitserziehung bereit ist — und das heißt, wenn es sich seiner Körperbewegungen erkennbar bewußt geworden ist —, können wir es zu einer Zeit, da es gewöhnlich seinen Darm entleert, meist nach dem Frühstück, aufs Töpfchen setzen. Dabei müssen wir ihm erklären, was wir von ihm wollen. Wir können zum Beispiel sagen: »Laß los!« Es ist gleich wichtig, die Erfolge des Kindes zu loben, wie nicht die Fassung zu verlieren, wenn es ihm nicht sofort gelingt oder wenn es hin und wieder Rückfälle erlebt.

Eine Warnung: Es ist keine gute Idee, mit der Reinlichkeitserziehung gerade dann zu beginnen, wenn in der Familie emotionale Unruhe herrscht, etwa bei der

Geburt eines weiteren Kindes, während eines Umzugs oder eines längeren Besuchs der Großeltern. Wirksame Erziehung zur Sauberkeit verlangt eine behagliche, entspannte Atmosphäre für Eltern und Kind. Existiert die nicht, so sollte man besser warten, bis sich die Situation wieder beruhigt hat. Nichts ist verloren und viel zu gewinnen, wenn Sie den Beginn des ›Trainings‹ um ein oder zwei Monate verschieben.

Ich bin hier ins Detail gegangen, weil die Reinlichkeitserziehung den ersten Zeitpunkt darstellt, da Eltern wirklich eingreifen und ihr Kleinkind erziehen müssen. Oberflächlich gesehen mag es vielleicht als einfach erscheinen, doch ich habe beschrieben, wie komplex die Erziehung zur Sauberkeit in Wirklichkeit ist. Wir müssen warten, bis das Kind in seiner physischen wie intellektuellen und emotionalen Entwicklung reif dafür ist. Der Beginn der Reinlichkeitserziehung erfordert seitens der Eltern sorgfältige Beobachtung, gar nicht zu reden von der immensen Geduld und unerschütterlich guten Laune. Gerade weil dieses Erziehungsziel so vieles miteinschließt, weil es der Individualität jedes einzelnen Kindes angepaßt werden muß und weil es Eltern und Kind einiges abverlangt, ist angemessene Reinlichkeitserziehung ein gutes Beispiel für gesunde Erziehung und ein Standard, an dem sich motorische Fehlerziehung messen lassen muß.

Neben der von uns geförderten Entwicklung der motorischen Fähigkeiten des Kindes ist die Entwicklung eines gewissen Maßes an Scham und Zweifel unerläßlich, um ein gesundes Gefühl von Autonomie auszugleichen. Das wachsende Gefühl von Macht und Kontrolle muß bei dem Kleinkind mit einem Interesse an den Reaktionen anderer und der Anerkennung durch sie verbunden sein. Entscheidend dabei ist, daß das Gefühl von Autonomie das Gefühl von Scham oder Zweifel überwiegt. Es liegt an uns, das wachsende Gefühl von Autonomie mit Wärme und Zuspruch zu unterstützen und zu fördern. Je besser uns das gelingt, desto wahrscheinlicher wird dieses Gefühl gefestigt und sich schließlich als stärker erweisen als das Gefühl von Scham und Schuld. Wir Eltern sind allerdings auch nur Menschen, und unsere gelegentlichen Anfälle von Enttäuschung und Frustration können zur Ausbildung jenes Quentchens von Scham und Zweifel beitragen, das notwendig ist, um bei einem Kleinkind das zunehmende Gefühl von Autonomie auszubalancieren.

Bevor wir uns anderen die Autonomie des Kleinkinds gefährdenden Formen der Übererziehung zuwenden, müssen wir weitere Aspekte der motorischen Entwicklung betrachten. Während Freud die Reinlichkeitserziehung als bestimmend für die spätere Persönlichkeitsentwicklung ansah, hielt Erikson dagegen, daß alle Formen der Bewegungserziehung darüber entscheiden, welche Grundhaltung — Autonomie oder Scham und Schuld — das Persönlichkeitsbild prägen wird.

Andere motorische Fertigkeiten

Zur Förderung der kleinkindlichen Bewegungen und seiner Autonomiebestrebungen ist es nützlich, die Entwicklungsfolge der motorischen Fähigkeiten zu kennen. Mit zwei Jahren können die meisten Kinder ihre Muskeln soweit koordinieren, daß sie zum Beispiel in der Lage sind zu kritzeln (am liebsten mit einem Buntstift), mit einer stumpfen Kinderschere in Papier zu schneiden und vier oder fünf Bauklötze aufeinanderzutürmen. In diesem Alter können Kinder auch Perlen oder Spulen auf einen Schnürsenkel auffädeln und lernen, einen Löffel oder eine Gabel zu benutzen, wenn auch unter viel Geklecker. In diesem Alter sind sie allerdings noch nicht richtig daran interessiert, sich eigenständig anzuziehen, auch deshalb nicht, weil ihnen dazu die motorischen Fähigkeiten fehlen. Inzwischen gibt es allerdings weit geschnittene Kinderkleidung ohne schwierige Verschlüsse, die es kleineren Kindern leichter macht, sich selbst anzuziehen.

Es ist zwar wichtig, daß wir die Bemühungen des Kindes in diesen Bereichen anerkennen und es ermutigen, wir dürfen seine Erfolge und Mißerfolge aber auch nicht überbewerten. Motorische Fertigkeiten zu erlernen erfordert Zeit; daher sollten wir uns nicht aufregen, wenn Kinder bei dem Versuch, selbständig zu essen, ein bißchen kleckern. Natürlich ist es eine Sache, wenn sie nur im Essen herumpanschen. Wenn sie sich aber ernsthaft bemühen, sollten wir sie dabei unterstützen und uns nicht allzu sehr über die entstandenen Flecken aufregen. Auf diese Weise fördern wir ihre Autonomie.

Im Alter von drei Jahren haben Kinder in den feinmotorischen Fähigkeiten erhebliche Fortschritte gemacht, auch wenn es im einzelnen große Unterschiede gibt. Die meisten Kinder dieser Altersstufe können, wenn man ihnen Gelegenheit dazu gibt, mit einem Bleistift einen groben Kreis nachzeichnen und einen Turm aus mehr als fünf Klötzen bauen. Außerdem sind sie in der Lage, einen Kindertisch zu decken, wenn ihnen gesagt wird, wie man es macht; sie können mit der Gabel essen, beim

Füttern eines Haustiers helfen und verschüttete Dinge aufwischen. Kinder sind in diesem Alter eifrige und willige Helfer. Wenn wir ihnen erlauben mitzuhelfen, können wir sie in ihrem gesunden Gefühl von Autonomie bestärken.

Wir Erwachsenen vergessen manchmal, daß manche motorischen Probleme bei kleinen Kindern daher rühren, daß die Mehrzahl der Dinge im Haushalt − angefangen bei Türklinken, Stühlen und Tischen bis hin zu Messern, Gabeln, Gläsern und Tellern − für die Hände und die Kraft von Erwachsenen entworfen sind. Angesichts dieser Tatsache führte Maria Montessori in ihren Vorschulklassen Kindertische und -stühle ein. Wir können dem Kind helfen, selbständige Fertigkeiten zu erwerben, indem wir Haken und Sprossen so niedrig anbringen, daß es allein etwas aufhängen kann (Kleidungsstücke mit Schlaufen zum Aufhängen sind für diese Altersgruppe am geeignetsten). Wir können auch das Badezimmer mit einfachen Mitteln kindgerechter gestalten. Hierzu benötigen wir nur einen kippsicheren Stuhl oder Kasten, damit das Kind sich darauf stellen kann, und niedrig angebrachte Haken für sein eigenes Handtuch und seinen eigenen Waschlappen.

Es muß noch einmal betont werden, daß Kinder diese Fertigkeiten erst lernen müssen − man darf sie also nicht drängen. Kinder schätzen es, sich selbst zu versorgen und dadurch ihre Unabhängigkeit und Selbständigkeit zu beweisen, doch manchmal ängstigt sie diese neuerworbene Autonomie ein wenig; dann wollen sie wieder von den Eltern umhegt werden. Dabei handelt es sich in der Regel nur um zeitweilige Regressionen, die wir mit Gelassenheit hinnehmen sollten − und mit dem Eingeständnis, daß auch wir Erwachsene uns manchmal vor dem Bettenmachen, Spülen oder Rasieren drücken. Es macht Spaß und ist aufregend, größer und damit unabhängig und selbständig zu werden; hin und wieder kann es aber auch ein bißchen Angst machen, und dann ist es gut zu wissen, daß die Eltern zur Rückenstärkung da sind.

Ich habe versucht darzulegen, daß es darauf ankommt, einen gesunden Mittelweg zu finden: weder alles für die Kinder zu tun noch alles zu unterlassen und gleichzeitig zu erwarten, daß sie mit der Welt im Erwachsenenformat zurechtkommen. Das beste Mittel, ihre Autonomie zu stärken, besteht darin, zwar von den Kindern zu erwarten, daß sie sich selbst helfen, ihnen dies aber dadurch zu erleichtern, daß man ihnen kindgerecht verkleinerte Gebrauchsgegenstände gibt oder die zu erwerbenden Fertigkeiten in kleinere, einfacher zu lernende Schritte aufgliedert, wo immer dies möglich ist.

Motorische Fehlerziehung
Motorische Fehlerziehung erwächst aus dem Glauben, daß ein Kind, welches eine bestimmte motorische Fertigkeit früher als andere Kinder erwirbt, diesen gegenüber einen Vorsprung gewinnt. Forschungsergebnisse unterstützen diese Annahme keineswegs. John Watson gelang zum Beispiel, ein Kind im Alter zwischen sechs und acht Wochen auf Sauberkeit zu konditionieren – mit Hilfe von Zäpfchen![7] In all diesen Fällen früher Darm- und Blasenkontrolle stellt sich indes bei genauer Betrachtung heraus, daß die Eltern und nicht der Säugling darin Übung bekommen.[8] Überdies funktioniert dieses frühe konditionierende Training nicht mehr, sobald die willent-

liche Mitarbeit des Kindes erforderlich wird.[9] (Und wie sich dieses Training auf das Gefühl von Vertrauen und Autonomie auswirkt, kann man sich unschwer vorstellen.)

Ähnliche Schlußfolgerungen lassen sich aus zwei Untersuchungen über eineiige Zwillinge ziehen. In beiden wurde jeweils einem Zwilling eine motorische Fertigkeit beigebracht, wie Treppensteigen oder die Handhabung von Würfeln, und dem anderen nicht. Beide Untersuchungen ergaben, daß dieser andere Zwilling, die jeweilige Fertigkeit müheloser erwarb, wenn er in einem späteren Alter damit konfrontiert wurde. Nachdem er diese Fertigkeit gelernt hatte, gab es keinen Unterschied zwischen ihm und seinem Zwilling, der sie frühzeitig erworben hatte.[10] Natürlich ist das Einüben von Fertigkeiten wichtig, doch gestaltet es sich effektiver und effizienter, wenn man damit wartet, bis das Kind dazu physisch bereit ist.

Dies wird von denen ignoriert, die Eltern Lernprogramme zur Förderung motorischer Fähigkeiten offerieren. Solche Fertigkeiten sind nicht nur wertlos, sie gefährden beim Kind auch das Gefühl von Autonomie. Lesen Sie nur einmal die folgenden Anweisungen für Eltern, die einem Buch über den Schwimmunterricht für Säuglinge entnommen sind:

Durch einen Ruck bringt sich das Baby von der Bauch- in die Rückenlage – d. h. im Wasser von einer Position mit dem Gesicht nach unten in eine Position mit dem Gesicht nach oben. Beginnen Sie damit, daß Sie das Kind von den Stufen zu sich heranziehen, und lassen Sie es dabei treiben. Dann halten Sie, direkt vor ihm stehend, seinen Kopf zwischen beiden Händen. Drehen sie den Kopf sanft, bis der Körper folgt und sich in die Rückenlage dreht. Das schwierigste ist hierbei für die meisten Ausbilder, den Kopf des Babys während der Drehung in gleicher Höhe des Wasserspiegels zu halten. Heben Sie seinen Kopf nicht aus dem Wasser: Drehen Sie einfach seinen Kopf, bis das Gesicht oben ist. Sobald das Kind auf dem Rücken liegt, nehmen Sie es auf. Denken Sie daran, wir wollen nicht, daß es jetzt schon über seine Rückenlage nachdenkt. Wie immer wiederholen wir diese Übung in rascher Folge, mit gelegentlichen Umarmungen zwischendurch.[11]

Ich kann nur für mich selbst sprechen, aber allein das Lesen dieser Anweisungen macht mich schaudern. Solche Prozeduren gefährden mit Sicherheit das Gefühl von Bindung und Vertrauen, vom keimenden Autonomiegefühl gar nicht zu reden. Dies ist ein klarer Fall von Übererziehung, die das Kind nicht nur physischen Risiken aussetzt (Mittelohrentzündung, Ersticken, Durchfall), sondern auch bleibende Störungen auslösen kann — ohne plausible Gründe.

Lernprogramme, die Drei- und Vierjährigen Ski laufen, Tennisspielen, Karate und Turnen beibringen sollen, stellen eine ähnliche Form der Fehlerziehung dar. Die meisten motorischen Fertigkeiten, die Kinder spontan ausüben, erfordern nicht viel Unterweisung. Mit Löffel und Gabel zu essen, zu kritzeln, den Tisch zu decken und dergleichen mehr können sie sich fast ausschließlich durch Nachahmung aneignen, was der natürliche Weg für Kinder ist, motorische Fertigkeiten zu erwerben. Um Ski laufen, Tennisspielen oder Ballettschritte zu lernen, benötigt das Kind indes Unterweisung. Nachahmung spielt dabei zwar auch eine Rolle, doch sind die Fertigkeiten zu komplex, als daß Nachahmung dem Kind viel bringen würde. Sehr kleine Kinder, die solchen Formen von Unterricht unterzogen werden, drohen allzu abhängig von Anweisungen und Anleitungen seitens der Erwachsenen zu werden. Ihr keimendes Gefühl von Autonomie wird sinnlos gefährdet.

Die ersten drei Lebensjahre entscheiden darüber, ob das Kind ein gesundes Gefühl von Vertrauen und Autonomie erwirbt, das stärker ist als sein Gefühl von Mißtrauen, Scham und Zweifel. Überfordernde Erziehung in Form frühen Unterrichts setzt dieses Gefühl von Vertrauen und Autonomie aufs Spiel, ohne daß sie irgendeinen beweisbaren Nutzen erbringt. Von derartigen motorischen Unterrichtsprogrammen für Säuglinge und Kleinkinder profitieren einzig und allein deren Verkäufer.

Initiative und Zugehörigkeit gegen Schuldgefühl und Ausgegrenztsein

Initiative ist individuell, Zugehörigkeit ist sozial. Im vierten und fünften Lebensjahr – wenn Kinder drei und vier Jahre alt sind – stellen sich die psychosozialen Krisen dieser Grundhaltungen ein. Erik Erikson zufolge entscheidet sich in dieser Phase, ob das Gefühl von *Initiative* oder das Gefühl von *Schuld* bei einem Kind stärker ausgeprägt sein wird. Und da das Kind jetzt mit Gleichaltrigen interagiert, entscheidet sich ebenfalls in dieser Zeit, welche Grundhaltung überwiegen wird – das Gefühl von *Dazugehören* oder das von *Ausgegrenztsein*.

Wie in den früheren Krisen spielen Eltern auch bei der Lösung dieser eine entscheidende Rolle. Weil aber viele Kinder in diesem Alter zumindest einen Teil des Tages in außerfamiliären Einrichtungen verbringen, beeinflussen auch die dort gemachten Erfahrungen des Kindes die Lösungen dieser Krisen. In dieser Lebensphase kann außerfamiliäre Fehlerziehung also zu den negativen wie positiven Lösungen der psychosozialen Krisen beitragen.

Initiative gegen Schuldgefühl

Erikson beschreibt in der ihm eigenen präzisen und anschaulichen Sprache die ›Krise der Initiative‹:

> Bei jedem Kind entfaltet sich in jeder Phase ein neues Wunder lebenskräftigen Erblühens, das eine neue Hoffnung und eine neue Verantwortung für alle bildet. So ist es mit dem Gefühl und der alles durchdringenden Qualität der Initiative. Die Kriterien für all diese Gefühle und Qualitäten sind die gleichen: eine Krise, mit mehr oder weniger unsicherem Umhertasten belastet, löst sich, indem das Kind plötzlich wieder in seiner Persönlichkeit und in seinem Körper ›zusammenzuwachsen‹ scheint. Es erscheint ›mehr es selbst‹ zu sein, liebevoller, entspannter, sicherer in seinem Urteil, aktivierter und aktivierender. Es verfügt frei über einen Energieüberschuß, der ihm erlaubt, Mißerfolge schnell zu vergessen und mit unverminderter und besser gerichteter Zielstrebigkeit anzugehen, was ihm erstrebenswert erscheint (selbst wenn das auch unsicher und sogar gefährlich aussieht). Die Initiative fügt zur Autonomie die Qualität des Unternehmens, Planens und ›Angreifens‹ einer Aufgabe um der Aktivität und Beweglichkeit willen, wo zuvor viel häufiger Eigensinn Akte des Trotzes veranlaßte, oder mindestens aus diesen Motiven Unabhängigkeit verteidigt wurde.[1]

Das Gefühl von Initiative kommt in vielen unterschiedlichen Bereichen zum Ausdruck, besonders deutlich wird es in der wachsenden Befähigung des Kindes zu verbalen Interaktionen. Da solche Interaktionen ein Feld für Übererziehung wie auch für gesunde Erziehung darstellen, bietet es sich an, die Krise mit den Polen Initiative und Schuldgefühl anhand dieser Interaktionen zu beschreiben.

Die Entwicklung der verbalen Interaktionen

Wir wissen jetzt, daß die verbalen Beziehungen zwischen Eltern und Kind Teil eines sehr komplexen Prozesses sind, der mehr als nur das gesprochene Wort einschließt.[2]

Eltern und Kind bewegen sich vielmehr in einem komplexen und umfassenden Sprachmilieu, das alles enthält, wodurch wir uns dem Kind mitteilen, und in dem das Kind lernt, sich selbst solcher Mittel zu bedienen – Intonation, Mimik, Sprachmuster, Rhythmus. Zum erstenmal eine Sprache zu lernen bedeutet mehr, als sich Wortschatz und Grammatik anzueignen: Man lernt auch, ein menschliches Individuum zu sein und zu einem anderen Menschen eine Beziehung zu finden; man erwirbt weiter die Denk- und Empfindungsweisen, die den Menschen dieses Sprachraums eigen sind; und man erlernt eine Kultur.

Im ersten Lebensjahr beginnt das Kleinkind in einem ersten Schritt der Sprachaneignung das zu benutzen, was Jean Piaget[3] »Zeichen« und »Signale« nennt. Ein Zeichen ist ein Teil dessen, was es bezeichnet, der Teil eines Ganzen. Nach ein paar Lebenswochen kann der Säugling zum Beispiel bereits die Stimme der Mutter von anderen Stimmen unterscheiden. Die Stimme der Mutter kann also ein Zeichen der ›ganzen‹ Mutter sein, wenn das Kind sie hört, aber nicht sieht. Ein Säugling, der sich an der Stimme der Mutter orientiert, selbst wenn sie nicht im Zimmer ist, reagiert auf ein Zeichen.

Ein ›Signal‹ ist eine willkürliche Entscheidung. Nehmen wir einmal an, daß sich das Kinderzimmer im ersten Stock befindet und daß eine der Treppenstufen knarrt. Wann immer die Mutter die Treppe hinaufsteigt, um ihr Baby zu füttern, geht ihrem Erscheinen das Geräusch der knarrenden Stufe voraus. Nachdem das Baby einige Monate lang den Zusammenhang zwischen knarrender Stufe und Mutterbrust erfahren hat, wird es sich am Geräusch des Stufenknarrens orientieren und schon saugende Bewegungen machen, noch bevor die Mutter auftaucht.

Im zweiten Lebensjahr erreicht das Kleinkind ein neues Sprachniveau; es erwirbt nämlich die Fähigkeit, Sprache schöpferisch zu gebrauchen. Jetzt lernt es, den Klang der von den Eltern gesprochenen Sprache nachzuahmen, und beginnt damit, selbst ein paar Wörter wiederzugeben. Die einzelnen Wörter repräsentieren allerdings meist ganze Sätze: »Auf« bedeutet »Nimm mich auf den Arm«; »Milch« heißt »Ich möchte Milch«. Dies ist ein erstes Kennzeichen dafür, daß sich das Kind das sprachliche Symbolsystem anzueignen beginnt, da es Sprache ›kreativ‹ verwendet. Wir Eltern sprechen ja nicht in Ein-Wort-Sätzen mit dem Kind; es ahmt also nicht nach, sondern wird selbst schöpferisch tätig.

Die Fähigkeit des kleinen Kindes, Symbole neu zu verwenden, ja sogar neue Symbole zu schaffen, unterscheidet die Menschen- von den Tierkindern. Manche Wissenschaftler, die sich mit dem Unterricht von Schimpansen in Zeichensprachen befaßt haben, behaupten zwar, daß diese Tiere neue Symbole geschaffen hätten, doch sind ihre Thesen immer noch heftig umstritten.[4] Unumstritten aber ist, daß Kleinkinder mit großer Leichtigkeit und Bereitwilligkeit ihre eigenen neuen Wörter ›herstellen‹. Die Erfindung und Verwendung solcher Wörter ist das einzig maßgebende Anzeichen dafür, daß das Kind tatsächlich des Symbolsystems mächtig geworden ist.

Im Laufe der Jahre habe ich eine Sammlung von kindlichen Wortschöpfungen angelegt. Solche Wörter stellen Versuche des Kindes dar, einen allgemeinen Begriff zu vermitteln, den es mit einem Wort gebildet hat. Manchmal handelt es sich um einen üblichen Begriff, den das

Kind nicht kennt, und so bildet es sich einen. Manchmal jedoch zerlegt das Kind die Welt ein wenig anders, als Erwachsene es tun, so daß es kein Wort für den neuen Begriff gibt, und daher schöpft das Kleinkind in einer Art Annäherungsprozeß ein neues Wort. Die folgende Liste enthält Wörter, die von Kleinkindern geschaffen wurden, um entweder vertraute Vorstellungen zu bezeichnen oder aber solche, die sie sich selbst gemacht haben:

»Pelzlaken«	Decke
»Papas Arbeitsportemonnaie«	Aktentasche
»Tschu-tschu-Vogel«	Flugzeug
»Rocken«	Mamas Rock, Papas Socken
»Augenbraue vom Mund«	Schnurrbart

Wenn Kinder solche Wörter gebrauchen, machen sie sich nicht die Mühe, sie zu erläutern, da sie einfach davon ausgehen, daß jeder genau weiß, wovon die Rede ist. Manchmal gehen solche Wörter in den familiären Wortschatz ein, so daß Kinder, auch wenn sie älter geworden sind, ein Wort wie ›Rocken‹ verwenden, ohne gewahr zu werden, daß dieses Wort üblicherweise nicht in diesem Sinn gebraucht wird. Ein Kind, das neue Wörter schöpft und verwendet, eignet sich also das Symbolsystem an und hat damit eine höhere geistige Entwicklungsstufe erreicht.

Sobald Kinder die Sprache genügend beherrschen, beginnen sie damit, sie zu neuartigen Interaktionen mit Erwachsenen einzusetzen. Zu Anfang, in den ersten Phasen des Spracherwerbs, benutzt das Kind die Sprache, um die innere Welt nach außen zu wenden, also um seine Bedürfnisse, Wünsche und Ängste und Freuden auszudrücken. Im vierten und fünften Lebensjahr beginnt das Kind dann, über die Welt zu sprechen, um die äußere Welt nach innen zu wenden. Das wichtigste Mittel für diese neue Sprachbenutzung ist die Frage. Die Fragen von Kindern sind aber nicht nur Versuche, Informationen zu bekommen, sie sind auch Ausdruck des keimenden Gefühls von Initiative. Die Fragen eines Kindes geben also Aufschluß darüber, ob sein Gefühl von Initiative stärker als sein Gefühl von Schuld werden wird.

Die Fragen der Kinder
Vier- und Fünfjährige sind notorische Fragesteller. Mit ihren Fragen versuchen sie, intellektuell und sozial die Initiative zu ergreifen, das heißt selbst den Anstoß für die Befriedigung ihres Wissensdrangs und ihres Kommunikationsbedürfnisses zu geben. Wenn Eltern auf die Fragen der Kinder angemessen reagieren, unterstützen und bestärken wir sie in diesem Streben. Und wir schaffen eine gute Grundlage dafür, daß sie in späteren Jahren Entschlußfreudigkeit und Unternehmungsgeist entwickkeln. Wenn wir aber die Bedeutung und Wichtigkeit der kindlichen Fragen mißachten, verschenken wir nicht nur eine Chance zur Förderung der sozialen und intellektuellen Initiative des Kindes, sondern erreichen schlimmstenfalls sogar, daß es Wißbegier mit Schuldgefühl assoziiert. Ein wenig Schuldgefühl zu erfahren ist in diesem Alter indes gesund, und wenn wir manchmal bei einer Frage aus der Haut fahren, so mag das jenes Quentchen Schuldgefühl aktivieren, das nötig ist, um ein Übermaß an Initiative zu regulieren.

Wenn wir einem Kind Fragen beantworten, müssen

wir in erster Linie darauf achten, daß wir uns nicht von seiner Wortwahl und seinem Satzbau täuschen lassen. Wir müssen immer daran denken, daß die Verbalisierungsfähigkeiten eines Kindes sein Begriffsvermögen bei weitem übersteigen. Vorschulkinder klingen viel klüger und kenntnisreicher, als sie tatsächlich sind, und nur aufgrund falscher Schlußfolgerungen sind die meisten Eltern und Großeltern so davon überzeugt, daß ihre Nachkommenschaft begabt und superklug ist. Weil Kinder reif und welterfahren klingende Fragen stellen, sind wir versucht, sie auf einer abstrakten Ebene zu beantworten, die weit über der Verständnisebene des Kindes liegt. Dieser Versuchung müssen wir widerstehen.

Ein Beispiel mag dies illustrieren. Als ich einmal im Rahmen eines Projekts einige Zeit in einem Kindergarten verbrachte, sprach ich mit einem Fünfjährigen, den ich zuvor mehrfach gesehen hatte. Plötzlich fragte er mich: »Was ist deine wahre Identität?« Nachdem ich den ersten Schock überwunden hatte, fragte ich mich, ob ich den Intelligenzgrad dieser Altersgruppe unterschätzt hatte. Ich fühlte mich ein wenig schuldig, weil ich angeblich dort war, um eine Untersuchung durchzuführen, während ich in Wirklichkeit ein verhaltensgestörtes Kind beobachtete. Wodurch, um alles in der Welt, hatte ich mich selbst enttarnt? Die Strategie des Psychologen — beantworte eine schwierige Frage immer mit einer Gegenfrage — kam mir auch in diesem Fall wieder zu Hilfe. Ich erwiderte also: »Was meinst du damit, meine ›wahre Identität‹?« Er sah mich an und sagte: »Nun ja, letzte Nacht habe ich ›Superman‹ im Fernsehen gesehen, und Clark Kent ist Supermans wahre Identität.«

Die Fragen von Kindern können auch auf andere

Weise zu falschen Antworten verleiten. Eines Tages fragte mich einer meiner Söhne, damals noch im Vorschulalter: »Papa, warum scheint die Sonne?« Ich war versucht, ihm eine wissenschaftliche Erklärung der Beziehung zwischen Licht und Wärme zu geben. Dann aber fiel mir ein, was Piaget[5] über diese Altersstufe geschrieben hatte und über die Tatsache, daß Vorschulkinder eher am ›Zweck‹ von Dingen interessiert sind als daran, wie sie funktionieren. Daher antwortete ich: »Um uns zu wärmen und das Gras und die Blumen wachsen zu lassen.« Solch eine Antwort entspricht in gewissem Sinn den Tatsachen und trägt gleichzeitig der wahren Bedeutung der kindlichen Frage Rechnung, die eben am Zweck einer Sache interessiert ist.

Manche Eltern werden jetzt einwenden, daß diese Methode die Kinder ›verzärtelt‹; man sollte ihnen besser die wissenschaftliche Erklärung liefern, selbst wenn sie sie nicht verstehen, da sie so zumindest die richtigen Termini hören und ihr Versuch zu verstehen ein Schritt in Richtung auf das spätere Begreifen sei. Die korrekte, wissenschaftliche Antwort, so behaupten sie, fordere die Intelligenz des Kindes heraus und stärke die Wißbegier. Meine Antwort hingegen bedeute, in meinen eigenen Worten, ›Fehlerziehung‹.

Dieses Argument hat zweifellos etwas für sich. Daß Intelligenz gefordert sein will, ist unbestritten, aber wir müssen zwischen ›intelligenten‹ und ›unintelligenten‹ Herausforderungen unterscheiden. Eine ›intelligente‹ Herausforderung bietet eine Antwort, die das Begriffsvermögen eines Kindes gerade soweit übersteigt, daß es zum Denken angeregt wird, um sie vollständig oder zum Teil verstehen zu können. Eine ›unintelligente‹ Herausforderung konfrontiert das Kind mit Informationen, die es beim besten Willen nicht begreifen kann: Es versteht die Antwort nicht. Unintelligente Herausforderungen frustrieren; sie schwächen die Initiative des Kindes und verstärken sein Schuldgefühl (weil es nicht versteht).

Ich hätte auch folgende Erklärung geben können: »Rick, Licht ist eine Form der Energie, die abgegeben wird, wenn Atome zerfallen und Elektronen freiwerden«, die ihn sicher überrascht und ungeheuer beeindruckt, aber nicht ein bißchen klüger gemacht hätte. Ich hätte auch erklären können: »Rick, heiße Dinge geben Licht ab.« Darunter hätte er sich etwas vorstellen können, auch wenn er es nicht ganz begriffen hätte. Diese Antwort ist aber problematisch, weil sie prompt eine andere Frage nach sich gezogen hätte: »Warum geben heiße Dinge Licht ab?« Und damit sind wir wieder bei der Tatsache angelangt, daß das Kind in Wirklichkeit fragt: »Zu welchem *Zweck* scheint die Sonne?« Es wird erst zufriedengestellt sein, wenn es eine zweckdienliche Erklärung erhalten hat.

Wenn wir die Fragen eines Kindes unter dem Aspekt der Nützlichkeit von Dingen beantworten, dem Aspekt also, nach dem sie fragen, können wir das Kind durchaus intellektuell fordern. Es weiß vielleicht, daß die Sonne scheint und daß sie warm ist, aber es hat noch nicht erkannt, daß sie das Wachstum der Blumen, Bäume und Gräser fördert. Auf diese Weise berücksichtigen wir die wahre Absicht des Kindes und erweitern gleichzeitig sein Wissen über die Funktion des Sonnenscheins auf verständliche Weise. Ebenso kann die Intelligenz eines Kindes, das bereits einige Tiere und Formen kennt, durchaus angemessen gefordert werden, daß es weitere Tiere und

Formen lernt. Im allgemeinen können wir ein Kind durch horizontale Bereicherung (indem wir ergänzen, was es bereits weiß) eher anregen und fördern als durch vertikale Beschleunigung (indem wir völlig neue und abstrakte Begriffe einführen).

Noch einige weitere Vorschläge, wie man Fragen von Kindern so beantworten kann, daß ihr Gefühl von intellektueller und sozialer Initiative gestärkt wird. Als erstes gilt: Fragen Sie das Kind, wenn Sie mit einer Frage nicht zurechtkommen und einfach keine Antwort wissen! Die meisten Kinder wissen bereits die Antwort auf ihre Frage – oder sie glauben es zumindest. Schließlich fragt das Kind im selben Maße aus dem Bedürfnis heraus, Interaktionen zu initiieren, wie es eine Antwort wünscht, und ist daher mehr als glücklich, wenn es selbst gefragt wird. Überdies ist es wichtig, die Frage eines Kindes ernst zu nehmen, wie weithergeholt sie auch erscheinen mag. Wenn es auf Ihre Gegenfrage zum Beispiel antwortet: »Die Sonne scheint, weil sie scheinen will«, könnten Sie antworten: »O, das ist ja interessant, und ich wette, daß sie auch das Gras und die Blumen besser wachsen läßt.« Akzeptieren Sie die Antwort des Kindes als Meinungsäußerung, nicht als Tatsachenbehauptung. Das Schlimmste, was wir sagen können, ist: »O nein, das ist falsch, die Sonne ist doch nicht lebendig. Was du dir wieder denkst!« Wir wollen mit unseren Antworten doch die intellektuelle und soziale Initiative des Kindes stärken und nicht schwächen.

Ein etwas anderer Fall sind die Fragen der Kinder zu so sensitiven Themen wie Sexualität und Tod. Noch einmal sei daran erinnert, daß das Sprachvermögen eines Kindes viel höher als sein Begriffsvermögen ist. Darum sollten wir uns hüten, mehr aus den Worten eines Kindes herauszulesen, als tatsächlich gemeint ist. Hierzu ein Beispiel: Ein Siebenjähriger kam eines Tages aus der Schule und fragte seinen Vater: »Was heißt Geschlecht?« Der Vater war ein wenig überrascht und entschied, daß es an der Zeit sei, seinem Sohn zu erklären, wo die kleinen Kinder herkommen. Er entledigte sich seiner Aufgabe mit einer gewissen Verlegenheit und fragte schließlich: »Okay, hast du das verstanden?« Sein Sohn erwiderte: »Na klar, aber ich weiß immer noch nicht, welches Kästchen ich denn nun auf dem Prüfungsbogen ankreuzen soll. Da steht nämlich: Geschlecht, m oder w.«

Auf dem Gebiet der Sexualität sind die Kenntnisse von Kindern bestenfalls rudimentär; sie interessieren sich einfach noch nicht dafür und können auf dieser Entwicklungsstufe einen Geschlechtsakt nicht richtig begreifen. Wenn Vorschulkinder Fragen zum Thema Sexualität stellen, so haben sie in der Regel irgend jemanden, meist ältere Kinder, mit gesenkter Stimme darüber reden hören, so daß sie den Eindruck gewonnen haben, es müsse sich um etwas ganz besonderes oder Geheimnisvolles oder Böses oder alles zusammen handeln. Es ist die Art, wie über solche Wörter gesprochen wird, und die Weise, wie sie verwendet werden, die die Wißbegier des Kindes erregen, aber nicht die Bedeutung der Wörter selbst. Bei solchen Fragen sind wir am besten beraten, wenn wir die Kinder einfach fragen, was sie mit diesen Wörtern meinen.

Wenn wir mit kleinen Kindern über Sexualität sprechen, so müssen wir einfache Worte gebrauchen und vollkommen offen sein: einen Penis Penis nennen und Analogien oder umständliche Erklärung vermeiden.

Fragt ein Kind zum Beispiel, wo die kleinen Babies herkommen, so hilft ihm die Antwort »Aus dem Krankenhaus« wirklich nicht. Wir können sagen: »Das Baby wächst in Mamis Bauch und kommt dann heraus, um bei uns zu sein.« Weiter sollten wir meiner Meinung nach nicht gehen, da jede nähere Erklärung nur Verwirrung stiften oder sogar erschreckend wirken würde. Wenn Kinder mehr wissen wollen, können wir sie erneut nach ihren eigenen Erklärungen fragen und es dann dabei belassen.

Was den Tod anbelangt, so können sich Vorschulkinder im Unterschied zu uns Erwachsenen keine Vorstellung davon machen. Für sie ist das eine Art Fortgehen mit möglicher Wiederkehr. Um Sterben im biologischen Sinn als Ende des Lebens begreifen zu können, muß man ein Grundverständnis von der Idee des biologischen Lebens erworben haben, wozu die meisten Kinder erst mit acht oder neun Jahren in der Lage sind. Als mein jüngster Sohn vier war, fanden wir einen toten Vogel, den ich in eine kleine Plastiktüte legte und dann in die Mülltonne steckte. Mein Sohn sah mir dabei zu, ohne ein Wort zu sagen. Einige Tage später aber fragte er mich: »Warum begraben wir die Leute in der Erde?« Da ich das zunächst nicht mit jenem Vorfall in Verbindung brachte, bekam ich einen leichten Schrecken. Meinem üblichen Verfahren folgend, fragte ich zurück: »Warum sollten wir sie nicht in der Erde begraben?« Er erwiderte: »Wenn wir sie in die Mülltonne legen, würden sie nicht so dreckig werden, und es wär' leichter für sie, wieder herauszukommen.« Wie für die meisten Kinder im Vorschulalter war der Tod auch für Rick kein bleibender, sondern ein zeitweiliger Zustand, der wieder geändert werden konnte.

Wenn Kinder ganz allgemein Fragen über den Tod stellen, gibt man die Frage am besten zurück und findet heraus, welche Antwort sie sich selbst zurechtgelegt haben. Eine andere Situation entsteht, wenn es in der Familie einen Todesfall gegeben hat, zum Beispiel der Großvater gestorben ist. In solchen Fällen sollten wir schlicht und direkt darüber sprechen. Wir können sagen: »Großpapa ist gestorben, und wir lieben ihn und vermissen ihn sehr.« Am besten vermeidet man kausale Erklärungen, die bei Kindern falsche Vorstellungen wecken können. Sagen wir: »Großpapa ist gestorben, weil er krank war«, so glauben Kinder möglicherweise, daß auch sie sterben werden, sobald sie erkranken. Und wenn wir sagen: »Gott liebt ihn und hat ihn zu sich genommen«, fürchten Kinder vielleicht, daß Gott sie so sehr lieben könnte, daß er sie ebenfalls zu sich nimmt.

Mit ihren Fragen probieren kleine Kinder natürlich nur einen von vielen Wegen aus, um selbst Initiative zu zeigen. Ich bin darauf zum Teil deshalb näher eingegangen, weil wir Erwachsenen die Fragen der Kinder mit Vorliebe ignorieren oder mit Phrasen wie »Das verstehst du, wenn du älter bist« abwehren. Ich habe versucht zu zeigen, daß die Fragen eines Kindes jedoch sein Bemühen widerspiegeln, sein Gefühl von intellektueller und sozialer Initiative zu stärken. Daher sollten wir die Kinder ermutigen, Fragen zu stellen, selbst wenn wir nicht mehr tun, als sie nach ihren eigenen Antworten zu fragen.

Zugehörigkeit gegen Ausgegrenztsein

Im Alter von vier Jahren beginnen sich Kinder für Gleichaltrige und das Spiel mit ihnen zu interessieren und von »meiner Freundin, meinem Freund« zu sprechen. Auch wenn das soziale Zugehörigkeitsgefühl bereits von Geburt an ausgeprägt ist, ist die Phase zwischen drei und vier Jahren offenbar entscheidend dafür, ob sich das Kind später sozial integriert fühlt oder nicht. Wenn ein Kind in dieser Zeit nicht ein starkes Gefühl von Dazugehörigkeit entwickelt, kann es sich in ein Gefühl von Ausgegrenztsein hineinsteigern, das später seine Eingliederung in eine Gruppe erschweren oder es sogar zu einem Einzelgänger machen kann. Bevor wir uns den Methoden und Verhaltensweisen zuwenden, die daheim wie in vorschulischen Einrichtungen ein Gefühl von Dazugehörigkeit fördern, wollen wir einige Dimensionen des Zugehörigkeitsgefühls und anschließend einige ›natürliche‹ Bedrohungen betrachten, die nichts mit Fehlerziehung zu tun haben, sondern ganz natürliche und unvermeidliche Bedrohungen des kindlichen Zugehörigkeitsgefühls darstellen.

Dimensionen des Zugehörigkeitsgefühls

Obwohl Kinder ein erstes Zugehörigkeitsgefühl durch die Interaktionen mit ihren Eltern erwerben, wächst ihr Zugehörigkeitsgefühl zu ihrer Altersgruppe erst ganz allmählich in der Vorschulzeit. Piaget[6] hat beobachtet, daß kleine Kinder mit etwa drei Jahren zum, wie er es nannte, ›parallelen Spielen‹ neigen, das heißt, sie spielen neben- und nicht miteinander. Ähnliches trifft auch auf ihre Gespräche zu. Das eine Kind spricht vielleicht über seinen Gang zum Markt, während das andere über den Turm redet, den es gerade baut. In dieser Phase ist das Zugehörigkeitsgefühl kaum mehr als ein Gefühl, in der Gesellschaft eines anderen Kindes zu sein.

Im nächsten Stadium, meist im Alter von vier Jahren, beginnen Kinder mit dem, so Piaget, ›kooperativen Spielen‹. Jetzt beziehen sie sich richtig aufeinander: Sie wechseln sich beim Benutzen der Materialien ab und reden eher ›miteinander‹ als ›aufeinander ein‹. Piaget erklärt die Bereitschaft zum kooperativen Spiel mit der beginnenden Fähigkeit des Kindes, den Standpunkt eines anderen Kindes zu begreifen. Das wachsende Vermögen, sich in die Lage eines anderen Kindes hineinzuversetzen, befähigt es nicht nur zum kooperativen Spiel, sondern auch dazu, sich in ein anderes Kind, das eine Erfahrung macht (sich zum Beispiel verletzt), die sich von seiner eigenen unterscheidet, einzufühlen.

Das Zugehörigkeitsgefühl des Kindes hängt nicht nur vom Stand seiner geistigen Fähigkeiten ab, sondern wird auch von anderen Faktoren bestimmt. In dieser Hinsicht ist es mit einigen anderen Grundhaltungen vergleichbar, die Erikson zufolge ihre Krise in späteren Lebensphasen erleben. Die Lösung dieser Krisen wird zwar von den frühen Erfahrungen des Kindes beeinflußt, doch spielen weitere Faktoren dabei eine Rolle. Dasselbe gilt für das Zugehörigkeitsgefühl: Das Gefühl, zur Familie zu gehören, hat genauso entscheidenden Einfluß auf die Entwicklung des allgemeinen Zugehörigkeitsgefühls beim Kind wie das Zugehörigkeitsgefühl zu seinen Altersgenossen.

Auf allen Altersstufen hängt die Aufnahme eines Kindes in die Gruppe Gleichaltriger offenbar von seiner

Freundlichkeit und Kontaktfreudigkeit ab: Kinder, die offen, freundlich und rücksichtsvoll sind, werden von ihren Altersgenossen eher gemocht und akzeptiert als solche Kinder, die es nicht sind. Weiter gilt, daß aufgewecktere Kinder meist beliebter sind als weniger aufgeweckte Kinder — unabhängig von sozialer oder ethnischer Gruppenzugehörigkeit.[7]

Auch die physische Erscheinung spielt bei Kindern wohl eine Rolle. Größere und stämmigere Kinder werden eher akzeptiert als kleinere und dünnere, und anziehende Kinder sind offenbar beliebter und akzeptierter als weniger attraktive. Unter den Mädchen erfreuen sich die hübschen — aber nicht die zu hübschen — der größten Beliebtheit und Akzeptanz. Auch die Stellung in der Geschwisterfolge kann eine Rolle spielen. Erstgeborene Kinder sind häufig ehrgeiziger und agieren angespannter als später geborene; daher werden sie von Gleichaltrigen nicht ganz so leicht angenommen. Letztgeborene und Einzelkinder gelten in der Gruppe oft als sympathisch und werden ohne weiteres akzeptiert; sie sind in der Familienstruktur nicht durch die Geburt weiterer Geschwister zurückgesetzt worden und treten daher sicher und positiv auf, was für die Akzeptanz seitens Gleichaltriger und für die Entwicklung des Zugehörigkeitsgefühls bedeutsam ist.[8]

Familiencharakteristika wirken sich ebenfalls auf die Akzeptanz und Anerkennung von Kindern in ihrer Altersgruppe aus. Im allgemeinen kommen Kinder, die bei ihren Altersgenossen beliebt sind, aus Familien, in denen Aggressionen und unsoziales Verhalten unterbunden und Kooperation belohnt werden; in solchen Familien halten sich unnötige Frustrationen und Strafen in engen Grenzen, und die Kinder erfahren von den Eltern in Worten und Handlungen Liebe und Anerkennung. Anders formuliert, Erziehungspraktiken, die das Zugehörigkeitsgefühl eines Kindes zur Familie stärken, erleichtern auch seine Aufnahme in die Gruppe Gleichaltriger.

Gefährdungen des Zugehörigkeitsgefühls
Es ist wichtig hervorzuheben, daß Kinder ein gesundes Zugehörigkeitsgefühl durchaus daheim erwerben können; der Besuch eines Kindergartens oder einer Kindertagesstätte ist hierzu keineswegs zwingend erforderlich. Entscheidend ist vielmehr, daß die Eltern beginnen, die Kinder in ihre Aktivitäten einzubinden, wo immer dies möglich ist. Indem man die Kinder zum Einkaufen mitnimmt oder sie bei einfachen Hausarbeiten mithelfen läßt – etwa Erbsen entschoten oder Werkzeuge zureichen, wenn die Mutter oder der Vater etwas anbringt –, fördert man ihr Zugehörigkeitsgefühl und vermeidet, daß sie sich ausgegrenzt fühlen.

Scheidungen sind unter anderem deshalb so hart für kleine Kinder, weil sie in eine Zeit fallen können, in der das Kind sein Zugehörigkeitsgefühl entwickeln muß, vor allem zur Familie. Zerbricht die Familie gerade in dieser Zeit, fällt es dem Kind schwer, sein Zugehörigkeitsgefühl zu stärken, weil es einfach nicht weiß, zu wem es gehört. Wem auch immer das Kind nach der Scheidung zugesprochen wird, die wichtigste Basis für das Zugehörigkeitsgefühl des Kindes ist zerstört.

Das bedeutet keineswegs, Eltern mit drei- und vierjährigen Kindern sollten eine Scheidung um jeden Preis vermeiden. So funktioniert das Leben nicht. Doch wenn wir um die Bedeutung dieser Phase für die Entwicklung des kindlichen Zugehörigkeitsgefühls wissen, können wir den Familienkreis erweitern, dem sich das Kind verbunden fühlt. Dies ist relativ einfach bei einer großen Familie mit Großeltern, Onkeln, Tanten, Vettern und Cousinen. Häufige Besuche bei entfernteren Verwandten helfen dem Kind in dieser schwierigen Phase, ein Zugehörigkeitsgefühl zu entwickeln, das es davor bewahrt, sich ausgegrenzt zu fühlen.

Gerade in dem Alter, da das Zugehörigkeitsgefühl der Kinder sehr empfindlich und anfällig ist, bekommen sie häufig noch ein Geschwisterchen. Wenn das Baby zuviel Aufmerksamkeit auf sich zieht, fühlt sich das ältere Kind leicht ausgeschlossen und nicht mehr dazugehörig. Das kann bei einem vier- oder fünfjährigen Kind selbst dann eintreten, wenn die Eltern sehr um es bemüht sind und es in die Babypflege einbeziehen. In einem solchen Fall dürfen wir in unserem Bemühen nicht nachlassen, das Kind unserer Liebe und Zuneigung zu versichern und es in unsere Aktivitäten einzubinden.

Eine andere Bedrohung des Zugehörigkeitsgefühls ist der Besuch außerfamiliärer Einrichtungen für Kleinkinder. Manchmal fällt einem Kind aufgrund innerfamiliärer Probleme die Eingliederung in eine Gruppe schwer. Ein kleiner Patient von mir, der durch allzu große Aufmerksamkeit und Nachgiebigkeit seiner Eltern ›verzogen‹ worden war, zeigte im Kindergarten nach der Geburt seiner kleinen Schwester ein sehr aggressives und feindseliges Verhalten. Weil er sich daheim ausgegrenzt fühlte, benahm er sich im Kindergarten derart, daß sein Gefühl des Ausgeschlossenseins noch wuchs und sein Zugehörigkeitsgefühl gehemmt wurde. Er erreichte damit sein

Ziel, wieder nach Hause zu den Eltern geschickt zu werden, deren Ärger und Enttäuschung ihn in seinem Gefühl des Ausgeschlossenseins weiter bestärkten. Um einen solchen Teufelskreis zu durchbrechen, bedarf es professioneller Hilfe.

Noch ein Hinweis: Manche Kinder erreichen das Stadium der Krise Zugehörigkeit versus Ausgegrenztsein ein wenig später als der Durchschnitt. Solche Kinder beschäftigen sich vergnügt mit sich selbst oder mit Bruder und Schwester, fühlen sich in einer Gruppe aber überaus unwohl. Hier löst sich das Problem gewöhnlich einfach dadurch, daß man (wenn es möglich ist) sechs bis zwölf Monate wartet. Ist es aber erforderlich, solche Kinder mit einer Gruppengemeinschaft zu konfrontieren, bevor sie reif dafür sind, sollten die Betreuer ihnen einen ruhigen Platz zuweisen und sie von den Gruppenaktivitäten befreien, bis sie sich in dieser Situation wohler fühlen.

Bislang habe ich einige der ›natürlichen‹ Bedrohungen beim Erwerb eines gesunden Zugehörigkeitsgefühls beschrieben. Jetzt wollen wir uns den Praktiken zuwenden, die in der Familie wie in Kindergärten und -tagesstätten Kinder beim Erwerb eines Zugehörigkeitsgefühls unterstützen. Noch einmal sei darauf hingewiesen, daß eine gewisse Abgrenzung anderen gegenüber wichtig ist. Ein zu starkes Zugehörigkeitsgefühl könnte eine Art blinder Konformität mit der Gruppe bewirken, die auch nicht gesund ist. Ein gewisses Maß an Abgrenzung bewahrt uns davor, immer mit dem Strom zu schwimmen.

Rahmen

Kinder erwerben ein Zugehörigkeitsgefühl hauptsächlich durch das Lernen dessen, was der verstorbene Soziologe und Anthropologe Erving Goffman[9] ›Rahmen‹ (*frames*) genannt hat. Als Rahmen bezeichnete Goffman sich wiederholende soziale Situationen mit ihren eigenen Regeln, Erwartungen und Einsichten. Die ›Stuhlkreis‹-Methode ›Zeig und erzähle‹ in vorschulischen Einrichtungen ist solch ein Rahmen. In manchen Kindergärten beginnt der Tag damit, daß die Kinder in einem Kreis sitzen und jedes von ihnen etwas erzählt oder zeigt, was es seit dem letzten Zusammentreffen mit der Gruppe erlebt hat. In diesem Rahmen lernen Kinder, daß sie im Kreis sitzen müssen, daß jedes an die Reihe kommt und daß die Kinder, die gerade nicht erzählen, dem Kind, das gerade berichtet, zuhören müssen. In diesem Fall setzt der Lehrer oder Erzieher die Regeln fest und verstärkt sie dadurch, daß er die Kinder, die sie verletzen, ermahnt. Sobald Kinder einen solchen Rahmen verinnerlicht haben, verstärken sie ihn selbst, indem sie sich über Kinder beklagen, die sich rahmenwidrig verhalten: »Er hat mich gestoßen!«

Kleine Kinder lernen eine riesige Anzahl von Rahmen. Deren Kenntnis verleiht ihnen die Sicherheit im Umgang mit anderen und soziales Bewußtsein, die beide für die Ausbildung des Zugehörigkeitsgefühls entscheidend sind. Mit anderen Worten, das Zugehörigkeitsgefühl entstammt zumindest zum Teil dem Wissen darüber, wie man sich in sozialen Situationen verhält.

Das Lernen von Rahmen ist eine komplizierte und zeitaufwendige Angelegenheit. Wie bei allen anderen Aspekten der kindlichen Entwicklung gibt es auch hier eine bestimmte Reihenfolge im Lernprozeß. Ein Kleinkind muß zum Beispiel erst die Rahmen des Essens und Spielens lernen, bevor es die Rahmen ›Familienmahlzeiten‹ und ›Spiele‹ seiner Altersgruppe lernen kann. Fehlerziehung bedeutet, sie Rahmen zu lehren, die ihrem Entwicklungsstand noch nicht angemessen sind. Bevor wir uns dem Mißbrauch von Rahmen zuwenden, wollen wir ihre gesunden, altersgemäßen Auswirkungen betrachten.

Bedenken Sie, wie viele und wieviel unterschiedliche Rahmen Kinder im Vorschulalter lernen müssen: aufstehen, essen, einkaufen, die Großeltern besuchen, zum Arzt gehen, mit Freunden spielen, Feste, Ferien und so fort. Jeder Rahmen besitzt seine eigenen Regeln, ruft spezifische Erwartungen hervor und fordert besondere Einsichten. Kinder müssen nicht nur die Rahmenregeln lernen, sondern auch mit dem Wechsel von einem Rahmen zum anderen und mit den Kollisionen von Rahmensituationen fertigwerden. Das Erlernen all dessen stellt die Fähigkeiten von Kindern und die Geduld ihrer Eltern auf eine harte Probe.

Wenn man sich den Rahmen ›Abendessen‹ anschaut, erhält man einen Eindruck von der Komplexität selbst eines scheinbar so einfachen Ablaufs. Zu den zu lernenden Regeln [können] gehören: Du mußt dir vor dem Essen die Hände waschen; du mußt warten, bis alle am Tisch sitzen, bevor du anfängst zu essen; du mußt mit geschlossenem Mund kauen; du darfst nicht mit vollem Mund sprechen; bevor alle fertig sind, darfst du ohne Erlaubnis nicht vom Tisch aufstehen. Der Rahmen ›Schlafengehen‹ ist ähnlich komplex: Du mußt deinen Schlafanzug anziehen, dir die Zähne putzen, Mama und Papa gute Nacht sagen und (das hängt von der jeweiligen Familie ab) dein Gebet sprechen.

Sind sie einmal erworben, stellen diese Rahmen eine derart zwingende Macht dar, daß es Kinder häufig geradezu aufregt, wenn deren Regeln nicht befolgt werden. Darum reagieren Kinder so empfindlich, wenn beim Erzählen einer oft gehörten Geschichte einzelne Wörter ausgelassen werden: Das ist eine Rahmenverletzung, die Kinder beunruhigt. Für sie stellt das einen Bruch mit der Ordnung dar, auf die sie sich gerade zu verlassen beginnen – als Sicherheit in einer sich wandelnden und häufig erschreckenden Welt.

Die Kenntnis von Rahmen ermöglicht uns Eltern, mit bestimmten Situationen besser fertig zu werden, als wenn wir uns des Rahmenaspekts der Sozialisation nicht bewußt wären. Das Wichtigste ist die Festlegung der Regeln und ihre häufige Wiederholung. Das tun wir meist ganz automatisch: »Es ist acht Uhr und Zeit für dich, ins Bett zu gehen. Zieh deinen Schlafanzug an und vergiß nicht, dir die Zähne zu putzen.« Manchmal zählen wir indes nicht alle Bestandteile des Rahmens auf, den das Kind lernen soll, und regen uns trotzdem auf, wenn es nicht genau das tut, was wir von ihm erwarten. Wenn ein Kind nicht alle Rahmenregeln einhält, sollten wir als erstes prüfen, ob wir auch alle Bestandteile genannt haben. Die Schwierigkeiten eines Kindes mit Rahmen können daraus resultieren, daß wir die Regeln nicht deutlich genug ausgesprochen haben oder daß wir sie uneinheitlich aufsagen.

Kindern bereitet es ebenfalls Schwierigkeiten, Rahmen zu ›wechseln‹. Manchmal mißdeuten wir ihre Abneigung, Rahmen zu wechseln, als Abneigung gegen den Rahmen selbst, zerbrechen uns darüber unnötig den Kopf und machen uns grundlos Sorgen. Einmal angenommen, ein Kind ist intensiv mit einem Malbuch beschäftigt, wenn wir es auffordern, mit uns einkaufen zu gehen, was ihm in der Regel Freude macht. Jetzt aber zeigt es sich unwillig. Das heißt nicht unbedingt, daß es nicht mit uns gehen will; es möchte nur nicht den Rahmen wechseln. Wir alle können das nachempfinden. Wenn wir entspannt und bequem einen Sonntagnachmittag in Räuberzivil verbracht haben, erfordert es eine gehörige Willensanstrengung, sich feinzumachen und auszugehen, selbst wenn wir uns ehrlich auf den Restaurantbesuch oder die Party freuen. Rahmenwechsel kosten immer Überwindung.

Mit diesem Bewußtsein können wir Kindern helfen, leichter und schmerzloser von einem Rahmen in den anderen zu gehen. Als Faustregel gilt, die Kinder immer auf einen kommenden Wechsel vorzubereiten und sie darin zu bestärken, ihre jetzige Tätigkeit zu beenden. Eine Krankenschwester, die zuvor als Stewardeß gearbeitet hatte, hatte eine nette Art, ihre Schützlinge auf einschneidende Rahmenwechsel vorzubereiten. Bevor sie die Kleinen zum Beispiel auf den Spielplatz hinausführte, sagte sie: »Okay, Kinder, wir werden in Kürze landen. Räumt eure Tabletts weg, steckt eure Zahnbürsten in die Becher und schnallt euch an. Wir werden um elf Uhr nach draußen gehen.« Eine solche Vorwarnung, die einem Rahmenwechsel fünf oder zehn Minuten vorausgeht, erleichtert den Übergang ungemein.

Es kann aber auch geschehen, daß Kinder für einen Rahmenwechsel bereit sind, bevor wir es sind; auch dafür müssen wir empfänglich sein. In einem Kindergarten erlebte ich einmal einen jungen Assistenzarzt, der einer Gruppe Kinder vorlas. Nach etwa zehn Minuten begannen sie auf ihren Stühlen hin- und herzurutschen, und als der junge Mann weiterlas, wurden sie noch unruhiger: Sie sahen sich um, schubsten den Nachbarn, redeten – alles Verhaltensweisen, die nicht zum Rahmen gehören. Der Arzt aber leierte weiter seine Geschichte herunter, ohne die Bereitschaft der Kinder zu einem Rahmenwechsel zu spüren. Er war nämlch in seinem Erwachsenenrahmen gefangen: Wenn man Kindern eine Geschichte vorliest, muß man sie in einem Durchgang zu Ende lesen!

Kleine Kinder verarbeiten Materialien und Informationen in einem anderen Tempo als wir Erwachsenen. Manchmal sind wir langsam, wenn wir rasch voranschreiten wollen; ein andermal schlagen sie ein höheres Tempo an, wenn wir ein gemächliches vorziehen. Hin und wieder müssen Kinder natürlich auch lernen, ihren Schritt unserem langsameren anzupassen. So müssen sie lernen, am Abendbrottisch sitzen zu bleiben, bis alle fertig sind. Und ebenso müssen wir uns gelegentlich ihrem Rahmen anpassen, wenn sie zum Beispiel einer Sache überdrüssig geworden sind und wir nicht. Wenn wir ein Gespür für Rahmenunterschiede und -ähnlichkeiten haben, erleichtern wir uns und unseren Kindern das Leben ganz beträchtlich. Gleichzeitig fördern wir dabei das Zugehörigkeitsgefühl des Kindes.

Rahmen gehören zum ›verborgenen Curriculum‹ der Erziehung. Eine wesentliche Erkenntnis der kompensatorischen Erziehungsprogramme in den USA[10] war, daß benachteiligte Kinder, die als Vorschüler daran teilgenommen hatten, seltener als Kinder mit ählicher Ausgangslage, die nicht daran teilgenommen hatten, in Sonderklassen für Kinder mit Lern- und anderen Schwierig-

keiten kamen. Kinder lernen in solchen Förderungsmaßnahmen augenscheinlich die Rahmen, die es einem
Unterschicht-Kind ermöglichen, in einer schulischen
Umgebung zu ›funktionieren‹, deren ›Kommunikations-
regeln‹ vornehmlich aus dem Familienleben der Mittelschicht stammen. Das Erlernen der dort gültigen Rahmen befähigt Kinder aus unteren Schichten, ein Zugehörigkeitsgefühl zu Gleichaltrigen aus der Mittelschicht zu
entwickeln, welches sie bestärkt, bis zum Abschluß in
der Schule zu bleiben. Kinder aus einkommensschwachen Familien, die diese Rahmen in der frühen Kindheit
nicht gelernt haben, entwickeln leichter ein Gefühl des
Ausgegrenztseins, was wiederum zu einem vorzeitigen
Abgang von der Schule führen kann.

Der Mißbrauch von Rahmen

Weil Rahmen so wichtig dafür sind, daß ein Kind von
anderen angenommen wird und in der Familie wie in der
Schule ein Zugehörigkeitsgefühl entwickelt, ist all das als
Fehlerziehung einzuordnen, was ein Kind beim Aneignen von Rahmen stört oder das Aneignen falscher Rahmen begünstigt. Eltern, die solchen Unterrichtsprozedu-
ren folgen, wie sie etwa die Engelmanns vorschlagen –

Sie stellen den Gegenstand gesondert auf,
Sie nennen seinen Namen,
Sie lassen das Kind den Namen wiederholen,
Sie fordern das Kind auf, auf den Gegenstand zu zeigen,
Sie veranlassen das Kind, den Namen des Gegenstands zu nennen,
während Sie selbst auf ihn deuten –,

bringen ihrem Kind nicht nur die Namen der Gegenstände bei, sondern gleichzeitig einen ganz besonderen
und sehr rigiden Lernrahmen. Dieser Rahmen schließt

die Vorstellung ein, daß das Kind den Unterweisungen der Eltern aufmerksam folgen muß, daß es eine ›richtige‹ und eine ›falsche‹ Antwort gibt und daß ›richtige‹ Antworten gut und ›falsche‹ Antworten schlecht sind. Wenn ein Kind in frühem Alter diesen Rahmen erwirbt, droht es, in eine zu große Abhängigkeit von den Anweisungen der Erwachsenen zu geraten und am eigenständigen Lernen gehindert zu werden. Ebenso groß ist die Gefahr, daß es ein zu starkes Zugehörigkeitsgefühl entwickelt, welches mit der Vorstellung verbunden ist, daß man nur dazugehören kann, wenn man mit den Rahmen der Eltern (und später der Lehrer und Altersgenossen) völlig konform geht.

Und das ist einer der Haupteinwände gegen Unterrichtsprogramme, die kleinen Kindern akademische Fertigkeiten beibringen sollen: Die Kinder lernen dabei Rahmen, in denen Anerkennung und Zugehörigkeitsgefühl um den Preis blinden Angepaßtseins erworben werden. Dies gefährdet das gesunde Zugehörigkeitsgefühl eines Kindes, das durch ein bestimmtes Maß an Gefühl von Abgrenzung und Individualismus ausbalanciert wird. Noch einmal sei es gesagt: Da es keinen Beweis für den bleibenden Nutzen solch frühen Lernens und der dazugehörigen Rahmen gibt, gefährden sie das gesunde Zugehörigkeitsgefühl der Kinder ohne Grund.

Das Alter von vier und fünf Jahren ist entscheidend für das Erwerben eines gesunden Gefühls von Initiative und eines gesunden Zugehörigkeitsgefühls, die für das ganze Leben bestimmend sind. Ein Kind, das ein gesundes Gefühl von Initiative erworben hat, wird sich Herausforderungen stellen und neue Projekte in Angriff nehmen, ohne das lähmende Schuldgefühl derjenigen zu kennen, die die Schwelle zum Erwachsensein mit einem schwach entwickelten Unternehmungsgeist überschreiten. Ebenso verspricht ein Kind, das ein gesundes Zugehörigkeitsgefühl erworben hat, ein produktives und gleichzeitig unabhängiges Gruppenmitglied zu werden, das mit den Gruppenzielen weder überkonform geht noch sich völlig von ihnen abgrenzt.

Einem Kind zu helfen, Initiative und Zugehörigkeitsgefühl zu entwickeln, ist nicht schwer; es erfordert nur, daß wir die Stärken und Grenzen eines Kindes akzeptieren. Wir stärken die Initiative des Kindes, wenn wir seine Fragen auf dem Niveau beantworten, auf dem sie gestellt werden, und wenn wir es ermutigen, sich selbst eine Antwort zu geben. In der gleichen Weise stärken wir sein Zugehörigkeitsgefühl, wenn wir einfühlsam auf Situationen reagieren, in denen es sich ausgegrenzt fühlen könnte (etwa bei Scheidung, oder Geburt eines weiteren Kindes), und wenn wir es in unsere Diskussionen und Aktivitäten einbeziehen, wann immer dies möglich ist.

Wir erziehen Kinder in diesen Bereichen falsch, wenn wir uns egoistisch verhalten und unsere Bedürfnisse über die ihrigen stellen. Das tun wir natürlich alle hin und wieder, doch wenn dies ständig geschieht, ignorieren wir das Bedürfnis des Kindes, angehört zu werden, seine Fragen ernstgenommen zu sehen und wohlüberlegte Antworten zu erhalten. Wenn wir aber egozentrisch werden, lehren wir unsere Kinder Rahmen, die eher Konformität als Kooperation fördern. Es ist viel wichtiger, daß kleine Kinder ein gesundes Gefühl von Initiative und Zugehörigkeit erwerben, als daß man ihnen die eine oder andere akademische Fertigkeit beibringt.

Leistung und Kompetenz
gegen Minderwertigkeitsgefühl
und Hilflosigkeit

Erikson zufolge erfahren die Grundhaltungen *Leistung* oder *Minderwertigkeitsgefühl* ihre Krise in der Grundschulzeit, die im Alter von fünf oder sechs Jahren beginnt. In dieser Phase müssen Kinder nämlich die Arbeitsgewohnheiten lernen, die für ihr ganzes weiteres Leben bestimmend sind. Pünktlich zur Schule kommen, aufmerksam sein, fristgerecht gute und saubere Arbeit leisten – all das gehört zu dem Gefühl von Leistung, das sie in dieser Zeit erwerben. Wenn Kinder dagegen erleben, daß sie bei ihren Anstrengungen, die schulischen Forderungen zu erfüllen, übermäßig versagen, werden sie in ihrem Minderwertigkeitsgefühl, in ihrem Gefühl, weniger befähigt als andere zu sein, bestärkt.

Vor der Einschulung können Eltern das Leistungsgefühl von Kindern durch Lob und durch die Förderung ihrer sich sukzessive entwickelnden motorischen, intellektuellen und sozialen Fertigkeiten festigen, doch sind sie nicht länger mehr die einzigen Personen, die ihre Kinder dabei unterstützen. Die ersten Jahre in außerfamiliären Einrichtungen, die Erfahrungen, die Kinder in der Vorschule und in der ersten Klasse machen, tragen entscheidend und bestimmend zur Lösung der Krise Leistungsgefühl versus Minderwertigkeitsgefühl bei. Auch hier gilt, daß ein Quentchen Minderwertigkeitsgefühl das notwendige und gesunde Gegengewicht zu einem allzu beherrschenden Leistungsgefühl darstellt.

Das Leistungs- wie das Minderwertigkeitsgefühl eines Kindes leitet sich aus dem Vergleich mit anderen ab. So basiert unsere Einschätzung unserer eigenen Leistungskraft zum Teil auf dem Vergleich unserer eigenen Arbeit und Erfolge mit denen anderer. Dasselbe trifft für das Minderwertigkeitsgefühl zu: Es steht immer in bezug zu den Leistungen anderer.

Wir vergleichen uns nicht nur mit anderen, sondern beurteilen uns auch selbst, und diese Beurteilungen bestimmen, ob später unser Gefühl von *Kompetenz* stärker als unser Gefühl von *Hilflosigkeit* sein wird. Wir fühlen uns kompetent, weil wir auf unser Wissen, unsere Fertigkeiten und Talente vertrauen und auf unsere Fähigkeit, sie praktisch zu nutzen. Unser Gefühl von Hilflosigkeit erwächst dagegen aus einem Gefühl von Unsicherheit im Hinblick auf diese Fertigkeiten und Fähigkeiten. Die frühen Vorschul- und Schuljahre wirken sich bestimmend für die Balance zwischen unserem Leistungs- und unserem Minderwertigkeitsgefühl aus, die unser ganzes weiteres leben beeinflussen wird.

In den frühen Jahren können wir das keimende Gefühl von Kompetenz bei Kindern dadurch fördern, daß wir ihr Gefühl von Vertrauen, Autonomie, Initiative und Bindung stärken, die Grundhaltungen also, die ihnen Sicherheit und Selbstvertrauen verleihen. So wichtig diese frühen Erfahrungen auch sind, genauso bedeutsam sind die schulischen Erfahrungen für den Ausgleich zwischen einem Gefühl von Kompetenz und einem Gefühl von Hilflosigkeit bei Kindern.

Leistung gegen Minderwertigkeitsgefühl

Die Stärkung des Leistungsgefühls eines Kindes durch die Schule hängt in hohem Maße davon ab, ob die Lernweisen kleiner Kinder mit dem Curriculum übereinstimmen oder dazu ›passen‹. Wenn sich die Erziehungspraxis auf diese Lernweisen einstellt, erzielen die Kinder Erfolge, ihr Leistungsgefühl wird unterstützt und gestärkt. Wenn die Unterrichtsmethoden aber Lernweisen voraussetzen, die erst ältere Kinder entwickeln, drohen den kleinen Schülern Frustration und Versagen, die zu einem starken Minderwertigkeitsgefühl führen.

Wir wollen jetzt zwei Lernweisen kleiner Kinder betrachten, die bei angemessener Berücksichtigung ein gesundes Leistungsgefühl bewirken können; ihre Mißachtung aber kann ein Gefühl von Minderwertigkeit zur Folge haben.

Manipulierendes und fundamentales Lernen

Im Gegensatz zum *symbolischen* und *derivativen* [abgeleiteten] Lernen älterer Kinder und Erwachsener ist das Lernen kleiner Kinder *manipulierend* und *fundamental*. Für uns Erwachsene ist es leicht, unsere Umwelt mit ihren belebten Wesen und unbelebten Dingen als gegeben hinzunehmen. Wir sind dermaßen in unserer Welt der künftigen Pläne und Projekte, der vergangenen Erfolge und Mißerfolge gefangen, daß uns die unmittelbare Umgebung häufig zweitrangig erscheint im Hinblick auf das, was geschehen wird und was vorüber ist. Selbst wenn wir uns auf das Gegenwärtige konzentrieren, etwa ein schmackhaftes Gericht oder einen erlesenen Wein genießen, so rührt unser Genuß im gleichen

Maße von einem durch viele Erfahrungen geschulten, verfeinerten Gaumen wie von der Speise oder dem Wein selbst her. Der erwachsene Mensch interpretiert jede neue Erfahrung durch die Verallgemeinerung ähnlicher zuvor gemachter Erfahrungen und in Erwartung vergleichbarer künftiger Erfahrungen.

Für das kleine Kind existiert indes nur die Gegenwart, und jede neue Erfahrung ist frisch und einzigartig. Wir alle erinnern uns wohl noch daran, wie wir zum erstenmal Mais, Himbeeren oder Eiskrem aßen. Irgendwie schmeckt der Mais, den wir als Erwachsene bekommen, nie genauso wie der Mais unserer Kindheit, noch munden die Beeren, die wir im Laden kaufen, so gut wie die, die wir einst im Nachbargarten pflückten. Das ist natürlich teils auf nostalgische Verklärung, teils auf unser übersättigtes Geschmacksempfinden zurückzuführen, doch auf die Faszination einer allerersten Begegnung mit einem herrlichen Geschmack.

Das Muster der Tapete, das Spiel von Licht und Schatten zwischen Morgen und Abend im Kinderzimmer, das sanfte Gezwitscher der Vögel, der dröhnende Lärm der Autos und Lastwagen, der Flugzeuge und Staubsauger — all das ist gleichermaßen neu für das kleine Kind. Neu sind auch die Glätte des Plastikbeißrings, die Rauheit der Decke und Papas Bartstoppeln, wenn er das Kleine küßt, bevor er sich rasiert hat. Gerüche sind nicht weniger eine Neuheit. Die Gerüche von Frühstück, Mittag- und Abendessen unterscheiden sich genauso voneinander wie Mamas Parfüm und die Ausdünstungen des Haustieres. Manche Gerüche sind unerfreulich: Das kleine Wesen rümpft die Nase und wendet sich ab.

Kleine Kinder lernen also durch den direkten Kontakt

mit ihrer Umwelt, die voll ist von Menschen und Gegenständen, durch die Erforschung dieser Eindrücke mit all ihren Sinnen und durch das Zusammensetzen dieser Erfahrungen, um zu komplexen und vollständigeren Schemata oder grundlegenden Vorstellungen von den Gebrauchsgegenständen des täglichen Lebens zu gelangen. Diese Art des manipulierenden Lernens ist die Grundvoraussetzung für das spätere symbolische Lernen.

Eine einfache Forschungsbeobachtung macht dies deutlich. Wenn kleine Kinder mit einem Fingerlabyrinth konfrontiert werden – das ist ein Tischplatten-Labyrinth mit Rillen, die breit genug sind, daß ein Kind mit dem Finger die verschiedenen Pfade entlangfahren kann –, erforschen sie das Labyrinth mit ihren Fingern, kehren in Sackgassen um und finden schließlich, nach einigen Versuchen und Irrtümern, den Weg hinaus. Setzt man aber ältere Kinder, die sich bereits symbolische Lernweisen angeeignet haben, vor dieses Labyrinth, so erforschen sie es erst mit den Augen, bevor sie es anfassen. Sie finden die Lösung also auf symbolische Weise und verfolgen dann erst mit dem Finger den richtigen Weg, ohne einen Fehler zu machen. Nach dem Alter von sechs oder sieben Jahren gewinnt die symbolische Manipulation gegenüber der konkreten oder manuellen die Vorherrschaft.

Auf gleiche Weise ist das Lernen des Kleinkindes fundamental und nicht – wie in späterem Alter – derivativ. Das fundamentale Lernen eignet sich für alle Kleinkinder in allen Teilen der Welt und in allen vergangenen Epochen. Diese Art des Lernens ist nicht aus dem Lernverhalten und den Errungenschaften unserer Gesellschaft oder Kultur abgeleitet; sie ist vielmehr Teil unseres durch die Evolution gegebenen tierischen Erbes und die Grundvoraussetzung für das Überleben. Schlechte und gute Gerüche, Geräusche, die Sicherheit und Geborgenheit signalisieren, der Geschmack von frischen und ungenießbar gewordenen Dingen, die stoffliche Beschaffenheit von etwas, das Trost bietet, und etwas, das Schmerz verursacht, dazu die Grundvorstellungen von Raum, Zeit, Kausalität und Objekten − all das muß ein Kind zum Überleben lernen.

Das Lernen älterer Kinder ist symbolisch und derivativ. Es ist insofern symbolisch, als es gesprochene und geschriebene Wörter und Zahlen einbezieht, und es ist gleichzeitig derivativ, weil es in der Ableitung von Symbolen und Vorstellungen besteht, die geschaffen und in der kindlichen ›Kultur‹ überliefert worden sind. Natürlich beginnen Kinder im Alter von zwei Jahren Wörter zu lernen und eignen sich einige derivative Vorstellungen an. Im Alter zwischen drei und sechs überlappen sich das manipulierend-fundamentale und symbolisch-derivative Lernen. Die allgemeinen Lernprinzipien sind in dieser Phase aber noch dieselben: Erforschung, Manipulation und Verbegrifflichung des Gegenstands, der Beschaffenheit oder der Beziehung.

Die Tatsache, daß kleine Kinder auf manipulierende und fundamentale Weise lernen, sollte die Basis für die Erziehungspraxis auf dieser Altersstufe bilden. Wenn wir die Kinder mit vielfältigen und abwechslungsreichen Spielmaterialien versorgen, die eine gründliche Erforschung und Manipulation ermöglichen, fördern wir ihr Leistungsgefühl. Das Verfügbarmachen solcher Materialien ist allerdings nur der Ausgangspunkt. Lehrer, die eine Ausbildung in frühkindlicher Erziehung erhalten haben, können den Forschungs- und Manipulationsdrang der kleinen Kinder so lenken, daß sie von diesen Aktivitäten bestmöglich profitieren. In der frühen Kindheit stellt der Lehrer in seinem Verhalten also ein Modell der systematischen und organisierten Erforschung und Manipulation dar, an dem das Kind sich orientieren kann. Das Vorbild des Lehrers vermittelt dem Kind ein Gefühl davon, daß es ein Lernsystem und ein Lernziel gibt — und das wird zu einem wichtigen Bestandteil seines Leistungsgefühls.

Wir erziehen die Kinder falsch, wenn wir den manipulativen und fundamentalen Charakter ihres Lernens ignorieren. Wenn wir Lehrpläne für Erstkläßler bereits in der Vorschule realisieren, zwingen wir Kindern symbolische und abgeleitete Lernerfahrungen auf, denen sie im Regelfall noch nicht gewachsen sind. Die gleichen negativen Konsequenzen zieht die Frühförderung solcher Kinder nach sich, die, gemessen an ihrem Entwicklungsstand, noch jung für ihr Alter sind. In beiden Fällen sind langfristige negative Folgen für das Leistungsgefühl der Kinder und ihre späteren schulischen und beruflichen Leistungen zu befürchten. Es gibt ernstzunehmende Belege für die negativen Auswirkungen von formalem Unterricht auf Kinder, die noch nicht das nötige Rüstzeug für symbolische und derivative Lernweisen erworben haben.

Zunächst einmal sind im Hinblick auf Bestrebungen, formalen Unterricht bereits in den Vorschulen durchzuführen, einige kulturvergleichende Daten erhellend. In Dänemark wird erst in der zweiten Klasse mit formalem Leseunterricht begonnen. Zuvor erwerben die Kinder vielfältige erforschende und manipulierende Spracherfahrungen; ihnen wird vorgelesen und erzählt, man hält sie dazu an, ihre eigenen Geschichten zu diktieren, und sie lernen ›Sichtwörter‹. Die Analphabetenquote beträgt in Dänemark beinahe null Prozent![1]

In Frankreich setzt ein staatlich verordnetes Leseprogramm in der Vorschule ein. Französische Kinder beginnen also im Alter von fünf Jahren mit formalem Leseunterricht. Im Unterschied zu Dänemark haben in Frankreich etwa 30 Prozent der Kinder Leseschwierigkeiten.[2] In Japan wird mit formalem Leseunterricht ebenfalls früh begonnen, doch ist hier die Quote der Kinder mit Leseproblemen geringer als in Frankreich, weil im Japanischen Aussprache und Silbenschrift — übereinstimmen. Somit entfallen einige Probleme für die kindliche Logik, die solchen Sprachen wie Englisch und Französisch mit ihren Abweichungen zwischen Aussprache und Orthographie eigen sind.[3] In gewissem Sinn verhält sich eine Sprache mit phonetischer Schrift zu einer Sprache mit nicht- oder nur teilphonetischer Schrift wie eine Digitaluhr zu einer Uhr mit Zifferblatt. Genauso wie ein Kind die Zeit von einer Digitaluhr ablesen kann, bevor ihm dies bei einer Uhr mit Zifferblatt gelingt, kann ein Kind in einer Sprache mit phonetischer Schrift eher lesen als in einer Sprache mit nichtphonetischer Schrift.

Es gibt auch Beweise für kurz- und langfristige negative Auswirkungen von zu frühem formalen Unterricht (symbolischem und derivativem Lernen) auf einzelne Kinder. Eine ganze Anzahl von Untersuchungen hat ergeben, daß Kinder, die zu früh in die Vorschule gehen, das heißt bevor sie fünf Jahre alt sind, mit größerer Wahrscheinlichkeit schwache akademische Leistungen zeigen und vorzeitig die High-School verlassen als Kinder, die erst ab sechs Jahren in die Vorschule kommen.[4]

McCarty[5] hat kürzlich in einer Doktorarbeit die Auswirkungen früher und nicht früher Förderung auf vom Entwicklungsstand her junge (= für ihr Alter junge) Vorschüler und Erstkläßler untersucht. Ihre Arbeit gehört zu den wenigen, in denen diese Auswirkungen über einen längeren Zeitraum hinweg beobachtet wurden. McCarty fand heraus, daß die Kinder, die nicht früh gefördert wurden, nach acht Jahren früh geförderten Kindern beträchtlich in der Akzeptanz seitens Gleichaltriger, der Anpassung innerhalb der Klasse und in den schulischen Leistungen voraus waren. Mit einigem Recht können wir annehmen, daß Kinder ohne frühe Förderung ein gesünderes Gefühl von Leistung entwickelt hatten als die früh Geförderten. Noch einmal sei gesagt: Dies ist der Tatsache zuzuschreiben, daß die früh geförderten Kinder formalem Unterricht ausgesetzt wurden, bevor sie die Phase der manipulierenden und fundamentalen Lernweise hinter sich gelassen hatten.

An dieser Stelle muß ich allerdings eine Warnung aussprechen. Ein Kind nicht früh zu fördern bedeutet in der Vergangenheit eine gesunde Erziehungspraxis; heute gilt dies nicht mehr ohne weiteres. Mehrere kürzlich vorgenommene Untersuchungen legen den Schluß nahe, daß zumindest in manchen Schulen fehlende Frühförderung zu einem sozialen Stigma geworden ist, das das Selbstbewußtsein des Kindes untergräbt, auch wenn es sich unverändert auf akademische Leistungen günstig auswirkt. Dieser Effekt des nicht früh Gefördertwerdens macht deutlich, wie groß der neue soziale Druck auf Kleinkinder ist, akademische Leistungen zu bringen, und er offenbart auch, daß sie sich jetzt schon in frühem Alter der Bedeutung bewußt sind, die ihre Eltern und ihre Altersgenossen akademischen Leistungen beimessen. Diese jüngsten Daten belegen beispielhaft, wie verheerend sich die neuen psychologischen Vorstellungen von Superkids und vom kompetenten Kind auf eine einstmals gesunde Erziehungspraxis auswirken.[6]

Die Mehrzahl der Vorschulkinder ist formalem Unterricht, der das Erlernen symbolischer Regeln und derivativer Information einschließt, noch nicht gewachsen. Die Einführung solchen Unterrichts in der Vorschulstufe gefährdet das Gefühl für Leistung bei Kindern und erhöht das Risiko, daß sie ein ausgeprägtes Minderwertigkeitsgefühl erwerben. Und es zeigt sich, daß Kinder, deren Leistungsgefühl in jungen Jahren beschädigt wurde, später in der Schule zu versagen drohen. Für den formalen Unterricht, der symbolisches und derivatives Lernen erfordert, besitzt die ›Je früher, desto besser‹-Devise keine Gültigkeit.

Permeables Lernen

Das Lernen kleiner Kinder ist insofern permeabel [durchlässig], als die Kategorien von Fertigkeiten und Fächern, die wir zur Strukturierung des Lernens und Unterrichtens älterer Kinder benutzen, für Kinder, die jünger als sechs oder sieben sind, einfach nicht existieren. Kleine Kinder organisieren ihr Denken und Wissen nicht nach Fächern wie Lesen, Mathematik, Naturwissenschaften und Geisteswissenschaften. Ihr Denken richtet sich vielmehr an Projekten, Tätigkeiten und Rahmen aus. Alle diese Projekte, Tätigkeiten und Rahmen schließen Fertigkeiten und Informationen ein, die in einem späteren Alter in die eine oder andere Fachkategorie eingeordnet werden könnten. Für kleine Kinder aber sind sie noch Teil eines universalen Ganzen.

Diese Lernweise soll durch ein Beispiel für Permeabilität veranschaulicht werden. Schauen wir uns eine Gruppe von Vier- und Fünfjährigen an, die sich ein gemeinsames Projekt wie etwa das Kochen einer Gemüsesuppe vorgenommen haben. Einige Kinder schrappen Möhren, andere waschen Stangensellerie und grüne Paprika, wieder andere entstielen Fleischtomaten, während die übrigen Erbsen puhlen. Wenn alles Gemüse vorbereitet ist, wirft es der Lehrer in einen Topf auf dem Herd, fügt Wasser und Gewürze hinzu und schaltet die Herdplatte ein, während die Kinder ihm dabei zuschauen.

Was lernen die Kinder aus dieser Tätigkeit? Sie lernen soziale Kooperation. Jedes liefert seinen Beitrag zu einem gemeinsamen Projekt, das allen Kindern zugute kommen wird: Sie alle werden die Suppe essen. Sie lernen die Namen, Farben und Formen der Gemüsesorten, dazu den Unterschied zwischen Gemüse, das geschält, und Gemüse, das nicht geschält wird. Sie lernen, unterschiedliche Konsistenzen zu unterscheiden und zu benennen, etwa ›knackig‹, ›weich‹ und ›klitschig‹. Sie lernen auch eine Lektion in Physik und Chemie: Gemüse wird durch Kochen weich.

Sie lernen Maße und Gewichte kennen, während sie den Anweisungen des Rezepts aus dem Kochbuch folgen, welches das Gewicht oder die Menge von Möhren, Erbsen und Tomaten angibt, die in die Suppe gehören. Sie müssen aufpassen, wie lange die Suppe kocht, und lernen dabei auch etwas über die Uhrzeit. Beim Zubereiten der Suppe lernen die Kinder also eine ganze Menge in den Bereichen Naturwissenschaften, Sprache, Mathematik, Geisteswissenschaften und soziale Interaktion, ohne sich dieser Tatsache bewußt zu sein. Sie wissen nur — und das ist alles, was sie wissen müssen —, daß es ihnen Spaß macht, Suppe zu kochen.

Wenn Erziehungsprogramme für kleine Kinder diese Permeabilität ihres Lernens anerkennen und ihnen vielgestaltige Projekte, Tätigkeiten und Rahmen bieten, um ihre erforschenden und manipulierenden Fertigkeiten zu fordern, stärkt das Programm das Leistungsgefühl der Kinder. Kinder, die Suppe kochen, Brot backen, Grußkarten für die Mütter und Freunde zum Valentinstag basteln, aus Pappstreifen ein Körbchen für Ostereier flechten oder eine Maske für den Karneval bemalen, lernen fundamentale Konzepte und machen gleichzeitig die Erfahrung, daß die Vollendung einer Aufgabe zu einem verwendbaren Produkt führt, das man mit nach Hause nehmen und von den Eltern bewundern lassen kann. Solch eine Leistung stärkt das Leistungsgefühl eines Kindes in viel höherem Maße als eine Note auf einem Arbeitspapier.

Die permeable Natur des kleinkindlichen Lernens ist ein weiterer Grund dafür, daß formaler Unterricht für kleine Kinder Fehlerziehung bedeutet. Formale Erziehung setzt nämlich eine Ausbildung in bestimmten Fertigkeiten wie Lesen und Rechnen zu einer Zeit voraus, da der kindliche Geist noch nicht innerhalb festgelegter Kategorien, sondern permeabel funktioniert. Wenn kleine Kinder einer Lektion nicht folgen können, so mag das viele Gründe haben. Vielleicht sind sie völlig von dem Versuch in Anspruch genommen, die Wörter zu verstehen, während es dem Lehrer auf die Laute ankommt. Ich erinnere mich an ein Kind, bei dem gravierende Leseschwierigkeiten festgestellt worden waren. Das Mädchen kam zum Beispiel niemals über die Eingangsformel von Märchen hinaus: Sie mühte sich zu verstehen, was ›Once upon a time‹ (Es war einmal) bedeutete, weil sie sich nicht vorstellen konnte, selbst ›upon‹ einer Zeit zu sein.

Manchmal wird die Permeabilität des kindlichen Lernens zwar anerkannt, aber zu unterbinden versucht. Im Rahmen meiner Forschung über visuelle Wahrnehmung wollte ich die Entwicklung der Wahrnehmungsfähigkeit hörgeschädigter Kinder untersuchen. Verursacht fehlendes oder eingeschränktes Gehör eine Verbesserung ihrer Wahrnehmungsfähigkeiten (die sogenannte Kompensationstheorie), oder sind ihre visuellen Fähigkeiten gleichermaßen beeinträchtigt (die sogenannte Korrelationstheorie)? Um dieser Frage nachgehen zu können, erhielt ich die Erlaubnis, kleine Kinder in einer Schule für Taube zu testen; mein Assistent war ein Student, der die Taubstummensprache beherrschte.

Meiner üblichen Praxis folgend, verbrachte ich einige Zeit mit den Schülern, die ich testen wollte, im Klassenraum, bevor ich mit der Untersuchung begann. So hatten die Kinder Gelegenheit, mich zu sehen und sich an meine Anwesenheit zu gewöhnen, bevor wir uns an die Arbeit machten — das schafft eine behagliche Interview-Atmosphäre. Die Zeit mit diesen Kindern war dann aber eine der schrecklichsten Schulerfahrungen meines Lebens.

Lassen Sie mich einschieben, daß die Schule selbst außergewöhnlich war. Es handelte sich um ein renoviertes altes Herrenhaus am Ufer eines der Großen Seen —

die Schenkung einer Familie, die ein taubes Kind gehabt hatte. Die Räume waren hoch, besaßen wunderschöne Täfelungen und große, breite, unterschiedliche Fenster, wie sie in Europa üblich sind. Doch die Pracht der baulichen Anlage, die gepflegten Rasenflächen und Blumenbeete trugen nur dazu bei, meine Verzweiflung zu steigern, sobald ich in den Klassenraum trat.

Als erstes bemerkte ich, daß die Wände in einem eintönigen Weiß gestrichen waren, nicht in einem gebrochenen Weiß, das von einer gelben oder beigen Tönung gemildert wird. Die Eintönigkeit der Wände wurde durch die Kahlheit des Raumes noch verstärkt: Es gab keine Pflanzen, keine Tiere, keine Bilder an der Wand, kein Spielzeug, keine Modelle oder Materialien irgendwelcher Art. In der Mitte des Raumes saß die Lehrerin auf einem Stuhl mit harter Rückenlehne und um sie herum acht Kinder auf kleineren Stühlen mit ähnlich harten Rückenlehnen. Sie gingen gerade eine Lektion durch; die Lehrerin buchstabierte in der Taubstummensprache, während die Kleinen ihr und den Büchern auf ihrem Schoß folgten.

Ich kannte die Lehrphilosophie, die diese Art von Klassenzimmer vorschrieb, aber in diesem Extrem hatte ich sie noch nie verwirklicht gesehen. Die Theorie besagte, daß diese Kinder leicht abgelenkt werden (ihr Lernen ist permeabel), und daher benötigten sie eine öde, langweilige Umgebung, um sich auf den Unterricht konzentrieren zu können. Während ich die Kinder beobachtete, ging mir ein Satz nicht aus dem Kopf, den ich beinah der Lehrerin gesagt hätte: »Mein Gott, diese Kinder sind taub – sie sind nicht tot!« Aber ich hielt den Mund.

Diese Philosophie muß aus demselben Grund scheitern wie die, nach der Kleinkinder in einzelnen Fächern unterrichtet werden: Sie ignorieren die Weise, in der kleine Kinder lernen. Kleine hörgeschädigte Kinder lernen wie kleine nicht-hörgeschädigte Kinder auf permeable und nicht auf an einzelnen Fächern ausgerichtete Art. Wenn man so viele Dinge aus dem Klassenzimmer entfernt, entfernt man viel von dem, was ein Kind ebenfalls lernen könnte. Anstatt sich von einer anregenden Umgebung mit Pflanzen, Tieren, Bildern und Materialien ablenken zu lassen, bringen hörgeschädigte Kinder wie auch gesunde diese Erfahrungen in das ein, was sie gerade lernen, und verarbeiten es. Wir können unsere Unterrichtsgegenstände streng eingrenzen, das Lernen kleiner Kinder aber nicht.

Die negativen Folgen, die aus der Mißachtung der Permeabilität kleinkindlichen Lernens und aus dem Unterricht kleiner Kinder in isolierten akademischen Fächern resultieren, sind von einer Reihe kürzlich vorgenommener Untersuchungen bestätigt worden. In einer Studie wurde der Weg von Kindern, die akademische und nicht-akademische Vorschulprogramme absolviert hatten, bis ins 16. Lebensjahr verfolgt. Kinder, die eine akademische Vorschule besucht hatten (und eher in Fächern unterrichtet worden waren, als daß sie an Projekten teilgenommen hatten), neigten in viel höherem Maße als Kinder, die ihrem Alter gemäße Programme besucht hatten, dazu, in der Jugendzeit straffällig zu werden.[7] Und eine andere Untersuchung ergab, daß Kinder aus einkommensschwachen Familien, die eine akademische Vorschule besucht hatten, in der Grundschule stärkere Agressionen zeigten als vergleichbare Kinder, die in traditionelle Kindertagesstätten gegangen waren.[8] Aggressives Verhalten ist häufig Ausdruck von Minderwertigkeitsgefühlen.

Erziehungspraktiken, die den erforschenden, fundamentalen und permeablen Charakter des kleinkindlichen Lernens ignorieren, gefährden ihr Leistungsgefühl. Kleine Kinder, die mit einem beeinträchtigten Lebensgefühl und verstärkten Minderwertigkeitsgefühlen in die spätere Kindheit und Adoleszenz treten, haben größere schulische Probleme, neigen eher dazu, vorzeitig von der Schule abzugehen und aggressives Verhalten zu zeigen, als Kinder, die mit einem gesunden Leistungsgefühl die späteren Stadien der Kindheit erreichen. Sowohl die Schüler selbst als auch die Gesellschaft zahlen einen hohen Preis für die Fehlerziehung kleiner Kinder.

Kompetenz gegen Hilflosigkeit

Das Erwerben eines gesunden Gefühls von Kompetenz, das ein Gefühl von Hilflosigkeit überwiegt, hängt, zumindest teilweise, auch von der Übereinstimmung des Curriculums mit den Lernweisen des Kindes ab. Das Gefühl von Kompetenz leitet sich allerdings aus zwei anderen frühkindlichen Lernweisen ab, die immer stärker dadurch in den Hintergrund treten, daß die Lehrpläne und Lehrmethoden der höheren Klassen bereits in der ersten Grundschulklasse, der Vorschule und in der Eingangsstufe zur Vorschule angewendet werden. Ein geringes Maß an Gefühl von Hilflosigkeit ist zwar notwendig, um uns vor allzu großem Selbstvertrauen zu bewahren, doch ist zu häufiges Versagen in zu frühem Alter für die Störung dieses gesunden Gleichgewichts verantwortlich.

Der strukturelle Imperativ

Psychologen unterscheiden im allgemeinen zwischen extrinsischer Motivation (Belohnung/Strafe) und instrinsischer Motivation (Wißbegier, Selbstachtung, Stolz). Der ›strukturelle Imperativ‹ ist eine Form intrinsischer Motivation, die aus dem Bedürfnis des Kindes erwächst, ein intellektuelles Potential oder eine geistige Struktur zu realisieren. Der Spracherwerb von kleinen Kindern ist ein gutes Beispiel für den strukturellen Imperativ. Kleine Kinder lernen in erster Linie sprechen, weil sie die physischen Voraussetzungen dafür (Zunge, Stimmbänder, Lungen) ebenso besitzen wie die Gehirnstrukturen, die Sprache ermöglichen. Gerade der Gebrauch der Sprechwerkzeuge liefert die Stimulation, sie stärker zu benutzen. Das Brabbeln des Kleinkindes regt zum Beispiel weiteres Brabbeln an. Natürlich dient die Sprache des Kindes, während sie sich weiterentwickelt, auch anderen Motiven, doch in den Anfangsphasen des Spracherwerbs ist das Sprechen ein Ausdruck des strukturellen Imperativs.

Im allgemeinen tritt der strukturelle Imperativ am deutlichsten in Erscheinung, wenn eine Struktur im Entstehen begriffen ist. Sobald die Struktur ausgebildet ist, schwindet der intrinsische strukturelle Imperativ; jetzt dienen andere intrinsische oder extrinsische Motive dazu, den Gebrauch der voll ausgebildeten Struktur zu aktivieren. So ist zum Beispiel der strukturelle Imperativ des Spracherwerbs im allgemeinen im Alter von elf oder zwölf Jahren[9] geschwunden; danach bestimmt ein extrinsisches Motiv (etwa einen College-Abschluß zu erhalten) den Jugendlichen, eine Fremdsprache zu lernen. Kleinkinder hingegen lernen mit Leichtigkeit eine zweite Sprache, wenn sie von den Menschen in ihrer Umgebung gesprochen wird.

Während des fünften und sechsten Lebensjahres erwerben Kinder die neue geistige Struktur, die Piaget als ›konkrete Operationen‹ bezeichnet. Diese Operationen ermöglichen Kindern, solche Regeln wie die folgende zu lernen: »When two vowels go walking, the first one does the talking« [etwa: Wenn zwei Vokale wandern, spricht der erste statt des andern]; sie ermöglichen Kindern, englische Laute zu begreifen (daß derselbe Buchstabe, etwa ein *a*, ganz unterschiedlich klingen kann) sowie das Konzept von Einheiten oder Gruppen, das für das Verstehen mathematischer Operationen unabdingbar ist. Konkrete Operationen sind erforderlich, wenn ein Kind von formalem Unterricht profitieren soll, aber man kann sie sich nicht durch formalen Unterricht aneignen.

Es gibt zahlreiche Beispiele für die Verbindung des strukturellen Imperativs mit dem Erwerben konkreter Operationen. Weil konkrete Operationen dem Kind zum Beispiel quantifizierendes Denken ermöglichen, suchen und finden Kinder in dieser Phase häufig Anregungen, die ihr quantitatives Verständnis fördern und erweitern. Als einer meiner Söhne sich in diesem Stadium befand, brachte er mich dadurch in Verlegenheit, daß er im Taxi laut und fortlaufend den Stand des Taxameters ablas. Er übte seine sich entwickelnden Fähigkeiten ganz spontan und hielt dabei nach Publikum Ausschau: »Willst du hören, wie ich bis tausend zähle?«

Einer der Gründe für die Vorliebe von Kindern für Märchen ist der, daß sie häufig die sich entwickelnden quantifizierenden Fähigkeiten des Kindes anregen. ›Hans im Glück‹ tauscht seinen Goldklumpen gegen ein

Pferd und immer kleinere Tiere ein — eine Kuh, ein Schwein, eine Gans — und schließlich gegen einen Wetzstein. Und in dem Märchen ›Von dem Fischer un syner Fru‹ wünscht sich die Frau größere und immer größere Häuser und einen höheren und immer höheren Rang, bis sie am Ende wieder in ihrem ›Pißputt‹ sitzt. Diese Geschichten sprechen kleine Kinder natürlich aus vielen Gründen an, doch die quantitative Stimulation ist mit Sicherheit einer von ihnen.

Wenn wir den strukturellen Imperativ der Kinder unterstützen und fördern, stärken wir auch ihr Gefühl von Kompetenz. Das Beantworten der Fragen eines Kindes festigt nicht nur sein Gefühl von Initiative, sondern stimuliert auch seine sprachlichen und geistigen Fähigkeiten. Und wenn wir Kindern nicht nur beim Zählen zuhören, sondern auch ihrem Wunsch folgen, mündliche Additions- und Subtraktionsaufgaben gestellt zu bekommen, bieten wir ihrem strukturellen Imperativ weitere Anregungen und fördern ihr Gefühl von Kompetenz.

Daheim und in der Schule wird das Erlangen konkreter Operationen durch Materialien gefördert, die diese sich entwickelnden Operationen sowohl erweitern als auch üben. Ein buntes Sortiment von Knöpfen kann man zum Beispiel nach Farben oder Größen sortieren. Verschieden große Klötze, Stäbchen oder geometrische Figuren, die man in zu- oder abnehmendem Größenverhältnis aufreihen kann, sind ebenfalls nützliche Materialien wie Perlen oder Spielmarken, die man zählen kann, erweitern und üben die wachsenden geistigen Fähigkeiten der Kinder. Kinder haben auch einen strukturellen Imperativ des Schreibens und produzieren — wenn man sie nur läßt, ohne auf korrekte Buchstabierung zu bestehen — eine einfache und durchaus lesbare ›erfinderische Orthographie‹.

Wenn ein Erziehungsprogramm für Fünf- und Sechsjährige eine Fülle derartiger Materialien anbietet und ihnen reichlich Zeit und behutsame Anleitung bei der Beschäftigung mit ihnen gewährt, wird der strukturelle Imperativ gestärkt, und die Kinder erwerben dazu ein gesundes Gefühl, in ihren eigenen Fähigkeiten kompetent zu sein. Im Gegensatz dazu erhalten Kinder, die in dieser Phase formale Unterrichtsprogramme absolviert haben, weder die Materialien noch die Anleitung, die sie zur Stimulierung und Übung ihrer konkreten Operationen brauchen. Formaler Unterricht setzt vielmehr genau die Operationen voraus, die sich noch im Studium der Entwicklung befinden. Und das bewirkt ein Gefühl von Frustration, von Unfähigkeit und Hilflosigkeit.

Hilflosigkeit kann erlernt werden,[10] und zumindest ein Wissenschaftler[11] vertritt die Auffassung, daß manche Schulen die Anfälligkeit von Kindern für erlernte Hilflosigkeit dadurch erhöhen, daß sie Leistungsziele (Noten) über Lernziele (Fertigkeiten, Kenntnisse und Werte) stellen. Obwohl sich das Versäumnis, den strukturellen Imperativ zu stärken, bei allen Kindern negativ auswirkt, trifft dies besonders auf intellektuell begabte und künstlerisch talentierte Kleinkinder zu. Wenn dem strukturellen Imperativ solcher Kinder die Nahrung und die notwendige Gelegenheit zur Realisierung und Übung versagt wird, so ist das nicht nur zum Schaden des Kindes, sondern auch der Gesellschaft. Im folgenden wird das Beispiel eines begabten Kindes angeführt, dessen struktureller Imperativ die angemesse Anleitung, Unterstützung und Stimulation erfahren hat:

Dalit Warshaw zählte zu den Siegerinnen des Internationalen Wettbewerbs von Kompsitionsschülern des BMI im Jahre 1984. Ihre preisgekrönte Komposition aus vier Sätzen trug den Titel ›Fun Suite‹. Vor dem Wettbewerb war diese Suite bereits vom Rockland Suburban Orchestra und dem Denver Symphony Orchestra aufgeführt und vom WQXR-FM gesendet worden. Dalit komponiert nicht nur, sie tritt auch als Konzertpianistin auf. Einige Monate vor dem Wettbewerb gab sie einen Klavierabend; auf dem Programm standen Beethovens Sonate in G-Dur und Mozarts Fantasie in D-Moll. 1984, als sie im Internationalen Wettbewerb des BMI siegte, war sie neun Jahre alt!

Und so bewertete Lilian Kalir, eine Konzertpianistin, Dalits Spiel: »Sie ist absolut außergewöhnlich«, sagte Lilian. »Ihre Kreativität, ihr Rhythmusgefühl, ihre Freude — das ist Kunst, die man nicht lernen kann. Ihre Technik ist nicht einmal besonders gut, aber ihr Ausdruck ist außerordentlich.« Und im Hinblick auf ihre originellen Kompositionen erklärte Lilian:

»Sie wären selbst dann erstaunlich, wenn sie durch das Abhören von Schallplatten und Nachahmung des Gehörten entstanden wären. Aber es ist viel mehr als das. Die Stücke sind großartig, von großer bildlicher Phantasie. Wenn ich solch ein Kind hätte, wüßte ich nicht, was ich tun sollte. Man müßte stets befürchten, etwas Falsches zu tun, die Begabung nicht richtig zu fördern.«[12]

Dalits Begabung zeigte sich früh und ganz spontan. Der ›Unterricht‹ durch ihre Mutter war direkte Folge von Dalits Interesse und ihrem offenkundigen musikalischen Talent.

Dalit zeigte bereits als Kleinkind Interesse am Klavier, und als sie dreieinhalb wurde, begann Ruti (ihre schöne, in Israel geborene Mutter, die gleichfalls eine vollendete Pianistin ist), ihr Unterricht zu erteilen. Es zeigte sich bald, daß sie ungeheuer rasch lernte. Ein Jahr später überredete Ruti, die die objektive Meinung eines Fachmanns hören wollte, Nadia Reisenberg, Fakultätsmitglied der Juilliard-Schule und Klavierlehrerin, Dalit vorspielen zu lassen. Reisenberg äußerte sich sehr ermutigend, sowohl im Hinblick auf Dalit als auch auf Ruti, der es widerstrebte, weiterhin ihr eigenes Kind zu unterrichten. »Bleiben Sie dabei«, sagte Reisenberg zu ihr. »Melden Sie sie nicht in einer Musikschule an, denn dort wird man ihr beibringen, wie ein Roboter zu spielen.«[13]

Reisenbergs Bedenken gegen die Anmeldung der Kleinen in einer Musikschule decken sich mit den in diesem Buch geäußerten Bedenken. Formaler Unterricht würde Dalit nicht nur dazu bringen, wie ein Roboter zu spielen, er könnte auch ihr Gefühl von Kompetenz beeinträchtigen. Dalits Mutter hatte intuitiv den Unterschied zwischen gesunder und falscher Erziehung erkannt, als sie begann, der kleinen Dalit den Unterricht zu geben, den sie verlangte, statt als Mutter zu entscheiden, was ihre Tochter brauchte, oder diese Entscheidung einem Lehrer zu überlassen.

Intellektuell begabte Kinder sind ein weiteres Beispiel für den strukturellen Imperativ. Zunächst einmal gilt, daß intellektuelle Begabung und kreatives Talent nicht dasselbe sind; tatsächlich repräsentieren sie zwei unterschiedliche Denkweisen. Geistige Begabung spiegelt das sogenannte ›konvergente‹ Denken wider, ein Denken, das sich in konventionellen Bahnen bewegt. Künstlerisch begabte Kleinkinder hingegen neigen zu ›divergentem‹ Denken, das von konventionellen Denkweisen abweicht. Künstlerisch begabte Kinder wie Dalit sind kreativ und originell, während intellektuell begabte Kinder geistig frühreif sind.[14]

Das bemerkenswerte an intellektuell begabten Kindern ist zumeist, wie viel sie sich an konventionellem Wissen angeeignet haben. Solche Kinder lernen früh lesen und erwerben rasch umfangreiche Fachkenntnisse der konventionellen Art: in Mathematik, Geschichte, Naturwissenschaften und so fort. Bei intellektuell begabten Kindern äußert sich der strukturelle Imperativ im beschleunigten Lernen und in der Begabung herkömmlicher Wissensgebiete:

Kevin Kaliher ist 10. Er hat einen IQ von 169. Die Frage, die er am wenigsten schätzt, lautet, wie er sagt: »Wie bist du so schlau geworden?« Seine Antwort: »Ich nehme an, ich bin so geboren.«
Kevin hat beim Mathematiktest des SAT beinah siebenhundert Punkte (von achthundert möglichen) erreicht ... Jetzt geht er in die neunte Klasse der Lake Forest Academy in Lake Forest, I11. Und trotzdem beharrt er in ruhigem, aber überzeugtem Ton darauf: »Ich bin wirklich ein ganz normales Kind — nur ein bißchen schlau.« Kevin arbeitet gern auf seinem Franklin Ace 1000 Heimcomputer mit Graphiken und übt auf dem Klavier und der Geige.[15]

Es hat vielleicht den Anschein, als wenn intellektuell begabte Kinder die Ausnahme von der Regel über die negativen Folgen frühen formalen Unterrichts sind. Schließlich tun diese Kinder im Alter von fünf oder sechs Jahren das, was die meisten Kinder mit zwölf oder dreizehn machen. Würden diese Kinder nicht von frühem formalen Unterricht profitieren, da sie doch reif dafür sind? Nicht unbedingt. Tatsächlich benötigen intellektuell begabte Kinder eine Ausweitung jenes Erziehungsprogramms, das ich als für Fünf- und Sechsjährige angemessen vorgeschlagen habe.

Wir müssen berücksichtigen, daß intellektuell begabte Kleinkinder den strukturellen Imperativ im Extrem haben! Bei den meisten Kindern schwindet der strukturelle Imperativ, sobald die Strukturen voll ausgebildet sind (im Hinblick auf konkrete Operationen heißt das: im Alter von sieben Jahren), zu einer Zeit, da mehr traditionelle Motivationen wie Bindungen, Selbstachtung und Konkurrenzdenken ins Spiel kommen. Bei intellektuell begabten Kindern schwindet der strukturelle Imperataiv jedoch nicht, vielleicht deshalb, weil solche Kinder schon die nächste Stufe des strukturellen Imperativs erreicht haben, was bei den meisten Kindern erst im Alter von zwölf oder dreizehn Jahren der Fall ist — die geistigen

Fähigkeiten höherer Ordnung, die Piaget als formale Operationen bezeichnete.

Was intellektuell begabte Kinder vor allem anderen brauchen, ist daher nicht früher formaler Unterricht, sondern vielmehr ein größeres Spektrum an Gelegenheiten, eigenständig etwas zu erforschen und zu untersuchen. Die Aufgabe des Lehrers besteht nicht darin, die Kinder im konventionellen Sinne zu unterweisen, sondern genau das zu tun, was der frühkindliche Erzieher tut, nur auf einem höheren Niveau. Die eher vorsichtig abwägende als direkte Anleitung zur Entfaltung ihrer geistigen Fähigkeiten zeigt sich darin, sie mit den richtigen naturwissenschaftlichen und mathematischen Materialien sowie mit den richtigen Fachbüchern zu versehen und sie darüber hinaus behutsam in die richtige Richtung zu lenken.

Daß Schulen relativ selten den strukturellen Imperativ von intellektuell begabten und künstlerisch talentierten Menschen fördern, geht aus den Biographien berühmter Personen hervor:

Thomas Edison sagte über die Schule: »Ich erinnere mich, daß ich in der Schule niemals mitkam. Ich war immer das Schlußlicht der Klasse. Ich hatte immer den Eindruck, daß die Lehrer kein Verständnis für mich hatten und daß mein Vater mich für dumm hielt.« Albert Einstein galt bei seinen Eltern und Lehrern als schwerfällig. Sein Sohn Albert jr. sagte: »Tatsächlich habe ich gehört, daß mein Vater sich als Kind sehr brav betrug. Er war selbst damals schüchtern, einsam und verschlossen. Seine Lehrer hielten ihn sogar für zurückgeblieben. Er erzählte mir, daß die Lehrer seinem Vater berichteten, er sei geistig träge, ungesellig und ständig in seinen närrischen Träumen versunken.«[16]

Die Goertzels fanden in ihrer klassischen Untersuchung von fünfhundert bedeutenden Persönlichkeiten heraus, daß über dreihundert von ihnen ernste Schulprobleme gehabt hatten:

> Sie waren unzufrieden mit: dem Curriculum; irrationalen oder grausamen Lehrern; Mitschülern, die sie schikanierten, ignorierten oder langweilten; und schulischem Versagen. Im allgemeinen hatte ihnen die ganze Schulsituation nicht gepaßt, selten äußerten sie eine klare, einzelne Beschwerde.[17]

Für die intellektuell Begabten und die künstlerisch Talentierten ist formaler Unterricht also in allen Altersstufen Fehlerziehung! Glücklicherweise ist der strukturelle Imperativ bei den meisten dieser Ausnahmemenschen stark genug, daß sie sich selbst ihre Förderung beschaffen. Das gilt jedoch nicht für das durchschnittlich begabte Kind. Auf Kinder von fünf oder sechs Jahren wirkt sich selbst das ungelenke Spiel günstiger aus als formaler Unterricht. Solcher Unterricht kann die Entfaltung ihrer Fähigkeiten hemmen und ein Gefühl von Hilflosigkeit hervorrufen, das ihr Gefühl von Kompetenz verdrängt.

Das kindliche Spiel

Das Spielen ist zwar in allen Stadien der Entwicklung bedeutsam, besonders aber im sechsten und siebten Lebensjahr (wenn die Kinder also fünf und sechs sind), da in dieser Zeit die Krise Kompetenz versus Hilflosigkeit ihre Lösung erfährt. In dieser kritischen Phase ist das keimende Kompetenzgefühl des Kindes besonders vielen Bedrohungen ausgesetzt, die nicht nur aus unangemessenen Unterrichtsverfahren resultieren, welche den strukturellen Imperativ behindern, sondern auch aus den hundertundeins Gefühlen von Kränkung, Frustration und Ablehnung, die den Schritt des Kindes in die Welt der Schule, des Unterrichts und des Zusammenseins mit Kindern seiner Altersgruppe begleiten. Immer wieder wird das Kompetenzgefühl des Kindes hinsichtlich seiner Fähigkeiten von Erwachsenen und Gleichaltrigen bedroht.

In diesem Alter kennen Kinder aber noch keine der Strategien von Erwachsenen zum Schutz des eigenen Ego (wie Rationalisierung oder Projektion), die wir uns aneignen, wenn wir älter werden, und mit denen wir Angriffe auf unsere Kompetenz und unsere Selbstachtung abwehren. Darum ist das Spielen so wichtig: Es stellt den einzigen Schutz kleiner Kinder gegen die vielen realen oder eingebildeten Angriffe und Zurücksetzungen dar, die sie erfahren. Im Spiel können Kinder ihrer Kompetenz als ›Superhelden‹ eindrucksvoller und kompetenter demonstrieren als der eindrucksvolle und kompetenteste Erwachsene. Durch Theater- und Rollenspiele können sie ihre Kompetenz behaupten, am Ende die Rollen von Erwachsenen zu übernehmen. Und im Spiel mit Gleichaltrigen können sie ihre soziale Kompetenz geltend machen, nämlich ihre Fähigkeiten, Freundschaften zu schließen und zu bewahren. Spiel bedeutet immer das sich Anverwandeln der Wirklichkeit im Dienste des Selbst.

Diese Funktion des Spiels in der frühen Kindheit als ein Mittel, das Gefühl von Kompetenz nachdrücklich zu behaupten, wird oft mißverstanden. Das kindliche Spiel wird entweder rationalisierend als die ›Arbeit des Kindes‹ bezeichnet, womit eine andere Weise gemeint ist, auf die Kinder lesen, schreiben und Naturwissenschaften lernen. Oder es wird als Mittel von Kindern gedeutet, ihre schöpferischen Kräfte auszudrücken, wobei unterstellt wird, daß sie wiederum den formalen Unterricht benötigen, um sich adäquat ausdrücken zu können. Selbstverständlich lernen Kinder durch Spielen, aber keine der genannten Funktionen ist entscheidend.

Das Mißverstehen der Funktion des Spiels bei jungen Kindern führt oft zu Übererziehung. Wenn man Spielen als ›Arbeit‹ des Kindes auffaßt, so kann man dafür einen Plan, einen Unterrichtsplan aufstellen. Ein Kind, das Kaufladen spielt, kann man dazu anhalten, seine Ware mit Preisschildern auszuzeichnen und die Summe der Einkäufe zusammenzurechnen. Faßt man das Spielen als Ausdruck der kreativen Impulse des Kindes auf, kann man es auffordern, das von ihm gemalte Bild zu erläutern und den Himmel und das Gras in konventionellen Farben zu malen. Leider stärkt eine solche Behandlung des Spielens nicht das kindliche Gefühl von Kompetenz, sondern bewirkt eher das Gegenteil: Sie ruft ein Gefühl von Hilflosigkeit hervor.

Ich denke, wir alle erinnern uns an Erfahrungen wie die folgende, die das ganze Leben bestimmende Auswirkungen haben können. Als Vorschulkind sang ich mit Begeisterung, wenn auch falsch; es war meine Art des Spielens und des Behauptens meiner Kompetenz. Als irgendein Würdenträger die Vorschule besuchte, ließ uns die Lehrerin ihm zu Ehren ein Lied anstimmen. Doch bevor sie uns den Ton angab, deutete sie auf mich und sagte: »Du, Elkind, hörst zu.« Damit endete meine Karriere als Sänger abrupt; aber in der Vorschule brach auch meine Laufbahn als bildender Künstler ab. Nachdem ich eine großartige Collage auf Zeichenpapier fertiggestellt hatte, kam mir eine brillante Idee. Ich nahm meine Schere und rundete die Ecken ab. Als die Lehrerin einen Blick darauf warf, sagte sie: »Jetzt hast du es verdorben.« Als ich neun war, erschien ein Gedicht von mir in der Schulzeitung — und das hat meine Karriere als Autor bestimmt.

Was ich damit sagen will: Wir müssen die Ergebnisse des kindlichen Spiels als das Bemühen respektieren, sein Gefühl von Kompetenz zu schützen, zu verteidigen und zu stärken. Für die Produkte dieses Spiels gilt das alte Sprichwort: »Wenn du nichts angenehmes zu sagen weißt, sag lieber gar nichts.« Wenn wir die Kinder reichlich mit Materialien aller Art versorgen, so daß sie sich in vielfältigen spielerischen Tätigkeiten genügen können, ohne daß wir sie zu etwas formen, das sie nicht sind, und ohne daß wir ihre Produkte nach unseren Erwachsenenmaßstäben bewerten, stärken wir ihr Gefühl von Kompetenz. Andernfalls berauben wir sie ihres wichtigsten Schutzes gegen das Gefühl der Hilflosigkeit.

Das sechste und siebte Lebensjahr sind daher entscheidend für das Erwerben eines Gefühls von Leistung und Kompetenz. Sobald unsere Kinder in die Schule kommen, sind nicht mehr wir allein für die Balance zwischen den einzelnen Grundhaltungen der menschlichen Persönlichkeit verantwortlich; die Schulen tragen gleichfalls dazu bei. So, wie wir wissen, welche elterlichen Erziehungspraktiken Vertrauen, Autonomie, Initiative und Zugehörigkeit ermutigen und fördern, wissen wir auch, welche schulischen Lehrmethoden Leistung und Kompetenz stärken.

Wenn wir die einzigartigen Lernweisen des kleinen

Kindes erkannt haben und unseren Erziehungsstil darauf einstellen, praktizieren wir gesunde Erziehung. Wenn wir aber all das ignorieren, was wir über das Lernen kleiner Kinder wissen, und ihnen Lehrmethoden aufzwingen, die älteren Kindern angemessen sind, erziehen wir sie falsch und riskieren, daß sie von Gefühl von Minderwertigkeit und Hilflosigkeit erwerben. Wir müssen unsere falschen Vorstellungen von Superkids und kindlicher Kompetenz überwinden und kleinen Kindern die Erfahrungen bieten, die es ihnen ermöglichen werden, aus der Vorschule und aus der ersten Klasse mit einem starken Gefühl von Leistung und Kompetenz sowie Lerneifer und Freude am weiteren Lernen hervorzugehen.

Gesunde Erziehung

Wie man gesunde erzieherische Entscheidungen trifft

Wenn unsere Kinder klein sind, müssen wir eine ganze Reihe von pädagogischen Entscheidungen treffen. Sollen wir unser Kind in ein frühkindliches Erziehungsprogramm schicken oder nicht, sofern uns die Entscheidung freisteht? Wenn wir uns entschieden haben, daß wir unser Kind in ein solches Programm geben wollen, oder wenn unsere berufliche Karriere oder unsere finanzielle Situation dies erfordern, so stellt sich die Frage: Welches Programm ist das beste? Und dann kommt der nächste und schwierigste Satz von Entscheidungen auf uns zu: Welche Vorschule (und wann) soll unser Kind besuchen? Wenn wir unter den frühkindlichen Erziehungsprogrammen die guten erkennen können und wenn wir alle unsere Wahlmöglichkeiten im Hinblick auf Vorschulen kennen, sind wir in der Lage, die richtige Entscheidung zu treffen.

Anmelden oder nicht anmelden?

Manche von uns haben das Glück, frei entscheiden zu können, ob sie ihr Kind zu dem einen oder andern vorschulischen Programm anmelden oder nicht. Und die

Palette der Wahlmöglichkeiten ist breit, sie reicht von Gymnastikkursen wie *Gymboree* bis hin zu einer ›akademischen‹ Ganztagsschule. Wie ich in den vorangegangenen Kapiteln dargelegt habe, gefährden manche dieser Programme die Kinder ohne Sinn und Verstand; solche sollte man nicht in Betracht ziehen. Andere, zum Beispiel *Gymboree*, können dem Kind Spaß und seinen Eltern soziale Kontakte bieten; gegen solche Programme ist nichts einzuwenden.

Das Hauptproblem für manche Eltern ist, ob sie ihre Kinder in einem Kindergarten anmelden sollen oder nicht. Im allgemeinen gilt, daß sowohl Sie als auch Ihr Kind davon profitieren können, sofern es sich um ein kindgerechtes Erziehungsprogramm handelt. Es bereichert die sozialen Erfahrungen des Kindes dadurch, daß es ihm Gelegenheit bietet, mit anderen Erwachsenen und einer Gruppe Gleichaltriger zusammensein. Und da das Angebot an Spielzeugen und sonstiger Ausstattung viel größer als das zu Hause vorhandene ist, kann der Kindergarten kleinen Kindern zusätzliche Möglichkeiten bieten, ihr Gefühl von Autonomie, Initiative und Kompetenz zu stärken. Und eine Lehrperson, die in frühkindlicher Erziehung ausgebildet worden ist, kann dem einzelnen wie der Gruppe die Führung und Anleitung geben, die Kinder brauchen, um den größten Nutzen aus ihren Aktivitäten zu ziehen.

Andererseits ist der Besuch eines Kindergartens für die gesunde Entwicklung eines Kindes nicht zwingend erforderlich. Wenn Sie die Zeit und Energie haben, Ihrem Kind eine Vielfalt sozialer und lernender Erfahrungen zu vermitteln, können Sie ihm zu Hause selbst ein reichhaltiges frühkindliches Erziehungsprogramm bieten. Hierzu müssen Sie sich einige Grundprinzipien der frühkindlichen Erziehung aneignen (zum Beispiel daß konkrete Erfahrungen viel wichtiger sind als irgendwelche Klassifizierungen von Erfahrungen), Ihrem Kind angemessene, zum Manipulieren geeignete Lernmaterialien zur Verfügung stellen und es dabei anleiten, diese Materialien auf produktivste Weise zu nutzen. Sie können gelegentlich auch andere Kinder aus der Nachbarschaft zu Spielgruppen zusammenbringen, um diese Form der frühkindlichen Erziehung Ihres Kindes abzurunden.

Bedeutet das, daß die Erziehung von Kleinkindern im Kindergarten wertlos ist? Ganz im Gegenteil. Die Situation ist mit der des Unterrichts daheim für spätere Altersstufen vergleichbar. Manche Eltern haben beschlossen, da sie die Zeit haben und es ihnen Spaß macht, ihre Kinder daheim zu unterrichten, und häufig machen sie ihre Sache sehr gut. Und doch sind die Schulen für all die Eltern notwendig, die sich, aus welchem Grund auch immer, dagegen entscheiden, ihre Kinder daheim ›auszubilden‹. Dasselbe gilt für Kindergärten. Sie sind für all die Kinder notwendig, deren Eltern sich, aus welchem Grund auch immer, sagen, daß sie ihnen nicht die intellektuelle, soziale und emotionale Bereicherung bieten können, die sie im Kindergarten erfahren.

Woran man gesunde frühkindliche Lernprogramme erkennt

Fehlerziehung ist immer ein schlechter Kompromiß, ein fragwürdiges Produkt, um dem sozialen Umfeld in einem bestimmten historischen Moment Genüge zu tun.

Gesunde frühkindliche Erziehung hat dagegen eine lange und hervorragende Geschichte. Der ganz spezifische Charakter der frühkindlichen Erziehung ist von den Autoritäten der Erziehungstheorie gewürdigt worden: Jean-Jaques Rousseau, Johann Pestalozzi, Friedrich Fröbel, Maria Montessori, Rudolf Steiner und John Dewey. Und ihre Theorien sind von den folgenden Generationen ihrer Schüler in der Praxis erweitert, verfeinert und präzisiert worden. Gesunde frühkindliche Erziehung heute ist ein Modell dessen, was die Erziehung von Kindern aller Altersstufen ausmachen sollte: Sie ist das Produkt einer allmählichen, kontinuierlichen und stufenweise erfolgenden Entwicklung und blendet nicht mit dem trügerischen Glanz eines weiteren Erziehungsfimmels.

Gesunde Früherziehungsprogramme finden sich heute überall, daheim, in öffentlichen und privaten Kindergärten, in öffentlichen und privaten Kinderkrippen und in öffentlichen und privaten Eingangsstufen zu Vorschulen, in Vorschulen und sogar, hin und wieder, in den ersten Klassen von Grundschulen. Unabhängig davon, wo sie durchgeführt werden, ist allen gesunden Erziehungsprogrammen gemein, daß sie kleinen Kindern angemessen sind. Solche Programme berücksichtigen die ganz besondere Natur kleiner Kinder — ihre Größe, ihre Lernweise, ihre vielen Stärken, ihre spezifischen Grenzen. Das ist der Kern dessen, was alle Autoritäten zur frühkindlichen Erziehung auf ihre Weise und in ihren Worten gelehrt haben.

Gesunde frühkindliche Erziehung: Worauf zu achten ist
Wie können wir angesichts der Vielfalt frühkindlicher

Programme erkennen, welche gesunden und welche falschen Erziehungsprinzipien folgen? Ich arbeite seit mehr als 25 Jahren in Kindergärten und Vorschulen und habe gelernt, ziemlich rasch den Wert eines Programms zu erkennen. Darum möchte ich mit Ihnen einen Streifzug durch verschiedene frühkindliche Erziehungsprogramme machen und dabei auf Einrichtungsgegenstände, Spiel- und Lehrmaterialien und Methoden hinweisen, auf die Sie als Eltern achten sollten.

Das erste, was man beim Beurteilen von frühkindlichen Erziehungsprogrammen tun muß, ist, die Augen und nicht die Ohren aufzusperren. Die Erziehungsphilosophie, die von dem Leiter einer Einrichtung für kleine Kinder vertreten wird, hat manchmal nichts damit zu tun, wie diese Einrichtung geführt wird! Ich besuchte einmal einen Kindergarten in einem der ärmeren Vororte von Los Angeles. Er befand sich in einem kleinen Bungalow mit einem Hinterhof, groß beziehungsweise klein wie eine Briefmarke. Ich war von dem dort herrschenden geschäftigen Treiben sehr beeindruckt. Im Haus war eine Gruppe dabei zu kochen, eine andere baute Zithern, während eine dritte Stilleben malte, wobei eine höchst kunstvoll arrangierte Obstschale die Vorlage bildete. Im Hof gab es ein kleines Boot und den Rumpf eines kleinen Flugzeugs. Kinder warteten begierig darauf, daß sie an die Reihe kämen, das Boot oder das Flugzeug zu steuern.

Als ich die Leiterin des Kindergartens fragte, wie es ihr gelungen sei, diese außerordentlich anregende Atmosphäre zu schaffen, verblüffte sie mich. Sie erklärte mir nämlich, daß sie eine Skinner-Schülerin und Anhängerin der Lerntheorie und des Ansatzes der Verhaltensmodifikation sei! Der ganze Kindergarten, so erläuterte sie mir, basiere strikt auf den Prinzipien der Lerntheorie. Ich bin sicher, daß sie glaubte, was sie da sagte, und die Diskrepanz zwischen ihrer Philosophie und ihrer Praxis einfach nicht sah. Das ist ein ganz wichtiger Gesichtspunkt, den man bei der Beurteilung von frühkindlichen Einrichtungen in Betracht ziehen muß.

Ich habe beobachtet, daß Lehrpersonen in der Regel, ungeachtet des Etiketts – Montessori, Waldorf, Spiel-, Lerntheorie und dergleichen –, die kleine Kinder wirklich kennen, sich in der Praxis viel mehr ähneln als solche, bei denen das nicht der Fall ist. Und so kann es geschehen, daß Sie zwei Montessori-Schulen finden, die sich in der Praxis stärker voreinander unterscheiden als eine Montessori-Schule und ein traditioneller Kindergarten. Dasselbe gilt übrigens für Kindertherapeuten. Gute Therapeuten, ob sie nun Anhänger von Freud, Jung, Skinner, Rankin oder wem auch immer sind, ähneln sich in ihrem praktischen Umgang mit Kindern sehr. Mit einem Wort, wenn Sie ein frühkindliches Programm einschätzen wollen, kümmern Sie sich nicht ums Etikett!

Es ist durchaus nützlich, sich zu erkundigen, ob der Leiter und seine Mitarbeiter eine abgeschlossene Ausbildung in frühkindlicher Pädagogik vorweisen können. Das ist zwar nicht unbedingt ein unerläßliches Kriterium für gesunden frühkindlichen Unterricht (manche Lehrpersonen eignen sich die erforderlichen Kenntnisse in der Praxis an), doch eine zusätzliche Garantie dafür, daß die Einrichtung auf einem soliden erzieherischen Fundament steht. Wichtig ist auch, sich nach dem zahlenmäßigen Verhältnis zwischen Lehrern und Kindern zu erkundigen. Über den Daumen gepeilt sollte die Zahl der Kinder *je* betreuendem Erwachsenen nicht höher als das

Dreifache ihres Alters sein. Das heißt, bei Einjährigen sollte ein Erwachsener auf höchstens drei Kinder kommen, bei Zweijährigen auf höchstens sechs und so weiter. Das sind natürlich ideale Verhältnisse, aber eine gesunde Gruppe sollte das nicht zu weit überschreiten. Für fünfjährige und jüngere Kinder ermöglichen Gruppen von mehr als zwanzig Kindern mit einem Betreuer nicht gerade gesunde Erziehung.

Wir wollen uns jetzt einmal vorstellen, daß wir einen Kindergarten oder eine Kinderkrippe betreten. Zu meiner Orientierung halte ich zunächst nach der Ecke mit Holzklötzen Ausschau. Ein schöner Haufen von Klötzen, selbst wenn es nur abgeschmirgelte Nullachtfünfzehn-Blöcke sind, stellt ein erstes Kriterium für ein gesundes Erziehungsprogramm dar. Holzklötze sind ein wesentliches Lernmaterial für kleine Kinder. Zwei- und Dreijährige können darauf herumklettern und ihre grob- und feinmotorische Muskelbeherrschung üben. Vier- und Fünfjährige können mit ihnen bauen und sie in eine Vielzahl spielerischer und sozialer Aktivitäten einbeziehen.

Als nächstes schaue ich nach, ob Pflanzen und Tiere vorhanden sind. Ein Hamster, Wüstenspringmäuse oder ein Kaninchen sind das übliche. Tiere bieten Kindern wichtige Lernerfahrungen. Die Kleinen lernen nicht nur, sie zu erkennen, sondern auch, wie man sie füttert und ihre Käfige reinigt. So machen Kinder zum erstenmal die Erfahrung, sich um jemanden zu kümmern. Kleine Kinder können auch die erste Erfahrung mit dem Ereignis der Fortpflanzung machen, wenn die Tiere Junge bekommen. Pflanzen sind ebenfalls sehr wichtig. Wie die Tiere vermitteln auch sie den Kindern die Erfahrung, lebende Wesen zu versorgen, die von ihnen abhängig sind. Pflanzen bieten den Kindern überdies Gelegenheit, neue Formen und Farben zu lernen und das Wachsen lebender Wesen zu beobachten. Die Pflege von Tieren und Pflanzen zu übernehmen, ist für das Kompetenzgefühl des Kindes von ganz besonderer Bedeutung.

Ich sehe mich auch nach einer Leseecke um, nach einem Bord oder Regal mit einer Vielzahl von Kinderbüchern. Es sollte eine Unmenge von Bilderbüchern geben, gut illustrierte Bücher mit Märchen, Kinderreimen und Gedichten. Zeitgenössische Autoren [wie Astrid Lindgren oder James Krüss] sollten ebenfalls vertreten sein. Es freut mich, wenn ich einen Teppich und Kissen sehe, auf denen die Kinder beim Betrachten der Bücher liegen, oder einen oder zwei Schaukelstühle in Kindergröße, auf denen sie beim Durchblättern der Bücher sitzen können. In manchen Einrichtungen befindet sich in der Leseecke auch ein Plattenspieler oder ein Kassettenrekorder, so daß sie gleichzeitig als Musikecke dienen kann. Solche Ecken fördern und stärken das Initiativgefühl der Kinder.

Auch eine Theaterecke sollte vorhanden sein. Irgendwo im Raum sollte man abgelegte Erwachsenenkleidung finden, vor allem ausrangierte Frauen- und Männerhüte, Schuhe und Hemden, die Kinder überstreifen können, wenn sie ›Kaufladen‹, ›Familie‹, ›Feuerwache‹ und so weiter spielen. Außerdem sollte es eine Reihe kleiner Maltafeln und ein oder zwei große Tische beziehungsweise verschiedene kleine geben, an denen die Kleinen mit Ton, Wasser- und Fingerfarben arbeiten können, Collagen anfertigen und sogar üben können, Buchstaben zu malen.

Ich schaue weiter, ob es eine Tischlerecke gibt mit einem Tisch, an dem Kinder Nägel einschlagen und, unter Aufsicht, kleine Holzstücke zersägen können. Eine Forschungsecke mit Materialien zum Wiegen, Messen und Vergrößern sowie ein Tisch mit Wasseranschluß zum Spielen und Experimentieren ist ebenfalls sehr wünschenswert. Pluspunkte sind ein Klavier oder eine Gitarre samt einem Lehrer, der darauf zu spielen versteht. Auf jeden Fall sollte es Musikinstrumente für Kinder geben — eine Triangel, ein Glockenspiel, ein Becken und/oder ein Xylophon.

Die Unterteilung des Raumes in ›Neigungsgebiete‹ fördert das Initiativgefühl des Kindes besonders stark, da es dadurch die Möglichkeit erhält, die Ecke zu wählen, in der es sich gerne beschäftigen möchte. Darüber hinaus widerspricht die Anordnung oder Aufteilung in verschiedene Neigungsgebiete nicht dem, was ich über die Permeabilität des Lernens kleiner Kinder gesagt habe: Dies sind ›Neigung‹-, nicht Fachgebiete, und die Kinder können viele unterschiedliche Konzepte in jeder Ecke lernen, und sie tun es auch.

Bis jetzt haben wir uns die einzelnen Teile innerhalb des Raumes angeschaut, aber wir müssen ihn auch als Ganzes betrachten. Er sollte nicht zu vollgestopft sein, und der fließende Wechsel der Kinder — von einer Beschäftigung zur nächsten — sollte leicht zu steuern sein. Ich achte auch darauf, ob der Raum den Anschein macht, daß er regelmäßig gereinigt wird, ob die Materialien in gutem Zustand sind und ob es genügend Vorrat davon gibt. Ich ziehe eine Einrichtung, in der weniger, aber gut gepflegte Materialien geboten werden, einer vor, die Materialien im Überfluß enthält, die aber in schäbigem Zustand sind.

Als nächstes schauen wir uns draußen um. Idealerweise sollte der Spielplatz direkt vom Tagesraum zugänglich sein, da dies mehr Sicherheit bietet und zudem Zeit spart. Zu einem guten Spielplatz gehört ein großes, sicheres Klettergerüst. Die Vordersitze eines alten Bootes, Autos oder von etwas ähnlichem, die angemessen geglättet, angestrichen oder gesichert wurden, können als Bühne fürs Theaterspielen dienen. Nach Schaukeln, Rutschen, einem großen Sandkasten und einem befestigten Weg für Dreiräder sollte man ebenfalls Ausschau halten. Auch hier sollte die Ausrüstung gepflegt und in gutem Zustand sein. Überdies sollte der Spielplatz völlig abgeschlossen sein.

Nachdem wir die äußerlichen Aspekte eines gesunden frühkindlichen Erziehungsprogramms zur Kenntnis genommen haben, müssen wir uns jetzt anschauen, wie die Kinder in dieser Umgebung tatsächlich leben. Ein typischer Morgen verläuft etwa so: Nachdem die Kinder eingetroffen sind und ihre Straßenkleidung aus- (und ihre Spielkluft mit ihrem Namen und ihren Bildern darauf an-) gezogen haben, sitzen sie gewöhnlich in einem Kreis beieinander und besprechen, was sie an diesem Morgen tun werden. Vielleicht nehmen sie die Liste, benennen den Wochentag und schreiben das Datum und die Außentemperatur auf. Wenn ein Kind Geburtstag hat, wird dies gebührend vermerkt, und meist hat die Mutter des Kindes Kekse oder kleine Kuchen für die anderen mitgegeben, damit sie bei einem kleinen Imbiß den Tag feiern können.

Obwohl es heute nicht mehr so üblich wie früher ist, meine ich doch, daß der ›Zeig und erzähle‹-Abschitt der Stuhlkreis-Sitzung zu Tagesbeginn von großer Bedeutung ist. Dabei erzählt jedes Kind von einem wichtigen Ereignis, das es seit dem letzten Treffen erlebt hat: die Geburt eines Geschwisterchens, die Anschaffung eines neuen Haustieres, ein besonderer Ausflug, der Besuch bei Verwandten, all das ist erzählenswert. Manchmal können Kinder etwas mitbringen, um das Erlebte zu illustrieren. Ein Kind zeigte zum Beispiel ein Stück Zuckerrohr, das sein Vater von einer Reise nach Hawaii mitgebracht hatte. ›Zeig und erzähle‹ ist besonders hilfreich, um das Zugehörigkeitsgefühl von Kindern zu stärken.

Nach dem ›Zeigen und erzählen‹ verteilen sich die Kinder meist in die verschiedenen Neigungsgebiete. Manche gehen in die Ecke mit den Holzklötzen, andere in die Theaterecke, wieder andere in die Leseecke. Eine erfahrene Lehrperson achtet darauf, daß die Kinder eine Vielfalt von Erfahrungen machen und nicht die ganze Zeit ausschließlich in einer Ecke verbringen. Der Lehrer arbeitet in dieser Zeit mit einzelnen Kindern oder einer kleinen Gruppe von ihnen an einem bestimmten Projekt: das Anfertigen einer Collage, das Maßnahmen an Händen und Füßen oder das Plätzchenbacken. Gegen Mitte des Morgens treffen alle Kinder wieder zu einem Imbiß zusammen, der meist aus Saft und (Vollkorn-) Keksen besteht.

Bei Kleingruppen-Aktivitäten zeigen sich die pädagogischen Fähigkeiten eines Erziehers am deutlichsten. Effektive kleinkindliche Erziehung schließt immer das Wissen ein, wie man sowohl die Über- als auch die Unterstrukturierung einer Beschäftigung vermeidet. Am wassergefüllten Waschbecken fragt der Lehrer zum Beispiel die Kinder, ob der Korken oder der Schlüssel untergehen wird und wenn ja, warum. Er hat die Beschäftigung dadurch strukturiert, daß er die Materialien für die Vorführung auswählte, aber er wird es den Kindern überlassen, die Richtung der folgenden Diskussion zu bestimmen. Ein Kind, das erklärt, der Korken gehe nicht unter, weil er rund sei, sollte aufgefordert werden, andere runde Dinge zu suchen und sie auszuprobieren.

Die Wahl der richtigen Materialien ist ebenso wichtig wie die Fähigkeit, der Richtung des kindlichen Denkens zu folgen. In einer Einrichtung für Vorschulkinder, die ich besuchte, arbeitete die Erzieherin mit einer kleinen Gruppe Kinder, die um eine große Haushaltswaage versammelt waren, auf die sie Kiefernzapfen legte. Sie fragte die Kinder, ob vier Kiefernzapfen mehr als zwei wiegen. Aber eine solche Waage ist nicht das Richtige für Kinder, die noch keine Vorstellungen von Einheiten haben und nicht wissen, was die Zahlen auf der Waage bedeuten. Und das Gewicht von Kiefernzapfen wird nicht aus sich heraus deutlich. Den Zweck, den die Erzieherin verfolgte, hätte sie mit einer zweischaligen Apothekerwaage und einer Feder und einem Nagel besser erreicht.

Nach Einzel- und Kleingruppenaktivitäten folgt für das Kind vielleicht etwas in der Großgruppe. Manchmal liest der Lehrer den Kindern eine Geschichte vor, manchmal singen sie oder spielen ein Gruppenspiel wie ›Stille Post‹. Anschließend gehen die Kinder in der Regel auf den Spielplatz. Draußen suchen sie sich aus, womit sie sich beschäftigen wollen. Nach dem Spielen kommen die Kinder meist zu einer stilleren Beschäftigung wieder herein und beginnen sich dann darauf vorzubereiten, wieder abgeholt und nach Hause gebracht zu werden, sofern es sich um einen Kindergarten handelt. Ist es ein Ganztagskindergarten oder eine Ganztagsvorschule oder eine Kinderkrippe, bereiten sie sich jetzt auf das Mittagessen vor.

In einer Ganztagseinrichtung verläuft der Nachmittag im allgemeinen weniger betriebsam als der Morgen. Die meisten Kinder lernen — wie die Erwachsenen — morgens am besten, und so ist das die Zeit für die geistig anspruchsvollsten Aufgaben. Außerdem sind die Energiereserven eines kleines Kindes am Nachmittag meist erschöpft, und viele Kinder im Vorschulalter sind nach einem geschäftigen Vormittag reif für ein Schläfchen. Ganztagseinrichtungen sollten mit transportablen Kinderbetten oder Matten zum Ausruhen ausgestattet sein. Kinder, die nicht schlafen wollen oder brauchen, sollten ruhig beschäftigt werden: Schallplatten anhören, Bücher anschauen oder vorgelesen bekommen. Wenn alle Kinder auf sind, können die frühen Nachmittagsstunden zum Beispiel mit Gruppenspielen gefüllt werden. In dieser Zeit kann man Kindern auch erlauben, bestimmte Kindersendungen im Fernsehen anzuschauen.

Bei meiner Beschreibung eines typischen Tages habe ich mehrere Beschäftigungen ausgelassen, die nicht zum täglichen Programm gehören, aber sehr wichtig sind. Ein Ausflug oder ein Spaziergang eröffnet Kindern bedeutsame Lernerfahrungen. Dazu gehört der Besuch der örtlichen Feuerwache oder einer Bäckerei oder eines Restaurants, wo man sie mal ›hinter die Kulissen blicken‹ läßt. Und der Leiter mag vielleicht auch bei Gelegenheit besondere ›Gäste‹ einladen, etwa Erwachsene, die eine Vorstellung geben. Andere Gäste können mit den Kindern singen, rhythmische Gymnastik machen und dergleichen mehr. Solche Aktivitäten, dazu eine ganze Palette vielfältiger Unternehmungen wie das Anfertigen von Karnevalsmasken bis hin zum Bemalen von Ostereiern vermögen das Interesse der Kinder anzuregen und kontinuierlich zu fesseln.

Natürlich weisen nicht alle Einrichtungen für kleine Kinder sämtliche der von mir genannten Merkmale auf. Montessori-Schulen sind gewöhnlich gut mit Materialien wie Klötzen, Perlen zum Lernen von Zahlen, Satzkästen mit geometrischen Figuren und Bildern für das Lernen von Konzepten ausgestattet. Sie bieten aber wenig Requisiten für das Theaterspiel, Sandkästen und dergleichen. Dies ist überhaupt kein Problem, solange die Kinder zu Hause Zeit zum Spielen und die adäquaten Materialien halben. Wichtiger ist, daß die Montessori-Materialien altersgemäß sind, daß Kinder sie anregend finden und daß sie ihre intellektuelle Aufmerksamkeit für längere Zeit zu beanspruchen vermögen.

Auch wenn ich mich hier gesunden, Kind-adäquaten Erziehungsprogrammen gewidmet habe, so ist es doch notwendig zu sagen, woran ich erkenne, daß ein Programm nicht altersgerecht ist. Wenn ich Arbeitshefte mit kleinen Aufgaben sehe, in die Kinder die »richtigen« Antworten eintragen müssen, ist das ein sehr schlechtes Zeichen. Arbeitshefte haben in gesunder frühkindlicher Erziehung nichts zu suchen. Gewiß können kleine Kinder damit beginnen, Buchstaben und Zahlen zu malen und kleine Aufgaben zu lösen, aber das sollte ohne Arbeitshefte geschehen. Kleine Kinder müssen Initiative, Autonomie, Leistung und Kompetenz lernen, bevor sie lernen, daß Antworten richtig oder falsch sein können.

Eine andere Praxis, auf die man achten muß, ist das Gruppentraining. Hier besteht die Gefahr, daß das Kind auf mechanisches Lernen fixiert wird – das Arbeitsprinzip des Gruppendrills. Die frühe Kindheit ist die Zeit, da Kinder ihre Lernstile erwerben. Wenn sie nicht ermutigt werden, eine Vielfalt von Lernstilen anzuwenden (wie es in den Neigungsgebieten geschieht), kann das Kind auf einen bestimmten Lernstil fixiert werden, der sich später möglicherweise nachteilig auswirkt. Als ich zum Beispiel eine kleine Schule leitete, hatte ich dort einen Achtjährigen, der seit der Vorschule durch Gruppentraining unterrichtet worden war. Er ging jede Aufgabe so an, als handele es sich um eine Übung im mechanischen Lernen. Wir brauchten ein ganzes Jahr harter Arbeit, um ihn dazu zu bringen, andere Lernstile anzuwenden.

Dies sind also einige Aspekte, auf die Sie bei der Wahl einer gesunden Erziehungseinrichtung für Ihr Kind achten müssen. Kein Programm ist in dem Sinn ideal, daß es genau mit der obigen Beschreibung übereinstimmt, dazu noch bequem zu erreichen und nicht zu teuer ist. Kompromisse sind immer notwendig. Auch wenn man ein Kind in eine Institution gibt, die nicht alle Voraussetzungen für gesunde frühkindliche Erziehung hundertprozentig erfüllt, so wird es dem Kind doch nützen und den Streß der Trennung von den Eltern mindern. Wenn man ein Kind aber in ein akademisches Hochdruck-Lernprogramm gibt, ist das alles andere als ein Kompromiß. Es ist vielmehr die Kapitulation vor sozialem Druck oder persönlichen Ängsten oder vor beidem. Die Idee gesunder Erziehung duldet keine Kompromisse.

Vorschuleintritt und der Alterseffekt

Die Erfahrungen, die ein Kind in der Vorschule und in der ersten Klasse der Grundschule macht, sind entscheidend dafür, ob das Gefühl von Leistung und Kompetenz bei ihm stärker ausgeprägt sein wird als das von Minderwertigkeit und Hilflosigkeit. Wie diese psychosozialen Krisen gelöst werden, hat bedeutende Konsequenzen für den langfristigen akademischen und beruflichen Erfolg eines jungen Menschen. Daher ist es von größter Wichtigkeit sicherzustellen, daß das Kind in der Vorschule und in der ersten Klasse positive und erfolgreiche Erfahrungen erwirbt.

Es ist mittlerweile schon fast eine Binsenweisheit, daß die jüngsten Kinder in der Vorschule und in der ersten Klasse schlechter mitkommen als die ältesten Kinder – wobei es gleichgültig ist, ob die jüngsten Kinder in der Vorschule vier Jahre alt und die ältesten fünf oder ob die jüngsten Kinder dort fünf und die ältesten sechs sind. Es ist nämlich offenbar so, daß das Curriculum immer stärker auf die ältesten als auf die jüngsten Kinder ausgerichtet wird. In dem Maße, wie zunehmend auch ältere Kinder in die Vorschule gehen, steigen auch die Anforderungen des Lehrplans.

Die Schulen haben auf ganz unterschiedliche Weisen versucht, mit diesem ›Alterseffekt‹ fertig zu werden. Vor mehr als 25 Jahren führten manche Schulen ein A- und B-System ein. Im Winter und Frühjahr geborene Kinder wurden im Januar eingeschult, so daß ihr Schuljahr im Dezember endete. Im Sommer und Herbst geborene Kinder wurden im Herbst eingeschult, so daß ihr Schuljahr im Juni endete. Diese Regelung erwies sich dann als zu umständlich und wurde aufgegeben. Wir wollen uns einige der programmatischen Verfahren anschauen, mit denen Schulen heute versuchen, den Alterseffekt aufzufangen, und dann einige der Wahlmöglichkeiten betrachten, die wir als Eltern haben.

Die Schulen und der Alterseffekt

Die Schulen haben versucht, dadurch mit dem Alterseffekt fertig zu werden, daß sie das Alter für Vorschul-
anfänger anhoben, ›Übergangsklassen‹ einführten und
allgemeine ›Reife‹- oder Eignungstests für alle Kinder
anordneten, die in die Vorschule oder in die erste Klasse
kommen sollten.

Das Einschulungsalter

In den letzten dreißig Jahren haben die Schulen die
Altersstufe erhöht, mit der ein Eintritt in die Vorschule
möglich ist. Dem *Educational Research Service* zufolge
verlangten die meisten Staaten der USA, daß Kinder, die
im Herbst eingeschult werden, im Dezember oder im
Januar des folgenden Jahres fünf Jahre alt sein mußten.
1985 ließen 80 Prozent der Staaten ein Kind für den Vorschuleintritt im September dann nicht zu, wenn es erst
nach dem 1. November geboren worden war. In einigen
Schuldistrikten in Missouri, Colorado und anderswo
wurde das für die Zulassung entscheidende Geburtsda-
tum sogar noch weiter zurück in die Sommermonate verlegt.

Für die Anhebung des Einschulungsalters gibt es viele
Gründe. Zum einen sind die mit öffentlichen Mitteln
unterstützten Vorschulen inzwischen in allen Staaten der
USA Bestandteil des öffentlichen Erziehungssystems
geworden, auch wenn der Vorschulbesuch in vielen
Gemeinden noch nicht obligatorisch ist. Da immer mehr
Kinder die Vorschule besuchen, werden die emotionalen
und geistigen Grenzen der jüngeren Kinder, deren Zahl
stetig zunimmt, immer offensichtlicher. Durch Anhe-

bung des Eintrittsalters hält man die jüngeren Kinder und solche, denen es noch an Schulreife mangelt, von der Vorschule fern.

Leider hat die Anhebung des Einschulungsalters nicht immer den gewünschten Effekt. Da Vorschulen zu etwas Alltäglichem geworden sind, haben die Lehrer, die in der ersten Klasse der Grundschule unterrichten, ihre Erwartungen gegenüber den zu ihnen kommenden Schülern geändert. Zu einer Zeit, da nur wenige Kinder beim Eintritt in das erste Schuljahr Vorschulunterricht vorweisen konnten, war es unvernünftig, von allen Schulanfängern zu erwarten, daß sie die Laute der Buchstaben kannten, bis zehn zählen und mit anderen Kindern zusammenarbeiten konnten. Dementsprechend war der Lehrer für Erstkläßler in der Vergangenheit besser imstande, sich auf die unterschiedlichen intellektuellen und sozialen Voraussetzungen der Kinder einzustellen.

Jetzt aber, da der Vorschulbesuch allgemein üblich geworden ist, stellen die Lehrer an die einzelnen Schüler der ersten Klasse einheitliche Erwartungen. Da all ihre Schüler die Vorschule besucht haben, sollten sie alle die Buchstabenlaute, das Zählen und die Arbeit in der Gruppe beherrschen. Jetzt gilt ein Kind, das beim Eintritt in die Grundschule diese geistigen und sozialen Fertigkeiten nicht besitzt, als zurückgeblieben. Diese neuen Anforderungen an die Erstkläßler haben wiederum auf den Charakter der Vorschulerziehung zurückgewirkt und ihn verändert. Vorschulpädagogen haben jetzt den Eindruck, daß sie die Kinder auf die erste Klasse vorbereiten müßten. Und das hat dazu geführt, daß sie heute mehr formalen Unterricht erteilen, als es früher der Fall war.

Die Umwandlung der Vorschule von einer Art Kindergarten in einen anerkannten Bestandteil des öffentlichen Erziehungswesens hat überdies die elterlichen Erwartungen verändert. Wenn ein Kind keine Arbeitspapiere heimbringt, gewinnen manche Eltern den Eindruck, daß ihr Kind nichts lerne und daß die Vorschule ihren pädagogischen Auftrag nicht erfülle. Wie die Grundschullehrer erwarten jetzt auch die Eltern, daß ihre Kinder beim Verlassen der Vorschule bestimmte akademische Ziele erreicht haben, die sie auf die erste Klasse vorbereiten sollen.

So zeigt heute ein neues Konzept von der ›akademischen‹ Vorschule Wirkung, das — genauso wie das Konzept des kompetenten Kindes — eher durch soziale und ökonomische Einflüsse geprägt wird, als daß es aus unserem Wissen, was gute Pädagogik für Kinder ausmacht, erwächst. Wie ich bereits dargelegt habe, zeigen die kulturvergleichenden Daten eindeutig, daß ein späterer Beginn mit formalem Unterricht sich günstiger auswirkt als ein zu früher. Indem wir die Vorschule »akademisieren«, erreichen wir, daß ein bedeutender Teil der Vorschulkinder Fehlerziehung erfährt und damit ihr Gefühl von Leistung und Kompetenz gefährdet wird.

Das Anheben des Vorschulalters bringt daher nicht den erwünschten Effekt. Was durch das Fernhalten jüngerer Kinder von der Vorschule gewonnen wird, geht durch die Erhöhung der Anforderungen an die zugelassenen Kinder wieder verloren.

Übergangsklassen
Eine andere programmatische Strategie, die dazu dienen soll, die Diskrepanz zwischen Schülern und den Anfor-

derungen des Lehrplans im ersten Schuljahr zu mildern, ist die Einführung sogenannter ›Übergangs‹- oder ›Vorschulklassen‹. Solche Klassen wurden eingerichtet, um das Stigma des ›Wiederholens‹ der Vorschule zu vermeiden und das Kind gleichzeitig auf das erste Schuljahr vorzubereiten. Kinder lassen sich indes durch diese Bemäntelung der Tatsache, daß sie in der Vorschule ›durchgefallen‹ sind, nicht täuschen. Trotzdem vertritt die Mehrzahl der Eltern, Lehrer und Beamten aus den Schulbehörden die Ansicht, daß die Wiederholung der Vorschule alle Reifeprobleme des Kindes hinsichtlich seiner Einstellung zu den schulischen Anforderungen lösen werde.

Leider unterstützen die zugänglichen Forschungsberichte zur Effektivität von Übergangsklassen den angeblichen Nutzen solcher ›Zeitgeschenke‹ nicht.[1] Bei der kritischen Durchsicht von fünf Untersuchungen zu den Auswirkungen von Übergangsklassen auf schulische Leistungen fand Gredeler[2] heraus, daß nur in einer Untersuchung die Kinder in der Übergangsklasse beträchtlich bessere akademische Leistungen als direkt aus der Vorschule versetzte Kinder (die nicht die Übergangsklasse besucht hatten, sondern gleich in die erste Klasse gekommen waren) erbrachten. Andere Untersuchungen führten gleichfalls zu dem Schluß, daß Kinder, die zurückgestellt wurden, weil sie für das erste Schuljahr noch nicht die erforderliche Reife besaßen, nicht besser als Kinder abschnitten, die genauso beurteilt worden waren, aber nicht zurückgestellt wurden.[3]

Nach der Durchsicht der Forschungsliteratur zu Übergangsklassen kommen Shephard und Smith zu dem Schluß:

Allen Versprechungen zum Trotz löst ein zusätzliches Jahr vor der Einschulung nicht das Problem, das es lösen sollte. Kinder in diesen Programmen haben praktisch keine Vorteile gegenüber solchen Kindern gewonnen, die gleichermaßen gefährdet waren, aber kein zusätzliches Jahr absolviert hatten. Überdies zahlen Kinder häufig einen emotionalen Preis dafür, zurückgestuft zu werden, selbst wenn Eltern und Lehrer dem Kind die Gründe für diese Entscheidung noch so geschickt erklären.[4]

Schuleignungstests

Kann der mögliche Schaden, der daraus resultiert, daß ein Kind das jüngste in der Klasse ist, durch Schuleignungstests vermieden werden? Ist es möglich, durch das eine oder andere Testverfahren herauszufinden, welche Kinder in der Vorschule mitkommen und welche versagen? Viele Schulen glauben das und wenden eine verwirrende Vielzahl von Tests an, um die Schulreife von Kindern festzustellen, ihre Leistungen zu messen und Kinder mit potentiellen Aufgaben zu prüfen. Eine Erhebung, die 1977 in 177 Schuldistrikten des Staates New York durchgeführt wurde, ergab, daß 151 verschiedene Tests und Verfahren als Eignungsprüfung verwendet wurden. Und einer Erhebung in Michigan im Jahre 1984 zufolge wurden 111 verschiedene Tests zur Beurteilung von Kindern in Eingangsstufen zu Vorschulen, in Vorschulen und im ersten Schuljahr angewendet.

Reifetests messen grundlegend die allgemeine Befähigung und sind mit Intelligenztests vergleichbar. Die ›Gesell- (Reife-) Tests‹ zum Beispiel dienen zur Feststellung der sozialen, emotionalen, motorischen und intellektuellen Reife des Kindes im Vergleich zu anderen Kindern. Bei solchen Tests wird die jeweilige Leistung eines Kindes mit den Leistungen einer großen Gruppe von

Kindern seiner Altersstufe verglichen. Kinder, die weniger Punkte erzielen, als in seiner Altersgruppe die Norm ist, werden als ›jung‹ für ihr Alter und möglicherweise noch nicht schulreif betrachtet. Leider stehen die Ergebnisse aus Reifetests in direktem Zusammenhang mit denen aus Intelligenztests: Das heißt, daß ein Kind, das wenig Punkte erreicht, entweder noch nicht reif für die Schule oder in seinen geistigen Fähigkeiten eingeschränkt ist.

Reifetests erlauben indes keine verläßlichen Voraussagen hinsichtlich der akademischen Leistungen eines Kindes in den ersten Schuljahren. Das liegt zum Teil an den Tests und zum Teil an den Schulverhältnissen. Kleine Kinder sind keine guten Testpersonen, und wenn der Testleiter nicht sehr erfahren und versiert ist, sind die Chancen für ein ungenaues Ergebnis ebenso groß wie die einer genauen Beurteilung. Und der Test sagt gar nichts darüber aus, wie es dem Kind in einer Klasse mit Kindern höheren und niedrigeren Reifegrads ergehen wird, in Klassen also, die in Schulen die Regel sind.

Leistungstests versuchen die Befähigung eines Kindes in ganz bestimmten Bereichen festzustellen, etwa im Lesen und in Mathematik. Die weitverbreiteten ›Metropolitan Achievement Tests‹ gehören in diese Kategorie. Obwohl sie ›Leistungs‹-tests genannt werden, stellen sie nur den aktuellen Stand an Fertigkeiten in bezug auf Lesen und Mathematik fest. Sie sind daher für Lehrer von Nutzen, die ihren Unterricht dem Befähigungsgrad des jeweiligen Kindes anpassen wollen. Ob die Lehrer tatsächlich die Freiheit, Zeit und Energie besitzen, ihre Stunden auf das Niveau der einzelnen Kinder abzustimmen, wie der Test nahelegt, ist eine ganz andere Frage.

Eignungstests dienen der Feststellung, welche Kinder Förderunterricht benötigen. Solche Prüfungen sind mit den Hör- und Sehtests vergleichbar, denen Kinder routinemäßig unterzogen werden, um lernbehindernde Seh- und Hörschwierigkeiten festzustellen. Mit Verfahren wie dem McCarty-Eignungstest sollen Kinder herausgefunden werden, die potentielle Lernprobleme haben und Förderunterricht benötigen. So nützlich solche Tests auch in den Händen gut ausgebildeter, erfahrener Prüfer sind, so geben sie doch oft genauso viel falsche wie richtige Hinweise auf potentielle Lernprobleme.

Obwohl in den Schulen unseres Landes immer häufiger und immer mehr Tests verwendet werden, um Reife, Leistung und potentielle Lernschwierigkeiten festzustellen, haben all diese Verfahren ihre Grenzen. Die Prüfungen sind kostspielig und zeitaufwendig, doch die Gesamtresultate scheinen häufig die Investition nicht zu rechtfertigen. Der Hauptirrtum der Reife- und Eignungstests besteht darin, daß sie die Wurzel des Problems in den Kindern suchen. Tatsächlich aber liegt das Problem in der fehlenden Übereinstimmung zwischen den Kindern und dem Curriculum.

Möglichkeiten der Eltern, dem Alterseffekt zu begegnen

Neben den Möglichkeiten, die Schulen zur Aufhebung des Alterseffekts anbieten, stehen auch uns Eltern einige Möglichkeiten offen. Eine besteht darin, daß wir unsere Kinder zu Hause lassen, wenn wir der Ansicht sind, daß sie den schulischen Anforderungen noch nicht gewachsen sind. Wir können sie aber auch in eine private Vor- oder Grundschule schicken, deren Lehrplan flexibel genug ist, um dem unterschiedlichen Reifegrad einzelner Kinder Rechnung zu tragen.

Spätere Einschulung

Eine der schwierigsten Entscheidungen für Eltern mit Kindern, die im Sommer oder Herbst geboren sind, ist die, ob sie ihre Kinder in diesem Herbst in die Vorschule geben sollen, was bedeutet, daß sie zu den jüngsten Kindern in der Klasse gehören, oder ob sie ein Jahr warten sollen, was zur Folge hat, daß sie dann zu den ältesten Kindern zählen werden. Der spätere Eintritt in die Vorschule ist etwas ganz anderes, als ein Kind von der Einschulung in die Grundschule zurückzustellen. Sobald ein Kind nämlich eingeschult worden ist, können die negativen Auswirkungen des schulischen Versagens nicht dadurch ungeschehen gemacht werden, daß man es die Klasse wiederholen läßt oder es in eine Übergangsklasse gibt.

Späterer Vorschulbeginn ist jedoch etwas ganz anderes. Wenn ein Kind später in die Vorschule kommt, hat es ein ganzes Jahr gewonnen, das es daheim oder in einer außerfamiliären Einrichtung verbringen kann, unbelastet von schulischen Erfahrungen, vor allem der des Scheiterns. Untersuchungen stimmen weitgehend darin überein, daß Kinder, die in der Vorschule zu den ältesten gehören, in ihren intellektuellen Leistungen und ihrem sozialen Verhalten Kindern überlegen sind, die zu den jüngsten in der Klasse zählen.[5]

Sehr aufschlußreich ist eine Untersuchung, die in Grosse Pointe, Michigan, durchgeführt wurde. Nach einer vierzehnjährigen Langzeituntersuchung brachen die Schulen in Grosse Pointe ein Frühzulassungsprogramm für hochbegabte Kinder ab. Die Gründe dafür waren:

1. Beinah ein Drittel der Frühanfänger waren ungenügend auf die Schule eingestellt.

2. Nur ein Zwanzigstel der Frühanfänger wurde am Ende des Experiments als herausragend ›führungsfähig‹ beurteilt.

3. Annähernd drei von vier intellektuell hochbegabten Frühanfängern mangelte es völlig an Führungsqualitäten.

4. Schätzungsweise einer von vier hochbegabten Frühanfängern zeigte in der Schule unterdurchschnittliche Leistungen oder mußte eine Klasse wiederholen.[6]

Hervorzuheben ist, daß die Auswirkungen des Einschulungsalters eher relativ als absolut sind. Eine Untersuchung in Hawaii macht das deutlich. In Hawaii endet die Einschulungsfrist am 1. Dezember. Die Auswertung der Unterlagen von 154000 Schülern in den dortigen Schulen ergab, daß die im Dezember geborenen Kinder doppelt so häufig wie im Januar geborene Kinder Lernschwierigkeiten zeigten.[7]

Andererseits trifft es nicht zu, daß die Auswirkungen des Effekts, Klassenjüngster zu sein, mit zunehmendem Alter abnehmen. In einer Untersuchung, die in Wapakoneta, Ohio, durchgeführt wurde, verglich man im Sommer geborene Kinder, die mit gerade fünf Jahren in die Vorschule kamen, mit gleichfalls im Sommer geborenen Kindern, die dort erst im Jahr darauf eingeschult wurden. Alle untersuchten Kinder hatten die dritte, manche die sechste Klasse abgeschlossen. Von den Jungen, die später eingeschult worden waren, erzielten 79 Prozent überdurchschnittliche Noten im Vergleich zu nur 27 Prozent der früh eingeschulten Jungen. Von den Mädchen hatten 71 Prozent der Spätanfänger überdurchschnittliche Noten, im Vergleich dazu waren es bei den früh eingeschulten Mädchen nur 22 Prozent.[7]

Die Schlußfolgerung drängt sich geradezu auf: Ein Kind, das zu den ältesten in einer Vorschule gehört, wird mit viel höherer Wahrscheinlichkeit gute akademische Leistungen erzielen als ein Kind, das zu den jüngsten in der Klasse zählt! Das sollte die Eltern doch sehr ermutigen, den Schuleintritt eines im Sommer geborenen Kindes hinauszuzögern. Leider ist das für manche Eltern nicht realisierbar, da sie es sich nicht leisten können, ihr Kind ein zusätzliches Jahr zu Hause zu lassen.

Privatschulen

Es gibt eine weitere Möglichkeit für Eltern, die mit dem Lehrangebot der öffentlichen Schulen nicht allzu glücklich sind. Die Montessori- und Waldorfschulen bieten kleine Klassen, individualisierten Unterricht und flexible, kindgerechte Lehrpläne, die auf das einzelne Kind zugeschnitten werden können und nicht vom *Kind* verlangen, daß es sich dem Curriculum anpaßt.

Montessori-Schulen. Die Montessori-Schulen gehen auf die Arbeit der berühmten italienischen Physikerin und Reformpädagogin Maria Montessori zurück. Sie hatte die ganz spezifischen Lernweisen kleiner Kinder erkannt und entwarf ein breites Spektrum von Materialien, die für die manipulierende, permeable Natur des kleinkindlichen Lernens hervorragend geeignet sind. Ihre Materialien sind zudem eigen-didaktisch (durch das Zusammensetzen eines Puzzles können Kinder zum Beispiel ihre eigenen Irrtümer erkennen); sie geben den Kindern die Möglichkeit, ihr Lernen selbst und eigenverantwortlich zu steuern. Es war auch Maria Montessori, die Tische und Stühle im Kinderformat in die frühkindliche Erziehung einführte.

Montesorri-Schulen haben den Ruf, akademisch ausgerichtet zu sein. Das stimmt zwar, doch sind sie es im gesunden Sinne. Kinder auf Vorschulniveau lernen bereits lesen und schreiben, allerdings auf sehr korrekte Weise. Sie lernen zum Beispiel Buchstaben, die aus Sandpapier gefertigt, voneinander zu unterscheiden und lernen dadurch schreiben, daß sie Holzbuchstaben aneinander legen. Sie lernen Funktionswörter (wie das ›Stop‹ und ›Go‹ an der Verkehrsampel) durch direktes Ansehen und Wörter für Farben und Formen erst dann, wenn sie die Farben und Formen bereits kennengelernt haben. Obwohl es ganz beträchtliche Unterschiede zwischen den einzelnen Montessori-Schulen gibt, sind die Lehrer doch allesamt gut ausgebildet, das Curriculum ist flexibel und kindgerecht, und die Kinder dürfen ihr Lerntempo selbst bestimmen. Viele Montessori-Schulen gehen bereits bis zur ersten Klasse, einige sogar bis zur High-School.

Waldorfschulen. Die Waldorfschulen basieren auf den Schriften und der Erziehungspraxis des deutschen Philosophen und Reformpädagogen Rudolf Steiner. Ihn störte die allzu große akademisch-wissenschaftliche Ausrichtung der Schulen. Er vertrat die Ansicht, daß die ästhetische Seite in der Persönlichkeit des Kindes übersehen werde und daß diese parallel zu den intellektuellen Kräften des Kindes entwickelt werden sollte. Die Waldorfschulen betonen die Kreativität in allen Aspekten der kindlichen Beschäftigungen. Lehrer und Schüler schaffen sich ihre eigenen Lehrpläne und Bücher. Ein und derselbe Lehrer begleitet die Kinder häufig bis zu acht Schuljahren hindurch. Dadurch muß er mit den Kindern wachsen und lernen, was ein sehr positives Beispiel für gutes Lehren und Lernen darstellt.

Andere Privatschulen. Viele Privatschulen bieten kleine Klassen ohne Leistungszwang, in denen Kinder sich in ihrem eigenen Tempo mit akademischen Fertigkeiten vertraut machen können. Manche dieser Schulen bilden Gruppen aus verschiedenen Altersstufen, so daß der Lehrer sowohl Vorschulkinder als auch Erstkläßler unterrichtet. Diese Regelung bietet viele Vorteile. Erstens muß ein Vorschullehrer, wenn er ein Kind am Ende des Jahres gut kennt, es nicht einem Lehrer für das erste Schuljahr überlassen, der wieder ganz von vorn beginnen muß. Hat ein Lehrer ein Kind zwei Jahre lang im Unterricht, so kann er wirklich dessen Fortschritt verfolgen. Zweitens wird es in solch einer Großgruppe mit einer ganzen Spanne unterschiedlicher Entwicklungsgrade immer eine kleine Gruppe geben, in die das einzelne Kind mit seinen Fähigkeiten genau hineinpaßt. Und drittens erfahren die Kinder, die im ersten Jahr die jüngsten sind, welch positive Auswirkungen das Älterwerden hat, wenn sie im zweiten Jahr die ältesten sind.

Schauen Sie sich um, bevor Sie Ihr Kind in eine Privatschule geben. Besuchen Sie eine Montessori-, eine Waldorf- und ein paar andere Privatschulen. Erkundigen Sie sich nach dem Lernprogramm und besichtigen Sie die Klassenräume. Ein gutes Vorschulklassenzimmer sollte möglichst viele der Merkmale einer guten Erziehungseinrichtung aufweisen, die ich in diesem Kapitel genannt habe. Wenn Sie mit dem Vorschullehrer oder der -lehrerin sprechen, so erkundigen Sie sich nach seinen oder ihren allgemeinen Lernzielen und danach, was die Kinder ihrer Meinung nach am Ende eines Jahres erreicht haben sollen. Wenn der Lehrer ein halbes Dutzend allgemeiner Lernziele hat (wenn er zum Beispiel erwartet, daß die Kinder die Laute der Buchstaben und Zahlen kennen), so ist er einem Lehrer vorzuziehen, der viele sehr konkrete Lernziele hat (der zum Beispiel erwartet, daß die Kinder 50 Wörter vom Sehen, fünf Farben und vier geometrische Figuren kennen). Der erste Lehrer stellt die Kinder über das Curriculum, während der zweite genau das Gegenteil tut.

Schlußfolgerung

Eltern, deren Kind im Sommer oder Herbst geboren wurde und die es sich leisten können, ihr Kind ein weiteres Jahr zu Hause zu behalten oder es in eine private Schule zu geben, sind ganz klar gegenüber solchen Eltern im Vorteil, deren Kind ebenfalls zu den genannten Zeitpunkten geboren wurde, die aber finanziell schlechter gestellt sind. Diese ungerechte Situation entstand durch das Scheitern der Schulen bei dem Versuch, das Problem der Altersunterschiede adäquat anzugehen.

Die Lösung kann nicht einfach in Verfahrensänderungen bestehen, wie dem Anheben des Einschulungsalters, Einführung von ›Übergangsklassen‹ oder obligatorischen ›Reife-‹ und ›Eignungstests‹. Nichts davon geht das wirkliche Übel an, nämlich die starren Lehrpläne mit ihren akademischen Anforderungen, die jetzt in unseren Vorschulen vorherrschen. Eine gerechte Lösung müssen die Schulen finden, nicht die Eltern und Kinder.

Schulen können das Handikap der jüngsten Kinder in der Vorschulgruppe beheben, indem sie die Curricula für die Vorschulen und ersten Klassen dahingehend ändern, daß die Klassenräume schon äußerlich wieder eher frühkindlichen Einrichtungen ähneln als ›richtigen‹ Klassenzimmern. Diese ›Befreiung‹ der Vorschule und der ersten Klasse von der Dominanz des Elementarunterrichts sollte mit der Verbannung in Noten und Arbeitsheften sowie mit der Anstellung von in frühkindlicher Erziehung ausgebildeten Pädagogen einhergehen. Auf lange Sicht wird diese ›Befreiung‹ der Vorschule und der ersten Grundschulklasse mehr bewirken als jede der behelfsmäßigen Fördermaßnahmen, die jüngst eingeführt wurden, um die weitverbreitete Fehlerziehung junger Kinder in unseren Schulen zu beheben.

Die Fragen der Eltern

In diesem Kapitel möchte ich mir selbst gerne eine
›zweite Chance‹ geben. In den letzten Jahren habe ich
ausgedehnte Vortragsreisen in alle Teile dieses Landes
und nach Kanada unternommen. Ich sprach vor Eltern,
Pädagogen und Bildungsfachleuten. In meinen Vorträgen handle ich — in gedrängter Form — einen Großteil
des Materials ab, das in dieses Buch eingegangen ist.
Wenn es die Zeit und die Umstände erlauben, stehe ich
anschließend für Fragen zur Verfügung. Häufig denke
ich, noch lange Zeit nach der Diskussion, über meine
Antworten nach und wünsche mir, daß ich eine andere
oder umfassendere Antwort gegeben hätte. In diesem
Kapitel möchte ich nun einige Fragen erneut beantworten, diesmal aber mit dem Vorzug, reichlich Zeit zum
Überlegen gehabt zu haben.

Frage: Sie sagen, daß kleine Kinder nicht im Lesen und in
Mathematik unterrichtet werden sollen, aber wie soll
man sich verhalten, wenn das Kind selbst darum bittet,
ihm Lesen beizubringen? Meine Tochter fragte mich
ständig nach den Namen und Lauten der Buchstaben
und wie Wörter, die sie gedruckt sah, auszusprechen
seien, und ehe ich mich versah, konnte sie lesen — sie

hatte es sich selbst beigebracht! Hätte ich ihr besser nicht die Namen und Laute der Buchstaben nennen sollen, ihr nicht sagen sollen, wie die Wörter heißen?

Antwort: Ich finde, Sie haben genau das Richtige getan. Wir sollten Kindern keine Steine in den Weg legen, wenn sie selbst lesen wollen; wir sollten sie vielmehr in ihrem Leseeifer unterstützen und bestärken. Sie können Ihr Kind niemals falsch erziehen, wenn Sie auf seine Wißbegier angemessen reagieren.

Ihr Kind ist aber die Ausnahme, denn nur ein bis drei Prozent der Kinder lesen mit Verständnis, bevor sie in die Vorschule kommen. Die Mehrzahl der Kinder zeigt kein Interesse an der Technik des Lesens, bis sie fünf oder sechs sind, und wir erziehen sie dann falsch, wenn wir sie mit den Techniken des Lesens vertraut machen wollen, bevor sie irgendeine Neigung in diese Richtung zeigen.

Frage: Und wie steht es mit der Disziplin? Sie reden über Vertrauen, Autonomie, Leistung und dergleichen und sagen kein Wort über Disziplin. Bei Ihnen klingt das so, als ob Kinder niemals ungezogen seien und als wäre zu unterstützen und zu fördern das einzige, was wir zu tun hätten. Aber wir unterstützen und fördern unsere Tochter, und trotzdem widersetzt sie sich uns und macht uns das Leben schwer. Was soll man machen, wenn es mit der Unterstützung und Förderung nicht klappt? Können Sie mir ein paar Methoden nennen, die ich anwenden kann, wenn sie sich weigert, ins Bett zu gehen oder ihre Sachen wegzuräumen?

Antwort: Disziplin ist eine Einstellung, keine Methode. Wenn wir Eltern uns als Herr der Situation fühlen, vermitteln wir auch dem Kind das Gefühl, daß wir die Situation im Griff haben. Wenn wir uns aber unsicher im Hinblick auf unsere Fähigkeit fühlen, das Verhalten unseres Kindes zu lenken, werden wir ihm auch das vermitteln. Einer der Vorteile, die wir aus unserem Wissen über die kindliche Entwicklung, über die Weisen, wie Kinder fühlen und denken, und in welcher psychosozialen Phase sie sich gerade befinden, ziehen, ist, daß es uns in unserem Gefühl bestärkt, die Situation zu beherrschen.

Wissen allein aber genügt nicht; es geht auch um unser eigenes Gefühl von Kompetenz. Das ist der Grund dafür, warum es viel einfacher ist, die später geborenen Kinder aufzuziehen als das erste. Wir sind beim zweitenmal viel erfahrener und abgeklärter und haben viel mehr Vertrauen in unsere Fähigkeit, mit einer ganzen Reihe von Situationen fertig zu werden, und vermitteln dadurch unseren Kindern dieses Gefühl von Kompetenz. Das schließt nicht aus, daß wir unsere Autorität geltend machen müssen, aber es fällt uns nun viel leichter. Wenn sich im Anschluß an meinen Vortrag niemand traut, die erste Frage zu stellen, pflege ich zu sagen: »Dann will ich jetzt die zweite Frage nehmen.« Für viele von uns wäre es einfacher, wenn wir mit dem zweiten Kind beginnen könnten!

Was nun die Frage der Disziplin angeht, so ist in der Regel Ihre Einstellung ausschlaggebend. Wenn ich Kinder sehe, die ihre Eltern beherrschen, so liegt das immer daran, daß die Eltern selbst das Gefühl haben, die Kontrolle verloren zu haben. Sie müssen sich klarmachen, daß Sie der Erwachsene sind und daß das Kind das Kind ist. Sie sind es, der die Verantwortung trägt und die Kontrolle besitzt, und nicht das Kind. Und Kinder wollen auch gar nicht die Verantwortung übernehmen oder die Kontrolle an sich reißen. Sie werden natürlich beides tun, wenn Sie es zulassen, aber es erschreckt die Kinder genauso, wie es Sie erschreckt. Die beste Disziplin besteht darin, daß Sie sagen, was Sie meinen, und meinen, was Sie sagen.

Frage: Sie malen ein ganz schön grausiges Bild von überfordernder Erziehung. Aber tun wir unseren Kindern wirklich so schreckliche Dinge an? Okay, wir kleiden sie in der Kinderboutique ein, bringen sie zum Gymnastikkurs und lassen sie Musikunterricht nehmen. Was ist daran so schrecklich? Und was ist mit den Eltern, die ihre Kinder aussetzen, mißbrauchen, vernachlässigen und ablehnen? Wir, die wir so viel für unsere Kinder tun, wir sind doch die ›Guten‹. Darum verstehe ich einfach nicht, warum Sie hinter uns her sind und nicht hinter den ›Bösen‹.

Antwort: Gerade weil Sie zu den ›Guten‹ gehören, bin ich so beunruhigt. Wenn unreife, egoistische und grausame Menschen ihren Kindern etwas antun, so ist das kriminell. Wenn aber liebevolle, fürsorgliche und wohlmeinende Eltern ihre Kinder ohne Notwendigkeit gefährden, so ist das tragisch. Natürlich ist nichts dagegen einzuwenden, ein Kind in der Kinderboutique einzukleiden, es zum Gymnastikunterricht zu bringen oder ihm Musikstunden geben zu lassen. Es ist aber gleichzeitig ein Gesetz des Lebens, das gute Dinge, die zweckentfremdet werden, sich in ihr Gegenteil verkehren können. Nur wenn wir Kinder zu früh und aus den falschen Beweggründen heraus dem Luxus und formalem Unterricht aussetzen, gefährden wir die geistige Gesundheit des Kindes.

Frage: Aber glauben Sie denn wirklich, daß manche von uns Eltern, die heute abend hierher gekommen sind, ihren Kindern schaden?

Antwort: Im Grunde nicht. Die meisten Eltern, die meine Bücher lesen und meine Vorlesungen besuchen, tendieren dahin, mit den Werten und der Erziehungsphilosophie, die ich vertrete, übereinzustimmen. Sie lesen meine Bücher und kommen zu meinen Vorträgen, weil sie Unterstützung für das bekommen wollen, was ihrem Gefühl nach richtig ist, selbst wenn viele ihrer Nachbarn und Freunde nicht mit ihnen übereinstimmen. Und ich tue mein Bestes, um ihnen die Daten und Argumente an die Hand zu geben, die sie benötigen, um ihren Standpunkt zu behaupten. Manchmal gelingt es mir, Eltern zu überzeugen, die noch unschlüssig sind, und sie auf die Seite gesunder Erziehung zu ziehen. Aber ich weiß genau, daß die Eltern, die ich am dringlichsten erreichen möchte, mich niemals hören werden.

Frage: Sie sind offenbar dagegen, auf Kinder Druck auszuüben. Aber ist Druck auf Kinder nicht wichtig und sogar gut für sie? Viele erfolgreiche Sportler hatten Trainer, die sie gehörig gedrillt haben, und viele erfolgreiche Geschäftsleute hatten Eltern, die sie ordentlich unter Druck gesetzt haben. Ich fürchte wirklich, daß meine Tochter alles leichtnimmt und niemals irgendwas im Leben erreichen wird, wenn ich keinen Druck auf sie ausübe. Woran erkennen Sie, wann Druck notwendig ist und wann nicht?

Antwort: Sie haben da ein Problem aufgeworfen, das wohl zu den schwierigsten der Kinderziehung gehört. Wenn Kinder keinen Musikunterricht nehmen wollen, sollen wir sie dazu zwingen? Wenn Kinder ihre Hausaufgaben nicht ordentlich erledigen, sollen wir darauf bestehen, daß sie sie noch einmal machen? Wenn Kinder Einzelgänger sind, sollen wir darauf drängen, daß sie mit anderen Kindern spielen? Und wenn wir entschlossen sind, Druck auf unsere Kinder auszuüben, wie sollen wir das anstellen? Sollen wir Belohnungen in Aussicht stellen, mit Strafen drohen, an das Eigeninteresse der Kinder appelieren oder uns ihre Schuldgefühle und Ängste zunutze machen?

Das sind schwierige Fragen, und es gibt keine simple und eindeutige Antwort darauf. Die einzige Richtlinie, die ich Ihnen empfehlen kann, ist: Prüfen Sie Ihre Motive. Sind Sie wirklich in erster Linie um das Wohlergehen Ihres Kindes besorgt oder ist irgendein persönliches Motiv oder persönlicher Ehrgeiz der beherrschende Faktor? Wenn es Ihnen tatsächlich in erster Linie um das Interesse des Kindes geht, wird ein gewisser Druck vermutlich keinen Schaden anrichten, mit welcher Methode auch immer, die Ihnen geeignet scheint, Sie ihn ausüben werden. Ihr Kind wird genügend von Ihrer Sorge, die dahintersteht, spüren, um sich zu bemühen. Gleichgültigkeit ist viel schlimmer.

Wenn aber Ihre persönlichen Motive und nicht das Interesse des Kindes den Ausschlag geben, wird der Druck Ihrem Kind vermutlich schaden. Niemand läßt sich gern benutzen, und wenn Kinder zu irgendwelchen Leistungen unter dem Vorwand gedrängt werden, es geschehe zu ihrem eigenen Besten, während in Wahrheit elterliche Bedürfnisse befriedigt werden wollen, so werden sie möglicherweise die wahren Beweggründe durchschauen. Wenn das geschieht, rebellieren Kinder sowohl gegen die Motive als auch gegen die Methoden ihrer Eltern, und das Resultat ist häufig genau das Gegenteil dessen, was die Eltern erreichen wollten.

Frage: Wie steht es mit dem Fernsehen? Wie lange sollte ein kleines Kind fernsehen, und welche Programme sind ›gesund‹ und welche ›überfordern‹ es, um Ihre eigenen Worte zu gebrauchen?

Antwort: Wenn Kinder fünf Jahre und jünger sind, sollten sie nicht länger als zwei Stunden pro Tag fernsehen. Das ist nur eine ungefähre Angabe, und es gibt natürlich auch Ausnahmen, aber im großen und ganzen ist es eine gute Richtschnur, an die man sich halten sollte. Sendungen wie ›Sesamstraße‹ und viele Disney-Filme sind kleinen Kindern angemessen. Aber ich glaube nicht, daß z. B. die vielen Krimi-Serien für kleine Kinder gesund sind. Die Gewalt wirkt auf kleine Kinder noch erschreckender als auf ältere, weil ihnen noch nicht vollkommen bewußt ist, daß die Gewalt nur dargestellt und nicht real ist. Wenn man kleinen Kindern erlaubt, solche Sendungen anzuschauen, setzt man sie ohne Grund Angst und Schrecken aus, da solche Sendungen wenig Positives aufweisen, das für kleine Kinder lehrreich sein könnte.

Frage: Sie sind offenbar gegen jede Art von Unterricht für kleine Kinder, aber meine vierjährige Tochter nimmt Ballettstunden und ist ganz begeistert davon. Was ist daran so falsch?

Antwort: In der Regel sollte man, so meine ich, Kinder im Vorschulalter nicht zu einem Programm anmelden, das formalen Unterricht einschließt, ob es sich nun um Ballett, Tennis oder Japanisch handelt. Ich bin davon überzeugt, daß Ihre Tochter ihre Ballettstunden liebt, und wenn sie einen einfühlsamen und erfahrenen Lehrer hat, so schadet es ihr vermutlich nicht. Andernfalls aber riskieren Sie bei Ihrer Tochter Verletzungen. Die Knochen und Muskeln kleiner Kinder sind einfach noch nicht genügend ausgebildet, um anstrengende Übungen aushalten zu können, und das gilt auch für die Belastungen und Beanspruchungen, denen sie beim Ballett, Tennis, Skilaufen, Turnen und so weiter ausgesetzt sind.

Meiner Ansicht nach überfordern all diese Programme kleine Kinder. Das ist ein Faktum, weil es absolut keinen Beweis für irgendeinen langfristigen Nutzen solcher Unterrichtsstunden gibt und weil sie gleichzeitig Kinder dem Risiko physischer Verletzungen aussetzen, und das vollkommen grundlos. Ja, ich weiß, daß es eine Anzahl von Fällen gibt, wo Kinder früh mit dem Unterricht in Ballett, Eislauf oder Musik begannen und schließlich erfolgreiche Profis wurden. Das sind aber Ausnahmen, nicht die Regel. Die Zahl der jungen Menschen, die einen frühen Start hatten und dann Scheitern, Unzufriedenheit und/oder physischen Schaden erleben mußten, ist viel, viel größer als die Zahl derjenigen, die früh begannen und auch erfolgreich waren.

Frage: Ich finde, daß Sie die Zulassung zu einem prestigeträchtigen Kindergarten allzu leichtfertig abtun. Schließlich sind viele dieser Kindergärten ebenso prestigeträchtigen Tagesschulen angeschlossen, und Kinder, die einen

Kindergarten besucht haben, werden häufig bei den Aufnahmeverfahren der Grund- und höheren Schulen vorgezogen. Und wenn die Kinder die richtigen Privatschulen besucht haben, so haben sie bei der Bewerbung um einen Platz in prestigeträchtigen Colleges und Universitäten bessere Chancen. Eltern, die sich darum kümmern, ihre Kinder in den richtigen Schulen unterzubringen, sind also vielleicht doch nicht so dumm.

Antwort: Natürlich stimmt das, was Sie sagen. Ich betrachte den Übereifer von Eltern, ihre Kinder in einem prestigeträchtigen Kindergarten unterzubringen, darum mit Sorge, weil sie es aus den falschen Beweggründen tun. Wenn sie überzeugt wären, daß prestigeträchtige Schulen hochkarätige Erziehung gewährleisten (was sie tun), und ihre Kinder aus diesem Grund dort anmelden, so gäbe es überhaupt kein Problem. Heutzutage bringen Eltern ihre Kinder aber allzu oft in solche Institutionen, weil sie glauben, daß sie ihren Kindern dadurch zu einem frühen akademischen Start verhelfen und ihnen so einen Wettbewerbsvorsprung verschaffen. Die Ironie dabei ist, daß Eltern, die die prestigeträchtigen Kindergärten bedrängen, akademischen Unterricht einzuführen, dadurch die hohe Qualität der Erziehung zerstören, die die Privatschulen einst garantierten und damit ihren Schülern tatsächlich einen Vorsprung verschafft hatten, wenn sie ans College und in die Universitäten kamen.

Frage: Ich bin geschieden und habe einen vierjährigen Sohn. Mein früherer Ehemann und ich teilen uns das Sorgerecht. Brian ist während der Woche bei mir und an den Wochenenden, an manchen Feiertagen und den größten Teil des Sommers über bei seinem Vater. Ich stehe voll und ganz hinter Ihrer Philosophie, Kinder nicht unter Druck zu setzen, im Unterschied zu meinem Ehemann. Er meint, daß sein Sohn eine Einrichtung mit akademischem Unterricht besuchen sollte, und er und seine neue Frau versuchen, ihm daheim Lesen beizubringen. Was soll ich tun?

Antwort: Das einzige, was Sie tun können, ist festzubleiben. Was sein Vater tut, können Sie nicht rückgängig machen, und Sie werden seine Erziehungsphilosophie auch nicht ändern können. Sie müssen Brian aber klarmachen, was Sie von ihm erwarten, wenn er bei Ihnen ist. Wenn er Unterricht im Lesen wünscht, müssen sie ihm sagen: »In diesem Haus gibt es keinen Leseunterricht, aber ich lese dir sehr gern etwas vor.« Sie müssen nicht (und sollten es auch nicht) seinen Vater oder dessen erzieherische Prioritäten herabsetzen. Sie müssen nur die in Ihrem Haus geltenden Prinzipien durchsetzen. Eine solche Unterscheidung kann ein Kind in Brians Alter durchaus schon verstehen.

Was den Schulunterricht anbelangt, so empfehle ich Ihnen, es mit einem Kompromiß zu versuchen. Vielleicht ist eine Montessori-Schule das richtige. Einerseits ist sie kindgerecht und übt keinen Zwang aus, andererseits bietet sie eine ganze Menge an akademischen Inhalten. Daher könnte dieses Programm für Sie *und* Ihren Mann akzeptabel sein.

Frage: Ich fürchte, daß die Art von Erziehungsprogramm, die Sie für kleine Kinder vorschlagen, im Grunde veraltet ist und daß das, was Sie empfehlen, eher in die fünfziger als in die achtziger Jahre paßt. Die Welt draußen ist hart geworden. Schauen Sie sich das Ausmaß von Drogenmißbrauch, Kriminalität jeder Spielart und die vielen Scheidungen an, den Konkurrenzkampf um die Plätze in den guten Schulen und die schlechter werdenden beruflichen Chancen — ganz zu schweigen von dem drohenden Atomkrieg, dem Waffenhandel, der Umweltzerstörung. Ist die von Ihnen vorgeschlagene Erziehungsweise wirklich geeignet, Kinder auf eine solche Welt vorzubereiten? Haben die Leute, die ihren Kindern einen frühen Start verschaffen wollen, nicht in gewisser Weise recht? Schließlich gibt es soviel zu lernen — wäre da nicht früher besser?

Antwort: Ihre Bemerkung ist natürlich berechtigt. Die Welt heute ist eine ganz andere als in der Mitte dieses Jahrhunderts. Und die Frage, die Sie aufwerfen, ist wirklich nicht einfach zu beantworten: was nämlich die beste Methode sei, um Kinder auf eine zugegeben rauhe und sich rasch wandelnde Welt vorzubereiten. Ihre Reaktion, die von vielen heutigen und vielen früheren Eltern geteilt wird und wurde, ist ganz natürlich: Sie wollen das Tempo der Erziehung beschleunigen, um mit dem galoppierenden sozialen Wandel mitzuhalten.

Die Überzeugung, daß die beste Methode zur Vorbereitung von Kindern auf eine harte, sich schnell verändernde Welt die Einführung von formalem Unterricht für kleine Kinder sei, ist falsch. Es gibt einfach keinen Beweis, der sie stützen könnte, und beträchtlich viele Beweise, die ihr widersprechen. Kindern einen frühen akademischen Start zu verschaffen hat in der Vergangenheit nicht funktioniert und funktioniert auch heute nicht. Im Bundesstaat Massachusetts zum Beispiel wurden zu Beginn des letzten Jahrhunderts etwa 30 Prozent der Zwei- bis Vierjährigen zur Schule geschickt, um lesen und schreiben zu lernen. Dies wurde von Eltern und Geschäftsleuten veranlaßt, die darüber nachgedacht hatten, wie man Kinder am besten auf eine Gesellschaft vorbereiten könnte, die sich ungeheuer rasch von einer Agrar- in eine Industriegesellschaft veränderte. Der erste Impuls war — damals wie heute —, Kinder früher mit dem formalen Unterricht beginnen zu lassen. Ähnliche Versuche mit frühem Schulunterricht wurden etwa zur selben Zeit von Robert Owen in England unternommen. Hier wie dort scheiterte das Experiment, und man gab es auf, kleine Kinder im Lesen und Schreiben zu unterrichten.

Ich habe versucht, in diesem Buch die heute verfügbaren Belege und Argumente zusammenzustellen, die gegen den Frühunterricht als die beste Methode zur Vorbereitung kleiner Kinder auf eine eingestandenermaßen harte und schwierige Welt sprechen. Wenn Kinder mit einem starken Gefühl von Vertrauen und Autonomie, von Initiative und Zugehörigkeit, von Leistung und Kompetenz in die Welt treten, so sind sie besser darauf vorbereitet, mit allen zukünftigen Herausforderungen fertig zu werden, als Kinder, die vielfältige akademische Fertigkeiten aufweisen können, aber ein schwaches Selbstwertgefühl haben. Erfolg im Leben ist nicht das Produkt von angelernten akademischen Fertigkeiten, sondern das Produkt einer gesunden Persönlichkeit.

Frage: Sie haben mich immer noch nicht überzeugt. Woher wissen Sie, daß ›frühe Stimulation‹ nicht funktioniert? Vielleicht ist an Leuten wie Glenn Doman doch etwas dran. Viele Menschen mit innovativen Ideen wurden von ihren Kollegen herabgesetzt, die zu kurzsichtig und engstirnig waren, um eine wirklich vorwärtsweisende und bedeutende neue Idee zu akzeptieren. Sollten wir diesen Leuten und ihren Programmen nicht eine Chance geben?

Antwort: Selbstverständlich sollten Leute mit innovativen Ideen angehört werden und die Chance erhalten, die Effektivität ihrer Programme zu demonstrieren. Das Problem bei den meisten frühkindlichen Unterrichtsprogrammen ist aber, daß sie nicht angemessen und systematisch erprobt worden sind. Auf lange Sicht muß sich die Wahrheit wissenschaftlicher Thesen erweisen; sie können nicht auf Treu und Glauben hingenommen werden. Die Mehrzahl der heutigen Forschungsergebnisse belegt, daß die frühe Stimulation eines Kindes, das bereits in einer emotional, intellektuell und kulturell anregenden Umwelt mit fürsorglichen Eltern aufwächst, seine Intelligenz kaum über den Stand hinaushebt, den sie ohne diese Stimulation erreicht hätte.

Ich meine, daß wir uns die Tatsache vor Augen halten müssen, daß mit überfordernder Erziehung ein Geschäft zu machen ist, was für gesunde Erziehung nicht zutrifft. Was die Argumentation der für frühe Anregung eintretenden Leute schwächt, ist die Tatsache, daß sie etwas verkaufen wollen und daher schwer zu erkennen ist, wo die Wahrheit endet und die Verkaufsmasche beginnt.

Frage: Ich weiß, daß Sie argumentieren, daß die Motivation, Kinder in jungem Alter in verschiedene Erziehungsprogramme zu geben, sowohl mit der Statusfrage als auch mit der wirklichen Sorge um das Wohl des Kindes zu tun hat. Das mag eine gute Theorie sein, aber ich als Vater muß mich mit der Tatsache abfinden, daß mein

Kind, wenn ich es nicht in eine akademische Eingangs-stufe zur Vorschule gebe, nicht lesen kann, wenn es dann in die Vorschule kommt, während all seine Altersgenos-sen es bereits können. Aus welchen Gründen auch immer Eltern ihre Kinder in eine akademische Eingangs-stufe zur Vorschule geben, die Kinder haben gegenüber meinem Kind einen Vorsprung, wenn ich nicht genauso wie ihre Eltern handle. Das ist eine elterliche Sorge, die mit Statusfragen überhaupt nichts zu tun hat.

Antwort: Ich freue mich über Ihre Frage, auch wenn sie schwer zu beantworten ist. Im Grunde ist das ein Pro-blem, das Sie selbst lösen müssen. Ich habe versucht, Ihnen soviel Material wie möglich zum Für und Wider von frühkindlichen pädagogischen Programmen an die Hand zu geben. Ich habe auch versucht, die Motive der Eltern detailliert zu beschreiben, die ihre Kinder in sol-che Hochdruck-Programme schicken. Die Entscheidung aber liegt ganz allein bei Ihnen. Wenn Sie tatsächlich der Meinung sind, daß Sie Ihrem Kind einen schlechten Dienst erweisen, wenn Sie es nicht in einen frühkindli-chen ›Leistungskurs‹ geben, dann tun Sie es auf jeden Fall. Auf lange Sicht wird Ihr Schuldgefühl, nicht das Richtige getan zu haben, und Ihre Sorge, ob Ihr Kind es schaffen wird, negativere Folgen haben als die Unter-bringung Ihres Kindes in solch einem Programm.

Frage: Meine Frau und ich sind beide berufstätig, und unsere dreijährige Tochter besucht eine Kinderkrippe in der Nähe unseres Hauses. Sie bringen den Kindern dort gerade das Lesen bei, und jetzt kommt Donna mit Arbeitspapieren nach Hause, in denen sie Buchstaben abschreibt. Andererseits ist diese Krippe für uns ideal —

ganz in der Nähe, sauber, gut geführt und im Hinblick auf die Öffnungszeiten flexibel. Aber wir stimmen mit Ihrer Philosophie überein und würden es vorziehen, wenn sie die Arbeitspapiere abschafften. Was können wir dagegen unternehmen?

Antwort: Sprechen Sie mit dem Leiter oder der Leiterin der Krippe über Ihre Sorgen. Manche von diesen Einrichtungen haben derartige Praktiken eingeführt, weil sie wissen, daß die Eltern dies wollen. Wenn genügend Eltern dagegen protestieren, werden die Verantwortlichen es sein lassen. Wenn die Mehrzahl der Eltern sich aber auf einen anderen Standpunkt stellt und Sie Ihr Kind dennoch in der Einrichtung lassen wollen, loben Sie Ihre Tochter für die Arbeit, die sie leistet, ohne dabei zu übertreiben. Lesen Sie ihr etwas vor, spielen Sie mit ihr und machen Sie mit ihr Ausflüge zu interessanten Plätzen. Auf diese Weise vermitteln Sie ihr Ihre Werte und Prioritäten und geben den akademischen Erfahrungen den rechten Stellenwert.

Frage: Mein Sohn wird im November fünf und liegt damit jenseits der im Oktober endenden Zulassungsfrist für die Vorschule. Ich weiß, daß die Schule ihn dennoch aufnehmen wird, wenn ich darauf beharre und er ein paar Tests absolviert. Ist das aber angesichts des Alterseffekts, den Sie beschrieben haben, das richtige? Ich habe auch ein soziales Gewissen, und ich weiß, daß ich es mir leisten kann, meinen Sohn ein weiteres Jahr zu Hause zu behalten, während andere Eltern diese Möglichkeit nicht haben. Daher fühle ich mich ein wenig schuldbewußt, wenn ich es tue.

Antwort: Das ist wirklich eine schwere Entscheidung,

aber am Ende werden Sie Ihrem Gewissen folgen. Ich sollte vielleicht darauf hinweisen, daß es für Jungen ein besonderes Handikap bedeutet, die Jüngsten zu sein, und wenn sich das auch nicht immer auswirkt, so besteht doch die Möglichkeit, daß er ein Opfer des Alterseffekts wird. Am Ende werden Sie, so meine ich, das tun müssen, was Sie für das beste für Ihr Kind halten, aber sie können auch dazu beitragen, die Schulen zur »Befreiung« der Vorschule und der ersten Klasse anzuhalten, so daß Ihr Kind nicht unter dem Alterseffekt, dem destruktivsten Aspekt überfordernder Erziehung, leiden muß.

Frage: Mein Kind fällt ebenfalls unter den Alterseffekt. Mein Sohn ist ein Novemberkind, aber da die Vorschulzulassungsfrist erst für nach dem 1. Dezember geborene Kinder galt, ließ ich ihn einschulen. Wir sind beide berufstätig, und es wäre uns wirklich schwergefallen, ihn ein weiteres Jahr in der Obhut eines Betreuers zu Hause zu lassen. Jetzt schlägt die Schule vor, daß er die Vorschule wiederholt, weil er für die erste Klasse noch nicht reif ist. Was sollen wir tun?

Antwort: Ihr Sohn ist ganz klar ein Opfer überfordernder Erziehung, und ein Teil des Schadens ist bereits angerichtet worden. Angesichts der neuen Zahlen über die negativen Auswirkungen des Zurückgestelltwerdens, die belegen, daß ein durch Sonderunterricht gefördertes Kind ebenso gut vorankommt wie zurückgestellte Kinder, können Sie vielleicht durchsetzen, daß Ihr Sohn dennoch versetzt wird. Falls das möglich ist, würde ich ihm zusätzlich einen Nachhilfelehrer besorgen, der ihn auf akademischen Gebieten voranbringen könnte. Die individuelle Betreuung durch einen Nachhilfelehrer kann außerdem dazu beitragen, einige der möglichen Schäden, die das Gefühl von Kompetenz und Leistung Ihres Sohnes aufgrund schulischen Versagens erleidet, aufzufangen.

Frage: Mein Sohn ist sehr begabt und hat beim Test einen IQ von 150 erreicht. Genau wie Sie sagen, verschlingt er Informationen. Was sollte ich bezüglich des Schulunterrichts unternehmen, da Sie ja feststellen, daß die meisten begabten Kinder die Schule öde und langweilig finden?

Antwort: Sie können mehrere Dinge tun. Zum einen können Sie darum bitten, daß Ihr Kind in die nächsthöhere Klasse versetzt wird. Bei begabten Kindern spielt der Alterseffekt keine Rolle, sie brauchen die Herausforderung einer höheren Klasse. Die Forschungsergebnisse weisen darauf hin, daß sich begabte Kinder ohne weiteres an die Situation, die Jüngsten zu sein, anpassen können und keine Schwierigkeiten haben, Freundschaften zu schließen, zu spielen und so fort. Manche Schulen haben Sonderprogramme für geistig und künstlerisch hochbegabte Kinder eingerichtet, die ebenfalls hilfreich sein können. Das einzige Problem ist, daß die begabten Kinder leicht zu etikettieren und zu erkennen sind, wenn sie auf diese Weise ausgesondert werden, und das kann negative Folgen haben.

Nützlich ist auch all das, was Sie zur Bereicherung der Erfahrungswelt Ihres Kindes außerhalb der Familie tun. Inzwischen gibt es eine ganze Anzahl von Sommerprogrammen für begabte Kinder, die dort die Möglichkeit, mit anderen begabten Kindern und einfühlsamen Erwachsenen zusammenzusein, richtig genießen. Wenn Ihr Kind auf einem bestimmten Gebiet besondere Begabung zeigt, könnten sie es einem High-School- oder College-Lehrer vorstellen, der dasselbe Fachgebiet hat. Viele Lehrer sind von Kindern fasziniert, die eine besondere Begabung für ihr Fachgebiet zeigen, und bereit, die Funktion eines Mentors zu übernehmen und den Lese- und anderen Unterricht des Kindes durchzuführen.

Frage: Mein Sohn ist ein Opfer des Alterseffekts gewesen und kommt in der Schule nicht gut mit. Seine kleine Schwester hingegen ist ihm in jeder Hinsicht überlegen. Sie wurde im Frühling geboren, während er im Herbst zur Welt kam. Sie ist kontaktfreudig und lebhaft, er dagegen ein bißchen scheu. Vor allem aber ist sie sehr aufgeweckt und schon jetzt ihrem Bruder im Lesen voraus. Wie können wir unseren Sohn davor bewahren, gegenüber seiner Schwester ein Minderwertigkeitsgefühl zu entwickeln?

Antwort: Akzeptieren Sie jedes Ihrer Kinder auf seine besondere Art, und versuchen Sie, soweit es möglich ist, keine Vergleiche anzustellen. Halten Sie sich an die Dinge, die Ihr Sohn beherrscht, und achten Sie darauf, daß er dafür gelobt wird. Das wichtigste ist, Ihrem Sohn das Gefühl zu geben, daß er auf Grund dessen, was er ist, geliebt und akzeptiert und nicht abgelehnt wird, weil er irgend etwas nicht ist.

Frage: Meine Tochter besucht die erste Klasse und bringt bereits Hausaufgaben mit nach Hause. Sollten Erstkläßlern schon Hausarbeiten aufgegeben werden?

Antwort: Hausaufgaben in der Vorschule und der ersten Klasse halte ich grundsätzlich nicht für richtig. Hausaufgaben sind eine nützliche Ergänzung zur Unterrichtsbeteiligung und zu den in der Klasse gezeigten Leistungen eines Kindes. Wenn der Lehrer die Zeit und Energie hat, Hausarbeiten sorgfältig zu korrigieren, können sie eine wichtige Lernerfahrung für das Kind darstellen. Vorschulkinder und Erstkläßler aber müssen noch eher manipulierend als mit Arbeitsheften arbeiten. Die allzu frühe Ausrichtung auf ›richtig‹ und ›falsch‹ kann eine negative Erfahrung darstellen, vor allem dann, wenn die Kinder jung sind und Mühe haben, im Unterricht mitzukommen. Für Hausaufgaben ist es früh genug, wenn die Kinder ein gesundes Leistungsgefühl und Konkurrenzbewußtsein entwickelt haben.

Frage: Ich stimme mit Ihnen darin überein, daß man Kinder nicht unter Druck setzen sollte, aber ich habe einen Sohn, der vollkommen desmotiviert wirkt. Falls er je den strukturellen Imperativ gehabt hat, so habe ich davon jedenfalls nichts gemerkt. Was machen Sie mit einem Kind, das am liebsten den ganzen Tag vor dem Fernseher hockt?

Antwort: Die intrinsische, also die innere Motivation eines Kindes zeigt sich in ganz unterschiedlichem Ausmaß. Alle Kinder aber haben diese Motivation. Wenn Kinder wenig Interesse an anderen Beschäftigungen als Fernsehen zeigen, so benutzen sie das Fernsehen meist als Fluchtmöglichkeit. Ihr Motivationsmangel kann auf Versagensängste und Furcht vor Vorwürfen zurückgehen, auf die Angst, verstörende Informationen zu bekommen, oder auf die Angst, in irgendeine Familienangelegenheit hineingezogen zu werden.

Ein unmotiviertes Kind ist ein gestreßtes Kind. Als erstes muß man die unmittelbare Situation des Kindes untersuchen. Falls es die Scheidung oder Trennung der Eltern erlebt hat, kann dies der Auslöser für die Angstreaktionen sein. Es kann auch der Umzug in ein anderes Haus und eine neue Nachbarschaft sein, die Geburt eines Geschwisterchens oder der Tod des geliebten Großvaters oder der Großmutter. Auch eine schulische Umgebung, in der das Kind sich überfordert fühlt, kann zu einer Angstreaktion führen, die unter dem Deckmantel fehlender Motivation auftritt.

Sie können Ihrem Kind dabei helfen, seine Motivation wiederzufinden, wenn Sie feststellen, was es am stärksten belastet, und alles Ihnen mögliche tun, um diese Belastungen zu mindern. Bei einem Scheidungs- oder Todesfall ist das wichtigste, daß Sie mit Ihrem Kind über diese Ereignisse sprechen, und zwar nicht nur einmal, sondern viele Male. Wenn die schulische Situation Ihr Kind zu sehr belastet, kann es notwendig werden, daß Sie Ihr Kind von der Schule nehmen und es in eine weniger belastende Einrichtung geben. Es hilft überhaupt nichts, ja, es kann sogar destruktiv sein, das Kind wegen seines Motivationsmangels zu schelten oder zu hänseln.

Frage: Ich bin Großmutter und — in Ihrer Terminologie — eine Milch-und-Kekse-Mutter. Alle meine Kinder sind wohlgeraten, zum Glück. Mein Problem ist meine Schwiegertochter. Sie ist eine unglaubliche Abitur-Mutter. Sie kennt jedes, aber auch jedes Erziehungsprogramm für kleine Kinder. Und sie hat Leselernkarten, Bücher, Kassetten, ›Spiel und buchstabiere‹ — es gibt einfach nichts, was sie nicht hat. Mein armer Enkel hat überhaupt keine Zeit zum Spielen, und dabei ist er erst 18 Monate alt! Wann immer er kann, holt er sich die

Kleenex-Box, sein Lieblingsspielzeug. Aber seine Mutter drillt ihn ständig, und mein Sohn, dieser Dummkopf, läßt sie gewähren. Was kann ich dagegen tun?

Antwort: Wie meine Mutter zu sagen pflegte: »Mischen Sie sich nicht ein.« Jede Generation muß ihre eigenen Fehler machen. Was auch immer Sie sagen oder tun, es wird nichts an der Einstellung Ihrer Schwiegertochter ändern. Wenn Sie sich einmischen, wird es zu Spannungen kommen, die möglicherweise damit enden, daß Sie Ihren Enkel seltener sehen. Nutzen Sie die Zeit, die Sie mit ihm verbringen, für all die Dinge, die Sie in dem Alter mit Ihren Kindern zu tun pflegten. Freuen Sie sich an Ihrem Enkelkind und wahren Sie den Frieden, mehr können Sie zum gegenwärtigen Zeitpunkt nicht tun.

Frage: Ich habe genau das umgekehrte Problem. Ich habe versucht, auf meine dreijährige Tochter Jean keinen Druck auszuüben; ich lese ihr oft etwas vor, wir gehen spazieren, sie hört sich Schallplatten an und so fort. Ich sorge dafür, daß sie auch Zeit für sich hat, so daß sie zu eigenen Beschäftigungen angeregt wird. Mein Problem ist meine Schwiegermutter. Sie brachte ihre Tochter im Alter von vier Jahren in die Eislaufschule und versuchte, meinen Mann zum Turnen zu bringen. Er widersetzte sich und stand immer im Schatten seiner Schwester, was zu vielen seelischen Narben geführt hat. Jetzt will sie, daß Jean mit Sport beginnt, und ist sogar bereit, die Kosten zu tragen. Was soll ich nur machen?

Antwort: Erklären Sie Ihrer Schwiegermutter, daß Sie Ihr Angebot wirklich zu schätzen wissen, aber nicht annehmen können. Machen Sie es kurz und freundlich und gehen Sie weder ins Detail, noch geben Sie Erklärungen ab, denn das führt nur zu endlosen Diskussionen. Sie müssen ihr ein klares und endgültiges Nein sagen. Machen Sie so weiter wie bisher, und wenn das Thema erneut zur Sprache kommen sollte, reagieren Sie genauso höflich und genauso bestimmt. Ihre Schwiegermutter wird eines Tages einsehen, daß dies kein Thema für Sie ist.

Frage: Wir haben einen Heimcomputer, und ich frage mich, ob ich meinen vierjährigen Sohn daran setzen soll. Was meinen Sie?

Antwort: Das hängt vor allem von dem Kind selbst ab. Sie können Ihren Sohn fragen, ob er gern mit dem Computer spielen möchte, und wenn das der Fall ist, können Sie ihm zeigen, wie das Betätigen der Funktionstasten etwas auf den Bildschirm bringt. Wenn ihm das Spaß macht, können Sie ihm zeigen, wie Sie Wörter, zum Beispiel seinen Namen, schreiben. Lassen Sie sich von ihm eine Geschichte diktieren, die Sie dann ausdrucken lassen und ihm vorlesen können. Wenn er ein wirkliches Interesse zeigt und von dem Gerät fasziniert ist und es außerdem ein Graphik-Programm hat, können Sie ihm zeigen, wie man auf einfachem Niveau auf dem Computer zeichnet, und ihm möglicherweise Computerspiele beibringen.

Wenn Ihr Sohn aber wenig Interesse zeigt, würde ich die Sache nicht weiter verfolgen. Sie können es immer noch versuchen, wenn Ihr Kinder älter ist und sich sein Interessenschwerpunkt verlagert hat. Es hat wirklich keinen Sinn, darauf zu bestehen, daß sich ein Kind mit dem Computer befaßt, wenn es in dieser Richtung keinerlei

Neigung besitzt. Wenn Sie darauf beharren, solange das Kind noch nicht reif dafür ist, können Sie ihm die Sache schlimmstenfalls für sein ganzes Leben verleiden.

Frage: Meine Schwiegermutter hat vor etwa einem Jahr Selbstmord begangen. Wir haben unserem fünfjährigen Sohn nicht erzählt, wie sie starb, und er scheint damit gut klarzukommen. Wir sprechen sehr oft von ihr, und er erinnert sich liebevoll an sie. Jetzt aber möchte mein Mann ihm die ›Wahrheit‹ sagen, weil er fürchtet, daß mein Sohn es von anderen Leuten erfahren könnte. Was halten Sie davon?

Antwort: Kleine Kinder begreifen einfach noch nicht, was Selbstmord bedeutet, und daher sehe ich keinen Grund, einem Sechsjährigen mehr als das zu erzählen, was Sie erzählt haben. Es ist früh genug, wenn er die wahre Geschichte von ihrem Tod als Jugendlicher hört und das Phänomen Selbstmord verstehen kann, vielleicht sogar einige der Motive, die seine Großmutter dazu bewegt haben, vor allem wenn sie schwer krank war. Ich muß gestehen, daß mir die Beweggründe Ihres Mannes ein wenig weit hergeholt erscheinen. Selbst wenn jemand so grausam und bösartig wäre, es Ihrem Sohn zu erzählen, oder wenn er es zufällig erführe, hätte er doch Schwierigkeiten, es zu begreifen. Mir scheint, daß Ihr Mann noch immer Probleme mit der Tatsache hat, daß sich seine Mutter das Leben genommen hat. Das ist verständlich, aber er sollte über seine Gefühle mit einem Fachmann sprechen und seine Befangenheit nicht seinem Sohn aufbürden.

Frage: Und wie sieht es mit Scheidung aus — wann sprechen Sie mit Ihren Kindern über Scheidung? Sagen Sie, wenn sie noch zu klein sind, um es verstehen zu können, einfach: »Papa ist fort zur Arbeit«, und bleiben Sie bei dieser Lüge, bis das Kind ein Teenager ist?

Antwort: Ich meine, das sind zwei ganz verschiedene Situationen. Dem eben erwähnten Kind wurde der Tod der Großmutter nicht verschwiegen, und es war fähig, um sie zu trauern. Die Umstände ihres Todes sind ein Detail, das ihm in keiner Weise helfen würde. Einem Kind von der Scheidung zu erzählen, ist genauso wichtig, wie mit ihm über den Tod der Großeltern zu sprechen. Es ist wichtig, dem Kind ganz ausführlich zu erklären, welche Konsequenzen die Scheidung für es haben wird, bei wem es leben wird, wer es versorgen wird und daß die Eltern, auch wenn sie einander nicht mehr lieben, weiterhin das Kind liebhaben.

Es ist ebensowenig notwendig, dem Kind genau zu erklären, warum es zu der Scheidung gekommen ist, wie es nicht notwendig ist, über den Tod der Großmutter im Detail zu sprechen. Wir müssen den Kindern helfen, mit der Tatsache des Todes oder einer Scheidung fertig zu werden, nicht mit den Gründen für diese Ereignisse. Unser Ich ist in solchen Fällen involviert, nicht aber das des Kindes.

Frage: Manche Schulen bieten Eingangsstufen zu Vorschulen für Kinder ab drei. Spielt auch dort der Alterseffekt eine Rolle?

Antwort: Eingangsstufen zu Vorschulen sind in Wirklichkeit ein Weg, kleinen Kindern öffentliche Pflege angedeihen zu lassen; es sind keine richtigen Vorschulen. Wenn die Programme altersgerecht sind, können sie Eltern einen willkommenen Betreuungsservice bieten.

Wenn sie hingegen versuchen, Kindern verschiedene Fertigkeiten ›beizubringen‹, wäre das Ergebnis wohl mit den Auswirkungen des Vorschulbesuchs zu vergleichen. Die jüngsten Kinder werden das Versagen und all die physischen Konsequenzen dieser Erfahrung erleben. Ich glaube, daß der Alterseffekt selbst bei Dreijährigen beobachtet werden kann, wenn sie in eine sie akademisch überfordernde Umwelt kommen.

Frage: Wie weit ist diese Art von überfordernder Erziehung verbreitet? Gibt es sie auch in anderen Ländern?

Antwort: Kanada ist im großen und ganzen ein kindgerechteres Land als die USA und hat mehr altersgemäße Programme. Kanadische Eltern und Pädagogen erleben indes einen ähnlichen Druck wie wir hier, und sie verlieren wohl mit ihren Gegenargumenten langsam an Boden. Die meisten west- und osteuropäischen Staaten verzichten auf akademischen Unterricht, bis die Kinder sechs oder sieben sind, also in einem Alter, da die meisten von ihnen fähig sind, symbolisch und derivativ zu lernen. Nichtsdestotrotz haben kürzlich Vergleiche der schulischen Leistungen in den verschiedenen Ländern den einzelnen Staaten ihre Position bewußt gemacht und das Interesse erhöht, diese Position zu verbessern. Leider ist die häufig vorgeschlagene und auch angewandte Methode die, Kinder früher auf die akademische Bahn zu bringen. Auch wenn dies in den skandinavischen Ländern noch nicht eingetreten ist, nimmt doch der Druck dort bereits zu.

Japan ist natürlich auf Grund der Homogenität seiner Kultur, Tradition und Rasse ein Sonderfall. In der frühen Kindheit wird dort mehr Nachdruck darauf gelegt, daß die Kinder die richtige Einstellung erwerben, um Unterweisung von Erwachsenen anzunehmen, hart zu arbeiten und mit ihrer Arbeit fertig zu werden, als daß das Kind besondere Fertigkeiten erwerben muß. Japanische Frauen tragen die Hauptlast der Erziehung ihrer Kinder, und diese Verantwortung fordert ihren Preis. Manche japanischen Mütter entwickeln eine sogenannte ›Kinderaufzucht-Neurose‹. Im Extremfall bringen manche Mütter, die das Scheitern ihres Kindes oder ihr eigenes Versagen erkennen, das Kind und sich selbst um.

In der Regel sind wir den meisten anderen Ländern um etwa zehn Jahre voraus, was das Ausmaß anbelangt, in dem wir unsere Kinder überfordernd erziehen. Da andere Länder indes häufig eher die schlimmeren unserer sozialen Innovationen übernehmen, ist zu befürchten, daß sie in Zukunft ebenfalls immer mehr dazu neigen werden, ihre Kinder überfordernd zu erziehen.

Frage: Wie wird es also weitergehen? Ihnen zufolge erziehen wir eine große Anzahl kleiner Kinder falsch. Was bedeutet das denn nun im Hinblick auf die Zukunft?

Antwort: Ich habe keine Kristallkugel und bin mir auch gar nicht sicher, ob ich wirklich eine haben möchte. Ich kann Ihnen nur eine klinische Einschätzung dessen geben, wie die Entwicklung meinem Gefühl nach verlaufen wird. Wie ich in der Einleitung dargelegt habe, sind die heutigen Eltern anders als die Eltern, die ihre Kinder in den siebziger und frühen achtziger Jahren drängten, möglichst rasch erwachsen zu werden. Die heutigen Teenager sind gehetzte Kinder und zeigen hauptsächlich Streßsymptome, die Folgen eines zu frühen und zu starken Drucks. Ich vermute, daß die Teenager der neunziger Jahre neurotischer als die Teenager heute sein werden. Sie werden mehr Obsessionen zeigen, mehr Zwangsvorstellungen, mehr Phobien und mehr psychosomatische Symptome als die heutigen Jugendlichen.

Welches Ausmaß dieses Problem annehmen wird, kann ich wirklich nicht vorhersagen. Wenn wir aufwachen und die Gefahren der daheim wie in den Schulen praktizierten überfordernden Erziehung erkennen, wird der Schaden hoffentlich begrenzt bleiben und nur eine relativ kleine Gruppe von Kindern in Mitleidenschaft gezogen sein. Wenn wir uns aber der Erkenntnis verschließen, was überfordernde Erziehung kleinen Kindern antut, setzen wir einen großen Teil der nächsten Generation der Gefahr persönlicher Probleme und beruflicher Mittelmäßigkeit aus.

Frage: Was können wir tun, um diese ganze Fehlerziehung zu stoppen?

Antwort: Ein Wesenszug unserer Gesellschaft, daß wir, sobald wir ein Problem erkannt haben, etwas dagegen unternehmen. Ich denke, daß wir uns als Gesellschaft zunehmend der Ursachen und Risiken der überfordernden Erziehung bewußt werden. Eine wachsende Zahl von Fachleuten spricht sich dagegen aus, und die Medien beginnen über diese veränderte psychologische Einstellung zu informieren. Wir müssen alle Eltern umerziehen, damit sie die Absurdität der Superkid-Mentalität und die Risiken der überfordernden Erziehung ebenso erkennen wie das Wesen gesunder Erziehung. Doch wir müssen nicht nur die Eltern umerziehen, dasselbe gilt für die Pädagogen, Bildungsplaner und Gesetzgeber, die sich im Denkmodell vom kompetenten Kind verirrt haben.

Der Preis der Freiheit, so wurde einmal gesagt, ist stetige Wachsamkeit. Das ist auch der Preis gesunder Erziehung. Wann immer wir unaufmerksam gegenüber der Tatsache werden, daß Kinder Menschen mit ihren eigenen Rechten, ihren eigenen Bedürfnissen, ihren eigenen, ganz besonderen Fertigkeiten und ihren eigenen Lernprioritäten sind, so neigen wir zu Fehlerziehung. Stetige Aufmerksamkeit gegenüber den besonderen Eigenschaften von Kindern ist gewiß ein hoher Preis, den Eltern und Erzieher zahlen müssen, aber das Endresultat, nämlich gesunde, glückliche, verantwortungsbewußte und produktive junge Menschen zu schaffen, ist das wahrlich wert.

Anmerkungen

Erläuterung zur Übersetzung
einiger spezifisch amerikanischer Termini

College – in den USA Unterrichtsanstalten unterschiedlichen Ranges zwischen den höheren Schulen (*high schools*) und den Universitäten (*graduate schools*). Die College-Studenten (*undergraduates*) erhalten nach erfolgreicher Absolvierung eines vierjährigen Lehrplans den Grad eines Bachelors. Dieser Abschluß ist Vorbedingung für die Aufnahme in eine Universität.

High School – höhe Schule in den USA

Kindergarten (nursery school) – Einrichtung für Kleinkinder bis zu fünf Jahren.

Lernmaschine – eine bei der programmierten Unterweisung verwendete Vorrichtung, mit deren Hilfe dem Lernenden Informationen angeboten und Aufgaben gestellt werden und die ihm meist auch gestattet, die Richtigkeit seiner Antwort zu überprüfen. Die Maschinentypen reichen von einfachen, mechanisch mit der Hand zu bedienenden Vorrichtungen bis zu äußerst komplexen, elektronisch gesteuerten Datenverarbeitungsanlagen.

Programmierter Unterricht – durch Programme in Form von Lehrbüchern, Karteien o. ä. oder durch Lernmaschinen bestimmtes Unterrichtsverfahren ohne direkte Beteiligung einer Lehrperson.

Vorschule (preschool/Kindergarten) – in den USA meist Kindergärten oder Elementarschulen angegliederte einjährige Klassen für Fünfjährige. Der Besuch war ursprünglich freiwillig, wird jetzt aber in einigen Staaten der USA gesetzlich verankert (vgl. S. 181f.).

Erziehung und Fehlerziehung

1. U.S. Census Bureau. Statistical Abstract of the United States, 106. Jahr, 1986.
2. National Association for the Education of Young Children Education Information Service. 1834 Connecticute Ave. N. W., Washington, DC 20009.
3. Parenting Advisor, Bd. 2, 7, Juli-August 1986.
4. Ibid.
5. Ibid.
6. *New Age Journal*, Januar 1985, S. 54.
7. *Child Magazine*, Oktober 1986, S. 96.
8. R. Lacayo, ›Getting Off to a Quick Start‹, *Time*, 8. Okt. 1984.
9. E. B. Fiske, ›Early Schooling Is Now the Rage‹, *New York Times*, 13. Apr. 1986, S. 24-30.
10. Early Childhood Literacy Development Committee of the International Reading Association, ›Literacy Devolopment and Pre-First Grade‹, *Young Children*, 1986, S. 10-11.
11. G. Doman, *Wie kleine Kinder lesen lernen*. Mit einer Einführung sowie einem Anhang versehen und für die deutschen Verhältnisse eingerichtet von H. Lückert. Deutsche Übersetzung von U. Ballhorn. Freiburg im Breisgau: Hyperion, 4. Aufl. 1968, S. 34.

(How To Teach Your Children to Read. New York: Random, 1964)

12. S. und T. Engelmann, *Kinder-Schule von null bis fünf Jahren. Eine Anleitung für die Eltern.* Deutsche Übersetzung von U. Ballhorn und W. Herbst. Freiburg im Breisgau: Hyperion, 1969. S. 94f. *(Give Your Child a Superior Mind,* 1966)

13. S. Ledson, *Raising Brighter Children.* Toronto: McClelland and Stewart, 1983, S. 68.

14. S. Ludington-Hoe, *How to Have a Smarter Baby.* New York: Rawson Associates, 1985. S. 224.

15. S. Prudden, *Suzy Prudden's Exercise Program for Young Children.* New York: Workman, 1983. S. 3.

16. D. Rylko, *Watersafe Your Baby in One Week.* Reading, MA: Addison-Wesley, 1981, S. XVI.

17. B. Bloom, *Developing Talent in Young People.* New York: Ballantine, 1985, S. 271-72.

18. Ibid., S. 273.

19. Ibid., S. 25.

20. J. Cox, N. Daniel und B. D. Boston, *Educating Able Learners.* Austin, Texas: University of Texas Press, 1985.

21. Ibid., S. 13.

22. Ibid., S. 20.

23. Ibid., S. 21.

24. Ibid., S. 21.

25. Ibid., S. 22-23.

26. Ibid., S. 23.

27. Ibid., S. 23.

28. J. Eccles, S. G. Timmer und K. O'Brien, *Time, Good and Well Being.* Ann Arbor, MI: Institute for Social Research, 1985

Superkids: ...

1 ›Kiddies in the fast lane‹, *Time*, 9. Sept. 1985, S. 57.
2 *John Stuart Mills Selbstbiographie*. Aus dem Englischen von C. Kolb. Stuttgart: Adolf Bonzo o. J., S. 28.
3 N. Wiener, *Mathematik. Mein Leben*. Aus dem Amerikanischen übertragen von W. Schwerdtfeger. Düsseldorf, Wien: Econ, 1962, S. 21. (*Ex-Prodigy; I am a Mathematician*. Garden City, N. Y.: Doubleday, 1956)
4 L. White, ›Sports Training Injuring Children‹, *Boston Globe*, 11. Febr. 1985.
5 C. Rux, ›Are the Stakes Too High in the Kiddie Beauty Game?‹, Abilene *Reporter News*, 30. Dezember 1984.
6 Ibid.
7 B. Greene, *Good Morning Mary Sunshine*. New York: Penguin, 1985, S. 22.

Das kompetente Kind ...

1 J. Bowlby, *Mutterliebe und kindliche Entwicklung*. Mit einem Beitrag von M. D. Salter Ainsworth. Übersetzung von U. Seemann, München, Basel: Ernst Reinhardt, 1972, S. 16. (*Child Care and the Growth of Love*. London: Penguin, 1950)
2 L. Lipsitt, ›Babies: They're a Lot Smarter than They Look‹, *Psychology Today*, Dez. 1971, S. 23.
3 J. B. Watson, *Behavior: An Introduction to Comparative Psychology*. New York: Holt, 1914/1958, S. 104.

4 J. S. Brunner, *Der Prozeß der Erziehung*. Ins Deutsche übertragen von A. Harttung. Berlin, Düsseldorf: Schwann, 1970, S. 44. *(The Process of Education.* Cambridge, MA: Harvard University Press, 1962)

5 B. Bloom, *Stabilität und Veränderung menschlicher Merkmale*. Aus dem Amerikanischen übertragen von D. und G. Eggert. Weinheim, Berlin, Basel: Beltz, 1971, S. 229. *(Stability and Change in Human Characteristics.* New York: Wiley, 1964)

6 Ibid., S. 233.

7 B. Bloom, *All Our Children Learning*. New York: McGraw-Hill, 1981, S. 69-70.

8 J. McV. Hunt, *Intelligence and Experience*. New York: Ronald, 1961, S. 362-363.

9 F. L. Goodenough, in L. Carmichael (Hg.), *Manual of Child Psychology*. New York: Knopf, 1954, S. 75-76.

10 P., Ariès, *Geschichte der Kindheit*. Aus dem Französischen von C. Neubaur und K. Kersten. München: Deutscher Taschenbuch Verlag, 4. Aufl. 1981, S. 143. *(L'enfant et la vie familiale sous l'ancien régime*. Paris: Plon, 1960)

11 L. Pollack, *Forgotten Children*. Cambridge: Cambridge University Press, 1983, S. 267-268.

12 D. P. Gardner und Y. W. Larsen, *A Nation at Risk*. National Commission on Excellence in Education, U. S. Department of Education, 1983.

Status, Wettbewerb ...

1 T. Veblen, *The Theory of the Leisure Class*. New York: Modern Library, 1934, S. XIV. *(Theorie der feinen*

Leute. Eine ökonomische Untersuchung der Institutionen. Deutsch von S. Heintz und P. von Haselberg. Köln, Berlin: Kiepenheuer [1952]).

2 C. Tuhy, ›The Care und Feeding of Superbabies‹, *Money*, Nov. 1984, S. 88-94.

3 E. Bowen, ›Trying to Jumpstart Toddlers‹, *Time*, 7. Apr. 1986, S. 66.

4 R. Coles, *Privileged Ones.* Bd. V von *Children of Crisis.* Boston: Little, Brown, 1977, S. 369-370.

5 A. Toffler, *Die Zukunftschance. Von der Industriegesellschaft zu einer humaneren Zivilisation.* Aus dem Amerikanischen übersetzt von C. Rost und T. Lohmeyer. München: Bertelsmann, 1980. *(The Third Wave.* New York: William Morrow, 1980)

6 J. Martin, *Miss Manners' Guide to Raising Perfect Children.* New York. Atheneum, 1984, S. 9.

7 G. Malesky, ›Boots Your Baby's Brain Power‹, *Children*, 1985, S. 50-52.

8 L. Langley u. a., ›Bringing up Superbaby‹, *Newsweek*, 18. März 1983.

9 D. W. Johnson u. a., ›Review of Research on Competition and Achievement. Effects of Cooperation, Competition and Individualized Goal Structure on Achievement: A Metanalysis‹, *Psychological Bulletin*, 89, 1981, S. 47-62.

10 R. L. Helmreich u. a., ›Achievement Motivation und Scientific Attainment‹, *Personality and Social Psychology Bulletin*, Apr. 1978, S. 222-226.

11 D. Sanders, ›The Relationship of Attitude Variables and Explanations of Perceived und Actual Career Attainment in Male and Female Businesspersons.‹ Unveröffentl. Diss., University of Texas at Austin, 1978.

12 T. J. Peters u. R. H. Waterman, *Auf der Suche nach Spitzenleistungen.* Landsberg: MI, 10. Aufl., 1984.

13 S. Terkle, *The Second Self.* New York: Simon & Schuster, 1984, S. 129.

14 Ibid., S. 29.

15 Ibid., S. 30.

Vertrauen und Autonomie ...

1 L. A. Stroufe u. a., ›The Role of Affect in Emerging Social Competence‹, in C. Izard, J. Kagan und R. Zajone (Hg.), *Emotion, Cognition and Behavoir.* New York: Cambridge University Press, 1984, S. 289-318.

2 A. Sagi u. a., ›Security of Infant-Mother-and-Metapelet Attachments Among Kibbutz-Reared Israeli Children‹, in I. Bretherton and E. Waters (Hg.), *Growing Points of Attachment Theory und Research. Monographs of the Society for Research in Child Development,* 50 (1-2 Serial Nr. 209), 1985, S. 257-275.

3 B. Spock, ›Kids and Superkids‹, *Omni,* Sept. 1985, S. 28-29.

4 E. H. Erikson, *Kindheit und Gesellschaft.* Aus dem Englischen übersetzt von M. Eckhardt-Jaffé. Stuttgart: Klett, 2. überarb. u. erw. Aufl. 1965, S. 246. *(Childhood and Society.* New York: Norton, 1950)

5 Ibid., S. 246.

6 S. Freud, *Charakter und Analerotik.* In: Studienausgabe in zehn Bänden. Herausgegeben von A. Mitscherlich u. a., Frankfurt am Main: S. Fischer, 1973, 1973, Bd. VII, S. 25.

7 J. B. Watson, *Psychological Care of the Infant and Child.* New York: W. W. Norton, 1928.

8 C. A. Aldrich und N. M. Aldrich, *Babies Are Human Beings*. 2. Aufl., New York: The Macmillan Co., 1954.

9 D. G. Prugh, ›Personality Development through Childhood‹, in H. C. Stuart und D. G. Prugh (Hg.), *The Healthy Child*. Cambridge, MA: Harvard University Press, 1960.

10 G. A. Gesell und H. Thompson, ›Twins T and C from Infancy to Adolescence‹, *Genetic Psychology Monographs*, 24, 1941, S. 3-121. McGraw, M., *Growth: A Study of Johnny and Jimmy*. New York: Appleton-Century Crofts, 1935.

11 D. Rylko, *How to Watersafe Your Baby in one Week*. Reading, MA: Addison-Wesley, 1981, S. 29.

Initiative und Zugehörigkeit ...

1 E. Erikson, *Kindheit und Gesellschaft*, a. o. O., S. 249.

2 J. Bruner, ›Learning how to Do Things with Words‹, in J . Bruner and A. Garton (Hg.), *Human Growth and Development*. Oxford: Clarendon Press, 1978.

3 J. Piaget, *Nachahmung, Spiel und Traum. Die Entwicklung der Symbolfunktion beim Kinde*. Einführung von H. Aebli. Aus dem Französischen von L. Montada. Stuttgart: Klett-Cotta, 1969. *(La formation du symbole chez l'enfant*. Neuchâtel: Delachaux et Niestlé, 1959)

4 E. Linden, *Apes, Men and Language*. New York: Saturday Review Press, 1974.

5 J. Piaget, *Das Weltbild des Kindes*. Stuttgart: Klett-

Cotta, 1978. *(La représentation du monde chez l'enfant)*

6 J. Piaget, *Sprechen und Denken des Kindes.* Übersetzung: N. Stöber. Düsseldorf: Schwann, 1972. *(Le langage et la pensée chez l'enfant.* Neuchâtel: Delachaux et Niestlé, 7. Aufl. 1968)

7 M. E. Bonney, ›A Sociometric Study of some Factors Relating to Mutual Friendships at the Elementary, Secondary and College Levels‹, *Sociometry,* 9, 1946, S. 21-47. W. W. Hartup, ›Peer Interaction and Social Organization‹, in P. H. Mussen (Hg.), *Carmichael's Manual of Child Psychology.* New York: John Wiley & Sons, 1970.

8 J. R. Staffieri, ›A Study of Social Stereotypes of Body Image in Children‹, *Journal of Personality and Social Psychology,* 7, 1967, S. 101-104. N. Cavoir and P. R. Dorecki, ›Physical Attractiveness, Preceived Attitude Similarity and Academic Achievement as Contributors to Interpersonal Attractiveness Among Adolescents‹, *Developmental Psychology,* 7, 1973, S. 44-54.

9 E. Goffman, *Rahmen-Analyse. Ein Versuch über die Organisation von Alltagserfahrungen.* Frankfurt/M.: Suhrkamp, 1977. *(Frame Analysis.* New York: Harper & Row, 1974.)

10 R. H. McKey u. a., *The Impact of Head Start on Families and Communities.* Final Report of the Head Start Evaluation Synthesis and Utilization Project. Washington, DC: CSR, 1985.

Leistung und Kompetenz ...

1 M. Jansen, ›Denmark‹, in J. Downing (Hg.), *Comparative Reading.* New York: Macmillan, 1973.

2 P. Ruthman, ›France‹, in J. Downing (Hg.), *Comparative Reading*. New York: Macmillan, 1973.

3 T. Sakamoto und K. Makita, ›Japan‹, in J. Downing (Hg.), *Comparative Reading*. New York: Macmillan, 1973.

4 J. K. Uphoff und J. Gilmore, ›Pupil Age at School Entrance — How many are Ready for Success‹, *Educational Leadership*, Sept. 1985, S. 86-90.

5 B. M. C. McCarty, ›The Effect of Kindergarten Non-Promotion of the Developmentally Immature on Self-Concept, Peer Acceptance, Academic Aptitude, Classroom Adjustment and Academic Achievement.‹ Unveröffentl. Diss., University of the Pacific, Stockton, CA, 1986.

6 L. A. Shephard und M. L. Smith, ›Synthesis of Research on School Readiness and Kindergarten Retention‹, *Educational Leadership*, 44, 1986, S. 78-86.

7 L. J. Schweinhart, D. P. Weikart und M. P. Lerner, ›A Reporter on the High/Scope Preschool Curriculum Models Through Age 15‹, *Early Childhood Research Quarterly*, I, 1985, S. 15-45.

8 R. Haskins, ›Public School Aggression Among Children with Varying Day-Care Experience‹, *Child Development*, 1985, S. 689-703.

9 E. Lenneberg, *Biological Foundations of Language*. New York: Wiley, 1967.

10 M. E. T. Seligman, *Helplessness: On Depression, Development and Death*. San Francisco: Freeman, 1975.

11 S. Dweck, ›Bases of Facilitating and Debilitating Cognitive-Affective Patterns‹, Thesenpapier für das Treffen der Society for Research in Child Development, Toronto, Canada, 1985.

12 T. Schwartz, ›Whiz Kids‹, *New York* magazine, Sept. 1984, S. 42.

13 Ibid., S. 44.

14 J.W. Getzels und P. W. Jackson, *Creativity and Intelligence*: New York: Wiley, 1962.

15 R. Reagon, ›To Know a Genius‹, *Parade* magazine, 9. Apr. 1983.

16 V. Goertzel und M. G. Goertzel, *Cradles of Eminence*. Boston: Little, Brown, 1962, S. 248.

17 Ibid., S. 241.

Wie man gesunde ...

1 Gesell Institute of Human Development, *A Gift of Time ... a Developmental Point of View*. New Haven, CT: 1982.

2 G. R. Gredeler, ›Transition Classes: A Viable Alternative for the At Risk Child?‹ *Psychology in the Schools*, 21, 9184, S. 463-470.

3 L. A. Shephard und M. L. Smith, ›Effects of Kindergarten Retention at the End of First Grade‹, *Psychology in the Schools*, im Druck.

4 L. A. Shephard und M. L. Smith, ›Synthesis of Research on School Readiness and Kindergarten Retention‹, *Educational Leadership*, 44, 1986, S. 78-86.

5 J. K. Uphoff, ›Age at School Entrance: How many are Ready for Success‹, *Educational Leadership*, Sept. 1985, S. 86-90.

6 P. E. Tawhinney, ›We Gave up on Early Entrance‹, *Michigan Education Journal*, Mai 1964.

7 G. R. Diamond, ›The Birthdate Effect — A Maturational Effect‹, *Journal of Learning Disabilities*, 16. März 1983, S. 161-164.

8 J. E. Gilmore, ›How Summer Children Benefit from a Delayed Start in School‹. Thesenpapier für das Jahrestreffen der Ohio School Psychologists Association, Cincinnati, Mai 1984.

Ausgewählte Literatur

Ariès, P., *Geschichte der Kindheit*. Aus dem Amerikanischen von C. Neubaur und K. Kersten. München: Deutscher Taschenbuch Verlag, 4. Aufl. 1981.

Bloom, B., *Stabilität und Veränderung menschlicher Merkmale*. Aus dem Amerikanischen übertragen von D. und G. Eggert. Weinheim, Berlin, Basel: Beltz, 1971.

Bloom, B., *All Our Children Learning*. New York: McGraw-Hill, 1981

Bloom, B., *Development Talent in Young Talent in Young People*. New York: Ballantine, 1985.

Brazelton, T. B., *Toddlers and Parents: A Declaration of Independence*. New York Delacorte, 1974.

Bruner, J. S., *Der Prozeß der Erziehung*. Ins Deutsche übertragen von A. Harttung. Berlin, Düsseldorf: Schwann, 1979.

Bruner, J. S., *Actual Minds, Possible Worlds*. Cambridge, MA: Harvard University Press, 1986.

Coles, R., *Privileged Ones*. Bd. V von *Children of Crisis*. Boston: Little Brown & Co., 1977.

Cox, J., N. Daniel und B. D. Boston, *Educating Able Learners*. Austin, TX: University of Texas Press, 1985.

DeMauss, L. (Hg.), *The History of Childhood*. New York: Psychohistory Press, 1974.

Demos, J., ›Development Perspectives on the History of Childhood‹, in T. Rabb und R. Rotberg (Hg.), *The Family in History*. S. 127-140. New York: Harper & Row, 1973.

Doman, G., *Wie kleine Kinder lesen lernen*. Mit einer Einführung sowie einem Anhang versehen und für die deutschen Verhältnisse eingerichtet von H. Lückert. Deutsche Übersetzung von U. Ballhorn. Freiburg im Breisgau: Hyperion, 4. Aufl. 1968.

Doman, G., *Teach Your Baby Math*. New York: Pocket Books, 1982.

Eastman, P., und J. L. Barr. *Your Children Is Smarter than You Think*. New York: Morrow, 1985.

Engelmann, S. und T., *Kinder-Schule von null bis fünf Jahren. Eine Anleitung für die Eltern*. Deutsche Übersetzung von U. Ballhorn und W. Herbst. Freiburg im Breisgau: Hyperion, 1969.

Erikson, E. H., *Kindheit und Gesellschaft*. Aus dem Englischen übersetzt von M. von Eckhardt-Jaffé. Stuttgart: Klett, 2. überarb. und erw. Aufl. 1965

Fraiburg, S., *The Magic Years*. New York: Scribners, 1959.

Freud, S., *Das Ich und das Es*. Leipzig, Wien, Zürich: Internationaler Psychoanalytischer Verlag, 1923.

Fröbel, F., *Ausgewählte pädagogische Schriften*. Hrsg. von J. Scheveling. Paderborn: Schöningh, 1965.

Getzels, J. W. und P. Jackson, *Creativity and Intelligence*. New York: Wiley, 1962.

Goertzel, V. und M. G., *Cradler of Eminence*. Boston: Little, Brown, 1962.

Goffman, E., *Rahmen-Analyse. Ein Versuch über die Organisation von Alltagserfahrungen*. Frankfurt/M.: Suhrkamp, 1977.

Green, J. A., *The Educational Ideas of Pestalozzi*. New York: Greenwood, 1914.

Greene, B., *Good Morning Mary Sunshine*. New York: Penguin, 1985.

Inhelder, B. und J. Piaget. *The Growth of Logical Thinking from Childhood Through Adolescense*. New York: Basic York: Basic Books, 1958.

Ledson, S., *Raising Brighter Children*. Toronto: McClelland and Stewart, 1983.

Linden. E., *Apes, Men and Language*. New York: Saturday Review Press/E. P. Dutton, 1974.

Ludington-Hoe, S., *How to Have a Smarter Baby*. New York: Rawson Associates, 1985.

McGraw, M. W., *Growth: A Study of Johnny and Jimmy*. New York: Appleton-Century Crofts, 1935.

McKay, R. H., L. Cordelli, H. Ganson, B. Barrett, C. McConkey und M. Plantz, *The Impact of Head Start on Children, Families, and Communities*. Abschlußbericht des Head Start Evaluation, Synthesis and Utilization Project. Washington: CSR: Inc., 1985.

John Stuart Mills Selbstbiographie. Aus dem Englischen von C. Kolb. Stuttgart: Adolf Bonz, o. J.

Montessori, M., *Grundgedanken der Montessori-Pädagogik*. Aus Maria Montessoris Schrifttum und Wirkkreis zusammengestellt von P. Oswald. Freiburg: Herder, 4. Aufl. 1975.

Moore, R. und D. N. Moore, *School Can Wait*. Provo, UT: Brigham Young University Press, 1979.

Papert, S., *Mindstorms*. New York: Basic Books, 1980.

Piaget, J., *Der Aufbau der Wirklichkeit beim Kinde*. Stuttgart: Klett, 1974.

Piaget, J., *Das Erwachen der Intelligenz beim Kinde*.

Autorisierte Übersetzung aus dem Französischen von B. Seiler. Mit einer Einführung von H. Aebli. Stuttgart: Klett, 1969.

Piaget, J., *Das Weltbild des Kindes.* Stuttgart: Klett-Cotta, 1978.

Piaget, J., *Sprechen und Denken des Kindes.* Übersetzung: N. Stöber. Düsseldorf: Schwann, 1972.

Piaget, J., *Urteil und Denkprozeß des Kindes.* Deutsche Übersetzung von H. Christ. Düsseldorf: Schwann, 1972.

Piaget, J., *Nachahmung, Spiel und Traum. Die Entwicklung der Symbolfunktion beim Kinde.* Einführung von H. Aebli. Aus dem Französischen von L. Montada. Stuttgart: Klett-Cotta, 1969.

Pollack, L., *Forgotten Children.* Cambridge: Cambridge University Press, 1983.

Postman, N., *Das Verschwinden der Kindheit.* Aus dem Amerikanischen von R. Kaiser. Frankfurt am Main: S. Fischer, 2. Aufl. 1983.

Rosseau, J.-J., Emil oder Über die Erziehung. Vollständige Ausgabe in neuer deutscher Fassung besorgt von L. Schmidts. Paderborn, München, Wien, Zürich: Schöningh, 8. Aufl. 1987.

Skinner, B. F., *Was ist Behaviorismus?* Reinbek bei Hamburg: Rowohlt, 1978.

Spock, B., *Baby- und Kinderpflege.* Frankfurt/M. und Berlin: Ullstein, 1986.

Terkle, S., *The Second Self.* New York: Simon & Schuster, 1984.

Veblen, T., *Theorien der feinen Leute. Eine ökonomische Untersuchung der Institutionen.* Deutsch von S. Heintz und P. von Haselberg. Köln, Berlin: Kiepenheuer [1952].

Watson, J. B., *Behaviorism*. New York: Norton, 1925.

White, B. H., *The first Three Years of Life*. Englewood Cliffs, NJ: Prentice-Hall, 1975.

Wiener, N., *Mathematik. Mein Leben*. Aus dem Amerikanischen übertragen von W. Schwerdtfeger. Düsseldorf, Wien: Econ, 1962.

Ratgeber

Als Band mit der Bestellnummer 66 179 erschien:

Der Drogenkonsum nimmt ständig zu – gerade Jugendliche sind besonders gefährdet. Dieser Ratgeber bietet
Eltern und Kindern Hilfe zur Vorbeugung und Beratung
für Betroffene.